A saga de Siloé

Jesus e a festa das Tendas
(João 7,1–10,21)

COLEÇÃO CULTURA BÍBLICA

- *A religião dos primeiros cristãos*; uma teoria do cristianismo primitivo
  – Gerd Theissen
- *A saga de Siloé*; Jesus e a festa das Tendas (João 7,1–10,21) – Luc Devillers
- *As origens do cristianismo* – Justin Taylor
- *As origens;* um estudo de Gênesis 1-11 – Heinrich Krauss e Max Küchler
- *História social do Antigo Israel* – Rainer Kessler
- *Jesus e Paulo*; vidas paralelas – Jerome Murphy-O'Connor
- *Jesus, hebreu da Galileia*: pesquisa histórica – Giuseppe Barbaglio
- *Mensagem urgente de Jesus para hoje;* o Reino de Deus no Evangelho de Marcos
  – Elliott C. Maloney, osb
- *Quando tudo se cala*: o silêncio na Bíblia – Silvio José Báez
- *Um caminho através do sofrimento*: o livro de Jó – Ludger Schwienhorst-Schönberger

LUC DEVILLERS

A saga de Siloé

Jesus e a festa das Tendas
(João 7,1–10,21)

Dados Internacionais de Catalogação na Publicação (CIP)
(Câmara Brasileira do Livro, SP, Brasil)

Devillers, Luc
    A saga de Siloé : Jesus e a festa das Tendas (João 7,1–10,21) / Luc Devillers ; [tradução Tiago José Risi Leme]. – São Paulo : Paulinas, 2015. – (Coleção cultura bíblica)

    Título original: La saga de Siloé : Jésus et la fête des Tentes.
    ISBN 978-85-356-3987-2

    1. Bíblia. N.T. João – Crítica e interpretação   2. Tabernáculo I. Título. II. Série.

15-06854   CDD-225.486

Índice para catálogo sistemático:
1. Bíblia : Novo Testamento : Crítica e interpretação   225.486

Título original: *La saga de Siloé: Jésus et la fête des Tentes*
© *Les Éditions du Cerf, Paris, 2005.*

1ª edição - 2015
1ª reimpressão - 2017

Direção-geral:	*Bernadete Boff*
Editores responsáveis:	*Vera Ivanise Bombonatto*
	Matthias Grenzer
Tradução:	*Tiago José Risi Leme*
Copidesque:	*Mônica Elaine G. S. da Costa*
Coordenação de revisão:	*Marina Mendonça*
Revisão:	*Sandra Sinzato*
Gerente de produção:	*Felício Calegaro Neto*
Capa e editoração eletrônica:	*Irene Asato Ruiz*

Nenhuma parte desta obra poderá ser reproduzida ou transmitida por qualquer forma e/ou qualquer meios (eletrônico ou mecânico, incluindo fotocópia e gravação) ou arquivada em qualquer sistema ou banco de dados sem permissão escrita da Editora. Direitos reservados.

Paulinas
Rua Dona Inácia Uchoa, 62
04110-020 — São Paulo — SP (Brasil)
Tel.: (11) 2125-3500
http://www.paulinas.org.br
editora@paulinas.com.br
Telemarketing e SAC: 0800-7010081
© Pia Sociedade Filhas de São Paulo — São Paulo, 2015

SUMÁRIO

Introdução..7

Capítulo 1
História da festa das Tendas..15

Capítulo 2
A manifestação do Messias (Jo 7)......................................39

Capítulo 3
A fonte de água viva (Jo 7,37-52)......................................69

Capítulo 4
A luz e a liberdade (Jo 8)..85

Capítulo 5
Jesus e o cego de nascença (Jo 9)....................................109

Capítulo 6
Jesus e Siloé..139

Capítulo 7
O pastor que dá a própria vida..163

Conclusão..179

INTRODUÇÃO

Alguns capítulos da primeira parte do Evangelho de João, dedicada à vida pública de Jesus, são de difícil interpretação (Jo 7,1–10,21). Por isso, além dos comentários que consultamos, as publicações que os abordam são praticamente escassas. No entanto, eles constituem um conjunto de primeira grandeza, colocado por João sob o pano de fundo da festa das Tendas, como sugere o subtítulo desta obra: *Jesus e a festa das Tendas*. Esses capítulos estão cheios de expressões conhecidas. É aí que Jesus proclama: "De seu seio jorrarão rios de água viva" (Jo 7,37); é também aí que ele se designa como "a Luz do mundo" (Jo 8,12; 9,5) e afirma: "antes que Abraão existisse, eu sou" (Jo 8,58). Enfim, essas páginas conservam alguns tesouros, como o relato do cego de nascença (Jo 9,1-41), ou o discurso do Bom Pastor (Jo 10,1-18). Portanto, vale a pena considerá-las de perto.

Tendo podido consagrar a elas longos anos de pesquisa, tive a ideia de prestar serviço a um público mais abrangente, reunindo numa obra modesta os pontos essenciais de minha pesquisa, bem como as conclusões a que cheguei. Assim, as páginas subsequentes retomam, num formato completamente renovado, reescrito e mais acessível, os resultados de uma densa publicação técnica, na qual se encontrará o conjunto das análises e demonstrações.[1] A publicação de um segundo livro, referente a um assunto sobre o qual me debruço há alguns anos, possibilitou-me aprimorar meu pensamento e afinar meus argumentos; por vezes, inclusive, ocorreu-me de redimensionar ou corrigir a interpretação que dei anteriormente.[2]

No título principal desta obra, *A saga de Siloé*, é posto em evidência o nome de uma piscina de Jerusalém: aquela na qual Jesus pede ao cego de nascença que vá se lavar (Jo 9,7.11). O evangelista nos informa que esse nome significa "Enviado", detalhe intimamente ligado a seu projeto cristológico.

---

[1] L. Devillers, *La fête de l'Envoyé. La section johannique de la fête des Tentes (Jean 7,1–10,21) et la christologie* (Études bibliques, nova série, n. 49), Paris, Gabalda, 2002 (589 páginas).

[2] Assim, pude distinguir melhor os dois níveis de interpretação do *ten archen* de Jo 8,25 e apresento um novo argumento a favor de um significado duplo do ego *eimi* de Jo 9,9. Por outro lado, decidi manter no texto original do capítulo 9 os versículos 38-39a, que constituem o ápice do percurso de fé do cego curado.

A piscina de Siloé foi construída durante o reinado de Ezequias, no século VIII a.c., para armazenar as águas da fonte de Geon, situada do lado de fora dos muros de Jerusalém.[3] Ligada à história da antiga Jerusalém, ela também representava um papel durante a festa das Tendas. Posteriormente, sua reputação será reconhecida tanto pela tradição judaica como pelo Cristianismo e pelo Islã. Assim, ao longo dos séculos se tecerá toda uma *saga de Siloé*. O título escolhido para este livro quer afirmar que, por suas alusões à festa (Jo 7) e a Siloé (Jo 9), sem deixar de lado a interpretação cristológica desse nome ("Enviado"), o quarto Evangelho constitui uma peça-chave dessa saga.

João e as festas judaicas

Diferentemente dos três Evangelhos sinóticos, que não conhecem mais do que o sábado semanal e a Páscoa da morte de Jesus, João menciona várias festas judaicas. Assim, em seu relato, três festas demarcam o ministério de Jesus (Jo 2,13; 6,4; 11,55), o que lhe confere uma duração de pelo menos dois anos. João apresenta ainda três outras festas: a das Tendas (Jo 7,2), a da Dedicação (Jo 10,22) e uma anônima (Jo 5,1). Por conta dessas menções que pontuam seu relato, muitas vezes sob a forma de um refrão estereotipado, concluiu-se com frequência que ele edificou todo o seu Evangelho sobre o simbolismo das festas judaicas. Mas essa posição é enormemente excessiva, pois as alusões às festas não podem dar conta de toda a estrutura do Evangelho.

Além disso, essas alusões não são formuladas de modo uniforme, mas de acordo com o grau de importância que João atribui a determinada festa. Assim, ele distingue a festa das Tendas da festa da Dedicação:[4] "ora, estava próxima a festa dos judeus, a *Skenopegie* (Jo 7,2); houve então a Dedicação em Jerusalém" (Jo 10,22). A menção da Dedicação não é precedida pela expressão "a festa dos judeus" – ou seja, "a festa judaica" –, nem introduzida pela fórmula "estava próxima", ao contrário do que temos para a Páscoa e a festa das Tendas; o motivo para isso, provavelmente, era que a

---

[3] A piscina foi reformada sob o imperador Adriano (por volta de 135), posteriormente também na época bizantina, quando a imperatriz Eudóxia fez erigir no local uma basílica em comemoração à cura do cego de nascença. Escavações tiveram início no século XIX, mas a mesquita construída nas imediações do sítio por operários muçulmanos limitou o trabalho dos arqueólogos. Pesquisas em curso na parte oriental da piscina bizantina foram suficientes para recuperar alguns elementos do complexo hidráulico da época de Jesus, como um canal e uma seção de escada com altos degraus, sugerindo a alguns a presença de um banho ritual (cf. E. Lefkovits, "Ancient aqueduct uncovered 'where Jesus gave sight'", *The Jerusalem Post*, 24 de dezembro de 2004).

[4] Esses dois versículos são traduzidos aqui literalmente.

Introdução

9

festa da Dedicação não tinha o mesmo caráter de festa de peregrinação (hebraico *hag*), como as outras. João ainda indica outra festa: "Depois disso, por ocasião da festa dos judeus, Jesus subiu a Jerusalém" (Jo 5,1). Mas ele não nos diz que festa é essa, ao passo que a expressão "festa dos judeus" e a referência à subida de Jesus a Jerusalém sugerem que devia se tratar de uma festa de peregrinação. Ora, se João quis construir seu Evangelho sobre a simbologia das diversas festas judaicas, o fato de manter uma delas no anonimato seria incompreensível.[5] Portanto, é provável que João não tenha desejado fazer das festas judaicas o fio condutor de sua obra.

Apesar dessas observações, parece inegável que João concede à festa das Tendas um tratamento excepcional. Ele se refere a ela por sete vezes:[6] na primeira delas, por seu nome oficial (*Skenopegie*), mas, nas seis outras, simplesmente como "a festa" (grego *he heorte*), conforme um procedimento presente no Antigo Testamento, que expressa sua reputação na época bíblica. Essas alusões à festa das Tendas invocam três reflexões. Primeiramente, João gosta de manipular a conotação simbólica dos números: o número 7 evoca uma ideia de plenitude, de totalidade, no plano qualitativo, e por contraste, o número 6 expressa imperfeição.[7] Assim, ao longo de seu texto, João repete sete vezes certas palavras-chave, em passagens mais ou menos longas: veremos que a expressão "abrir os olhos" pode ser lida sete vezes no relato de João 9.

Além disso, entre as sete menções de "a festa" (*he heorte*) em João 7, é possível que algumas estivessem ausentes do texto primitivo.[8] Ora, sua presença no texto atual só serve para fazer peso (o que é flagrante nos versículos 8-11): não se pode pensar que o autor as teria deliberadamente introduzido com a finalidade de ter sete menções do termo *heorte* em seu texto? Enfim, João sabe muito bem que a festa das Tendas durava uma semana: é nesse vasto contexto que ele desdobra seu relato, apon-

---

[5] Esse anonimato poderia resultar de uma modificação redacional. A partir de certas testemunhas antigas, sugeri que o relato do enfermo de Betesda estava primitivamente situado em Siloé, durante a festa das Tendas ("Une piscine peut en cacher une autre. À propos de Jn 5,1-9a", Revue biblique 106, 1999, p. 175-205).

[6] Jo 7,2.8²ˣ.10.11.14.37.

[7] Por exemplo, no capítulo 4, Jesus se senta, "por volta de hora sexta", "junto à fonte", cansado da caminhada e esgotado de calor (Jo 4,6; de igual maneira, Jo 19,14), o que poderia simbolizar os limites do homem Jesus. Mas, no fim desse mesmo capítulo, ele cura de longe o filho do funcionário real, devolvendo-lhe a vida "à hora sétima" (Jo 4,52-53), indicação essa que parece enfatizar a plenitude do poder vivificante que Jesus recebeu do Pai.

[8] Essa foi, desde o início de sua carreira na Escola Bíblica de Jerusalém, a opinião de M.-É. Boismard (1916-2004). Ver seu artigo "Lectio brevier, potior", *Revue biblique* 58, 1951, p. 162-165, bem como sua obra *Critique textuelle ou critique littéraire – Jean* 7,1-51 (Cahiers de la Revue biblique 40), Paris, Gabalda, 1998, p. 102-103.

tando com precisão "o meio da festa" (Jo 7,14), assim como seu "último dia", que ele também chama de "o mais solene" (Jo 7,37). Ora, em seu Evangelho, nenhuma outra festa tem o privilégio de semelhante cuidado: nem mesmo a Páscoa que se seguirá à morte de Jesus e que, naquele ano, coincidirá com o sábado (Jo 19,31). Tudo isso nos convida a concluir que João reserva à festa das Tendas uma atenção particular, fazendo dela o contexto de um momento importante do ministério de Jesus.

A seção da festa das Tendas

"Aproximava-se a festa judaica das Tendas" (Jo 7,2). Esse versículo contém a única ocorrência do termo *skenopegia* ("construção de tendas") no Novo Testamento. Na Bíblia grega (Septuaginta),[9] ele traduz o termo hebraico *Sukkot*, que significa "Cabanas". Falar em festa das Cabanas certamente seria mais fiel ao hebraico, e é assim que ainda hoje os judeus francófonos falam. No entanto, mantive a fórmula "festa das Tendas" pelo fato de os leitores cristãos, intrigados por essa festa sem equivalente em seu calendário litúrgico, a conhecerem melhor que a outra. Além disso, o termo "tendas" não está tão distante quanto se poderia imaginar, na medida em que evoca a época fundamental do Êxodo; ora, a festa de *Sukkot* propõe justamente uma releitura teológica dela.

Na condição de judeu, Jesus participou das grandes peregrinações do povo, e temos bons motivos para pensar que ele aproveitou essas ocasiões para pregar e debater com seus contemporâneos. Mas os Evangelhos não são relatos jornalísticos com pretensões de reconstituir detalhadamente sua vida, dia após dia, festa após festa. São testemunhos de fé escritos por fiéis que reinterpretam a vida de seu Mestre a partir de sua morte e ressurreição, com o objetivo de confirmar o leitor na fé (ou a fim de despertar-lhe a fé). O Evangelho de João é o que afirma com maior nitidez essa intenção: "[Esses sinais] foram escritos para crerdes que Jesus é o Cristo, o Filho de Deus, e para que, crendo, tenhais vida em seu nome" (Jo 20,31). "Para crerdes" significa provavelmente aqui: "para que progridais na fé".

---

[9] O Dicionário Houaiss da Língua Portuguesa define a Septuaginta da seguinte maneira: "designação por que é conhecida a mais antiga tradução em grego do texto hebreu do Antigo Testamento, feita para uso da comunidade de judeus do Egito no final do século III a.C. e no século II a.C.; teria sido realizada por 72 tradutores, donde o nome (por simplificação: LXX, em latim) versão dos 70". (N.T.)

Introdução

Disso resulta que, se João nos fala da *skenopegia* no início no capítulo 7, evidentemente não é para satisfazer nosso interesse por anedotas.

Portanto, Jo 7,1-2 forma a abertura de uma seção que tem como pano de fundo a festa das Tendas.[10] Contudo, as opiniões são divergentes quanto à extensão dessa seção. Para alguns, só o capítulo 7 diz respeito à festa das Tendas: as sete menções da *festa* unificam esse capítulo, marcado pela atividade magisterial de Jesus e sua pregação no Templo (versículos 14.28.37.46), bem como pela questão de sua origem e direito de ensinar. Como o último versículo do capítulo pertence ao relato não joanino da mulher adúltera,[11] a seção da festa iria do versículo 2 ao versículo 52 do capítulo 7. Mas, caso se omita essa perícope, já não se trata mais de um novo dia ("antes do nascer do sol", Jo 8,2), embora seja possível unir o capítulo 7 e o capítulo 8, como fazem muitos autores: o debate em torno de Jesus prossegue, enquanto seus ouvintes passam da estupefação à hostilidade. O último versículo do capítulo 8 marca o fim de um episódio: a conversa é cortada bruscamente por uma tentativa de apedrejamento, da qual Jesus só escapa ao deixar o Templo, onde estava ensinando e discutindo (Jo 8,59). Mas nada nos obriga a pensar que ele tenha ido para muito longe: a introdução do novo relato (o cego de nascença) leva a crer que ele encontra o enfermo mendicante logo ao sair do Templo.[12] A inserção do capítulo 9 na seção se torna mais imponente quando esse episódio põe em jogo dois temas ligados à festa das Tendas: o da luz (Jo 9,5; cf. 8,12) e o da água de Siloé (Jo 9,7.11; cf. 7,38). Portanto, podem-se encadear os capítulos de 7 a 9.

Mas a seção continua além do capítulo 9. Com efeito, João introduz o tema do Bom Pastor e suas ovelhas sem apontar para a menor mudança de lugar e de tempo (capítulo 10): um *"amen, amen*, eu vos digo" abre esse discurso de Jesus, sinal de que a conversa, já começada anteriormente, atinge um novo patamar. Disso resulta que Jo 10,1 pode ser lido como a continuação de Jo 9,41. No fim das contas, depois de descartada a menção

---

[10] Ao mesmo tempo em que marca vínculo com a sequência precedente, o versículo 1 introduz o tema do projeto assassino que pautará a seção.

[11] Esse relato (7,53–8,11) está ausente dos manuscritos e versões mais antigos, sendo desconhecido pelos primeiros Padres da Igreja: os dois mais antigos papiros joaninos conhecidos – P[66] e P[75] (aproximadamente 200 d.C.) – passam diretamente de Jo 7,52 a Jo 8,12, sobre a mesma linha, sem espaço intermediário. Embora tenha sido recebido pelas Igrejas cristãs como Escritura canônica e inspirada, grande número de exegetas reconhece aí uma página de Lucas ou de inspiração lucana, que teria sido introduzida posteriormente nesse local do Evangelho de João. Alguns manuscritos inclusive a colocam no Evangelho de Lucas.

[12] Tenho em mente aqui o desenrolar das sequências tal como o evangelista o organizou, pensou, concebeu, sem verificar a plausibilidade histórica de tal encadeamento de fatos.

ao nascer do sol de Jo 8,2, não encontramos nenhuma menção cronológica desde 7,37: mesmo o *sabbaton* de Jo 9,14, que designa um sábado ou qualquer outro *dia de festa de guarda*,[13] se sobrepõe sem dificuldade à menção do último dia de festa. A próxima cisão cronológica ocorre em Jo 10,22, onde João anuncia a festa da Dedicação: entre as duas festas, mais de dois meses terão se passado, e o outono já terá dado lugar ao inverno. Portanto, é em Jo 10,21 que termina a seção da festa das Tendas. João se interessa muito pelo último dia da festa, consagrando-lhe aproximadamente três capítulos (Jo 7,37–10,21), ao passo que os primeiros só tiveram direito a três dezenas de versículos (Jo 7,2-36): o motivo é que, para um autor literário, como também para todo ser humano, o tempo é um valor relativo.[14]

Consequentemente, o último versículo que João dedica à festa das Tendas (Jo 10,21) é uma pergunta deixada em suspenso: "porventura o demônio pode abrir os olhos de um cego?". Esse fato deve ser observado com cuidado, pois há de ser interpretado em relação com o *leitmotiv* do Evangelho, que marca especialmente a seção da festa: a questão da identidade profunda de Jesus.

Os principais temas da seção

Com exceção do capítulo 21, acrescentado posteriormente, o Evangelho de João é uma obra cristológica. Ora, é na seção da festa das Tendas que essa cristologia alcança o esplendor. Nas páginas seguintes, o leitor será convidado a observar a relação estabelecida pelo evangelista entre o contexto litúrgico da festa das Tendas e sua preocupação cristológica. A leitura de Jo 7–10 nem sempre é fácil. Contudo, se nosso esforço não faltar, descobriremos um retrato de Jesus bastante diferente daquele que habitualmente presumimos dessas páginas, no qual ele aparece como um deus que caiu do céu, com respostas para tudo e ignorando as tragédias da existência humana.

A liturgia de *Sukkot* e a cristologia não são os únicos elementos característicos da seção. Um terceiro tema surge de uma leitura atenta: a questão dos "judeus". Em João, a expressão "os judeus" (em grego, *hoi Ioudaioi*)

---

[13] O grego *sabbaton* parece um decalque do hebraico *shabbaton*. Essa palavra, tanto quanto a expressão *shabbat shabbaton*, designa: 1) o descanso semanal (Ex 16,23; 31,15; 25,2; Lv 23,3); 2) o ano sabático (Lv 25,4); 3) um dia de festa de guarda, como o *Yom Kippur*, "Dia da Expiação" (Lv 16,31; 23,32), ou ainda o primeiro e o oitavo dia de *Sukkot* (Lv 23,39).

[14] De igual maneira, João dedica cinco capítulos à última refeição de Jesus com seus discípulos (Jo 13–17), mas apenas dois ao relato da Paixão.

Introdução

pontua toda a vida pública de Jesus, assim como a narrativa de sua Paixão; e a relação de Jesus com os *Ioudaioi* é retratada na maior parte das vezes bastante tensa. Com efeito, é na seção da festa das Tendas que ela chega ao paroxismo da hostilidade: os "judeus" o detestam a ponto de procurar detê-lo para matá-lo (Jo 7,1 e *passim*); eles o acusam de estar possuído por um demônio (Jo 8,48) e se apressam em tentar apedrejá-lo (Jo 8,59); Jesus, por sua vez, lhes declara que eles têm o *diabolos* como pai (Jo 8,44).

A hostilidade presente de um lado como de outro pode perturbar o leitor de hoje, seja cristão, judeu, ou exterior ao conflito. Podemos nos perguntar como João ousou mostrar um Jesus tão hostil aos judeus, até mesmo os apresentando de modo aparentemente caricatural. De fato, seu Evangelho é acusado de ter fundado e nutrido o antijudaísmo cristão, justificando tal comportamento pelo exemplo mesmo de Jesus. Nesse sentido, todos os desvios são possíveis, sem exclusão dos que tomam a direção de um verdadeiro antissemitismo: a História mostrou que eles podiam ir muito longe na traição do ideal evangélico. Ao estudar a seção da festa das Tendas, não seria concebível evitar esse tema espinhoso. Todavia, vou abordá-lo ao longo da leitura, quando útil for, sem voltar novamente à exposição sistemática do mesmo tema.[15]

> Nota bibliográfica: A menos que se mencione o contrário, as citações bíblicas são tiradas da edição de 2002 da *Bíblia de Jerusalém* da Paulus. Entretanto, o nome divino "Iahweh" foi substituído por "o Senhor" (ou por "Deus"), e a palavra "judeus" por *Ioudaioi* (grego), quando o texto não se refere a todos os judeus. As palavras semíticas ou gregas são transliteradas (a letra *heth* é representada por um simples *h*); o *sh* do hebraico e aramaico se pronuncia *ch*, e os ditongos gregos *ai, ei* e *oi* se pronunciam como em português.

---

[15] Sugiro ao leitor que tem interesse em se aprofundar nesse assunto consultar *La fête de l'Envoyé*, p. 117-268.

Capítulo 1
HISTÓRIA DA FESTA DAS TENDAS

"Três vezes no ano, toda a população masculina comparecerá perante o Senhor Deus" (Ex 23,17). Segundo o livro do Êxodo, o Antigo Israel conhecia três grandes festas de peregrinação: a festa dos Ázimos, a festa da Messe e a festa da Colheita. Por ocasião desses tempos de celebração, todo homem adulto entre os israelitas devia "subir" ao santuário para adorar o Senhor e cumprir determinada quantidade de ritos (Ex 23,14-17).

As três festas de peregrinação

A questão da origem das festas bíblicas é complexa, pois os textos são contraditórios e orientados de modo diverso, cada um em função de sua época e da ótica de seu autor. O mais certo, porém, é que as três festas que estão associadas a uma peregrinação têm suas raízes fincadas no mundo agrícola.

Celebrada na primavera, a festa dos Ázimos é de origem cananeia e, combinada com um velho rito originário da vida nômade – o consumo em família de um novilho assado ao fogo, acompanhado de ervas amargas, sendo seu sangue utilizado para marcar a entrada da tenda –, se tornará a Páscoa (*Pessah*). Assim, a comunidade samaritana celebrará anualmente sua Páscoa no alto do monte Garizim, perto de Nablus. A segunda festa, que marca o fim da colheita do frumento, servirá para comemorar o dom da Lei no Sinai e será o Pentecostes, ou "Cinquentena" (*Shavu'ot*), sendo celebrada cinquenta dias após a Páscoa. Quanto à festa da Colheita de outono, passará a ser chamada "das Cabanas" (*Sukkot*). Essas mudanças de nomes demonstram a evolução sofrida pelas festas ao longo do tempo.

As duas primeiras festas da trilogia judaica, *Pessah* e *Shavu'ot*, são conhecidas pelos cristãos: eles as incorporaram para comemorar a ressurreição de Jesus e o envio do Espírito Santo sobre a primeira comunidade cristã. Mas isso não se fez sem reinterpretação: a Páscoa e o Pentecostes cristãos não descendem diretamente de seus homônimos judaicos.

A diferença entre as duas Páscoas, a judaica e a cristã, é bem representada pela língua inglesa, que as designa com dois nomes diferentes: *Passover*, para a festa judaica, pois os israelitas escaparam do Exterminador quando o Senhor passou *por cima* de suas casas ("to pass over", cf. Ex 12,23), e *Easter* para a festa cristã, que celebra Cristo ressuscitado, verdadeiro *Sol nascente* ou novo *Oriente* ("East").

Uma ausência enigmática

Como os judeus, os cristãos celebram Páscoa e Pentecostes. No entanto, curiosamente, eles não têm nenhuma grande festa que lembre *Sukkot*. Decerto, alguns ritos antigos, por vezes ainda observados em regiões agrícolas, foram inspirados nela. É o caso, na liturgia católica anterior ao último Concílio, das rogações de setembro.[1] Mas essas orações ou ações de graças coletivas por uma boa colheita não constituem mais um momento decisivo do ano litúrgico cristão. É certo ainda que a dedicação da Anastasis – nome grego ("ressurreição") da basílica do Santo Sepulcro em Jerusalém – foi celebrada no dia 13, depois no dia 14, imitando a dedicação do Templo de Salomão, que teve lugar na ocasião de uma festa das Tendas (1Rs 8).[2] Egéria, famosa peregrina do Ocidente a Jerusalém, nos dá um precioso testemunho:

> Chama-se dia da dedicação aquele em que a santa igreja que se encontra no Gólgota, aquela conhecida como Martyrium, foi consagrada a Deus. A santa igreja que se encontra na Anastasis, o local em que o Senhor ressuscitou depois de sua Paixão, também foi consagrada a Deus no mesmo dia. A dedicação dessas igrejas é, portanto, celebrada com a maior solenidade, pois a cruz do Senhor foi encontrada nesse dia [...]. Quando chegam esses dias da dedicação, a celebração se estende por oito dias [...]. Considera-se ter cometido grande pecado o fato de não participar, nesses dias, de tal solenidade, a menos que uma necessidade contrária atrapalhe sua intenção. Durante essas festas da dedicação, o esplendor de todas as igrejas é o mesmo da Páscoa e da Epifania.[3]

A festa da dedicação do "Santo Sepulcro" era muito popular no século IV: todos acorriam a ela, monges e ermitãos, bispos e leigos. Contudo, em nossa época, ainda que a liturgia católica sempre situe a comemoração

---

[1] Como sugerira J. Daniélou, em "Les Quatre-Temps de Septembre et La fête des Tabernacles", *La Maison-Dieu* 46, 1956, p. 114-136.

[2] Essa opinião é de H. Ulfgard, *The Story of Sukkot*, Tübingen, Mohr Siebeck, 1998, p. 1, 197.

[3] Égérie, *Journal de Voyage*, tradução de P. Maraval (Sources chrétiennes 296), Paris, Éditions du Cerf, 1982, p. 317-319.

da dedicação de uma igreja na primeira fileira das festas, depois das festas relativas a Cristo, mas ao lado das comemorações em honra à Virgem Maria e aos outros santos, a celebração de tal aniversário perdeu muito de seu antigo esplendor. Na liturgia cristã, portanto, não há nada que lembre a festa das Tendas, silêncio esse tanto mais surpreendente porque a mesma festa era muito popular na época de Jesus. Perguntamo-nos por que ela não encontrou equivalente no calendário cristão.

De fato, São João Crisóstomo nos ensina que, na Constantinopla do século IV, as festas judaicas de outono ainda exerciam enorme influência sobre os cristãos. Ele denuncia violentamente os fiéis que sucumbem à tentação delas:

> Mas que praga é essa? As festas dos deploráveis e míseros judeus se aproximarão ininterruptamente, umas após as outras: a festa das Trombetas [Ano-Novo], a festa das Tendas, a festa dos Jejuns [Dia do Perdão]. Dentre muitos dos nossos, que afirmam estar do nosso lado, uns se precipitam para ver as festas, outros inclusive participam delas e se associam aos jejuns. Esse hábito ruim, quero extirpá-lo da Igreja.[4]

As palavras duras do bispo revelam uma situação de tensão e concorrência entre judeus e cristãos na capital do império bizantino. Enquanto pastor, ele via nesse fascínio pelos ritos judaicos uma ameaça para a fé cristã.

A ausência de uma festa das Tendas cristã permanece um enigma. Entretanto, entre os textos basilares das origens cristãs, existe um que deu à festa judaica de *Sukkot* um papel fundamental, um papel frequentemente desconhecido ou subestimado: o Evangelho de João. Estou convencido de que João viu em *Sukkot* a festa por excelência, o contexto ideal para apresentar Jesus como a Luz que o Pai enviou ao mundo e como a Fonte de vida oferecida a todos os homens. Ele a transformou na *Festa do Enviado*. Para atingir esse objetivo, certamente teve de operar uma reinterpretação, uma releitura dos ritos da festa, numa ótica decididamente cristológica. Mas essa posteridade cristã da antiga festa bíblica é tão legítima quanto a interpretação rabínica que prevaleceu no Judaísmo até nossos dias.

---

[4] João Crisóstomo, *Contra os judeus* I,1. Tradução minha.

Origem da festa das Tendas

A festa que nos interessa chamava-se inicialmente *Asif*, "colheita". Situada no outono, ela marcava a colheita da uva e dos últimos frutos do ano, como as olivas: "e a festa da Colheita, no fim do ano, quando recolheres dos campos o fruto dos teus trabalhos" (Ex 23,16b). A colheita se realizava num clima de festa. No antigo Oriente Próximo (bem como ainda hoje, em várias regiões do mundo), essa atividade humana tinha como desfecho um gesto religioso, sendo a ocasião de uma subida ao santuário, uma peregrinação para render graças à divindade. A festa israelita das Colheitas se insere na continuação de uma antiga festa cananeia, celebrada na ocasião das últimas colheitas antes do inverno. Em algumas narrativas com ares primitivos, a Bíblia conserva o vestígio de uma espécie de festa das Colheitas cananeia: "[Os senhores de Siquém] saíram ao campo para vindimar as suas vinhas, pisaram as suas uvas, promoveram festas e entraram no templo de seu deus. Aí comeram e beberam e caçoaram de Abimelec" (Jz 9,27).

Mais adiante, o curioso episódio do rapto das filhas de Silo ocorre num contexto semelhante, mas as tribos israelitas já estão instaladas em Canaã. Alguns israelitas se apiedaram dos homens da tribo de Benjamim, que estavam com falta de mulheres, e lhes disseram: "Há a festa do Senhor que se celebra anualmente em Silo [...] Ide emboscar-vos nas vinhas. Espiareis e, logo que as filhas de Silo saírem para dançar em coros, saireis das vinhas e levareis cada qual uma mulher dentre as filhas de Silo, e partireis com elas para a terra de Benjamim" (Jz 21,19-21). Vindimas e danças de moças, talvez em busca de marido: a essa tradição popular o texto acrescenta uma nota israelita, pois se trata da "festa do Senhor".

Esse exemplo mostra bem a influência que a festa de outono exercia sobre as populações: afinal, é *a festa* por excelência. A atmosfera particularmente alegre nela reinante está ligada a sua origem profana, pois as vindimas sempre constituíram um momento de grande júbilo. É possível ler nesse sentido o episódio em que Elcana e Ana, sua esposa estéril, subiram "ao templo do Senhor", em Silo (1Sm 1,7): "Na amargura de sua alma, [Ana] orou ao Senhor e chorou muito [...]. Como prolongasse sua oração ao Senhor, Eli [o sacerdote] observava sua boca. Ana apenas murmurava: seus lábios se moviam, mas não se podia ouvir o que ela dizia, e por isso Eli julgou que ela estivesse embriagada" (1Sm 1,10.12-13). Se o episódio ocorreu na época das colheitas, pode-se compreender melhor a interpretação equivocada do estranho comportamento de Ana, ainda mais porque, na Antiguidade, o vinho não era muito bem conservado.

A inauguração do Templo

A inauguração do Templo de Jerusalém por Salomão, nos idos de 960 a.c. (cf. 1Rs 6,1), ocorreu durante uma festa das Tendas: "Todos os homens de Israel reuniram-se junto do rei Salomão, no mês de *Etanim*, que é o sétimo mês, durante a festa" (1Rs 8,2). A alusão à "festa" volta no fim do capítulo (v. 65). A trasladação da Arca da Aliança para o santuário (versículos 1-9), com as tábuas da Lei, cria um laço entre a festa e o Êxodo, pois Deus se torna presente em Jerusalém, como estivera presente no Sinai;[5] o povo, por sua vez, só encontrará vida se for fiel à Lei e à Aliança.

Depois da morte de Salomão (931 a.C.), um de seus altos funcionários (Jeroboão) recusou-se a reconhecer a legitimidade do herdeiro (Roboão), fundando seu próprio reino no Norte (Israel). Para afastá-los de Jerusalém (reino de Judá), ele reinaugurou em seu reino antigos locais de culto – Dã e Betel – e incitou os fiéis a ali adorar o Senhor: assim, ele celebrou a dedicação do templo de Betel durante uma espécie de festa das Tendas, porém, com um pouco de atraso naquele ano (1Rs 12,25-33). Essa diferença de tempo era puro cálculo político, de modo que não tinha nada a ver com considerações climáticas.[6] Assim, tanto no reino de Israel como no de Judá, a festa está ligada ao rei e a um santuário nacional.

A festa das Cabanas

Dt 16,13 constitui o primeiro testemunho bíblico do novo nome da festa, "a festa das Cabanas (*Sukkot*)":

Celebrarás a festa das Tendas [*Sukkot*] durante sete dias, após ter recolhido o produto da tua eira e do teu lagar. E ficarás alegre com a tua festa [...]. Durante sete dias festejarás em honra do Senhor teu Deus [...]; pois o Senhor teu Deus vai te abençoar em todas as tuas colheitas e em todo trabalho da tua mão, para que fiques cheio de alegria (Dt 16,13-15).

---

5 "O Senhor está entre eles, e o Sinai está no santuário" (Sl 68,18).

6 "Se havia diferença, era sobretudo Efraim [Norte] que estava adiantada em relação a Judá [Sul]: atualmente, os trigos, as uvas e as olivas da região de Nablus amadurecem mais cedo que os das regiões de Belém e Hebron" (R. de Vaux, *Les institutions de l'Ancien Testament*, volume 2, Paris, Éditions du Cerf, 1960, p. 403).

Nessa passagem, *Sukkot* é chamada "festa em honra do Senhor"; com frequência ela será chamada "festa do Senhor", ou, mais simplesmente ainda, "a Festa". Todavia, outros autores dão prioridade a Lv 23,43. No novo nome da festa, aparece o termo *sukkot*, plural do substantivo feminino *sukka*, que designa uma cabana ou, num sentido mais abrangente, qualquer tipo de abrigo temporário, inclusive um acampamento, ou uma simples tenda; entretanto, o hebraico normalmente utiliza outro termo para a tenda simples.

A menção das cabanas no nome da festa não se explica nem se justifica por qualquer uso ritual. Aqui provavelmente se encontra o vestígio de um costume ligado à origem agrícola da festa: a fim de permanecer no campo durante a colheita, possivelmente também para evitar pilhagens, os campesinos erguiam uma cabana numa extremidade de suas vinhas ou de seus campos. Alguns textos evocam inclusive uma torre erigida no meio do campo (Is 5,1-2; cf. Mt 21,33 // Mc 12,1). Mas não se poderia ter como suficiente apenas essa simples lembrança: urgia atribuir uma explicação religiosa à mudança de nome da festa.

É do livro do Levítico o mérito de ter tentado justificar o uso festivo das cabanas, ao preço de uma surpreendente releitura teológica:[7]

> No décimo quinto dia deste mês haverá, durante sete dias, a festa das *Cabanas* para o Senhor. [...] No décimo quinto dia do sétimo mês, quando tiverdes colhido os produtos da terra, celebrareis a festa do Senhor durante sete dias. [...] Habitareis durante sete dias em *cabanas*. Todos os naturais de Israel habitarão em *cabanas*, para que os vossos descendentes saibam que eu fiz os israelitas habitarem em *cabanas*, quando os fiz sair do Egito (Lv 23,34.39.42-43).

Sukkot é primeiramente chamada "a festa do Senhor", ou seja, uma festa celebrada em honra do Senhor. Depois, o texto enfatiza um novo rito: os membros do povo devem hospedar-se em cabanas durante a semana de festa. Por fim, após ter apresentado o novo nome da festa, *a festa das Cabanas*, o autor o justifica por meio de uma alusão ao episódio do Êxodo. Depois do exílio na Babilônia, as recordações do êxodo e do deserto são maciçamente convocadas para dar um fundamento teológico aos diferentes elementos do culto judeu. Logo, o Levítico quer nos dizer que a festa de outono tem relação com a caminhada dos hebreus no deserto, servindo, de certa maneira, para comemorar a experiência passada.

---

[7] Para salientar o uso da mesma palavra no nome e na explicação da festa, substituí aqui por "cabana" o termo "tenda" da *Bíblia de Jerusalém*.

Mas esse texto contém uma anomalia digna de nota, que não pôde passar despercebida pelo redator nem por seus primeiros leitores. Segundo essa nova versão, faz parte da festa a permanência em cabanas (palhoças), pois foi assim que Deus teria feito o povo se alojar durante a travessia pelo deserto. Ora, em nenhum lugar na Bíblia está escrito que o povo morou durante quarenta anos em cabanas, e pela seguinte razão: no deserto, a madeira é escassa e valiosa, além de muito incômoda para se transportar em deslocamentos de grupos nômades! Todos os textos que evocam a vida dos hebreus no deserto falam de tendas, confeccionadas com pele de dromedário ou de cabra, de fácil manuseio e transporte, como também para armar e desarmar. Ainda hoje elas constituem o hábitat clássico dos beduínos.

Ora, o autor de Lv 23,43 sabe muito bem que seus ancestrais tinham tendas como moradia, e não cabanas. As cabanas festivas são, sem dúvida nenhuma, uma herança das cabanas usadas na época da colheita da uva. Para justificar a persistência das cabanas agrícolas no ritual da festa, o autor do Levítico colou artificialmente em seu texto uma lembrança deformada do período no deserto, atribuindo um novo sentido a *Sukkot*. A partir de então, a festa não visa mais somente a render graças pela uva e por todos os frutos de outono, mas também – e principalmente – louvar a Deus pela proteção que ele deu a seu povo no deserto: os israelitas esperam que ele continue a protegê-los no futuro. A expressão "festa das Tendas", comum entre os cristãos, permanece válida, na medida em que *Sukkot* evoca a experiência dos ancestrais de morar sob a tenda, numa situação de segurança e conforto extremamente modesta, que os obrigava a confiar-se completamente à proteção benfazeja de Deus.

A mesma passagem indica outro rito relativo a elementos da natureza: "No primeiro dia tomareis frutos formosos, ramos de palmeiras, ramos de árvores frondosas e de salgueiros das ribeiras,[8] e vos regozijareis durante sete dias na presença do Senhor vosso Deus" (Lv 23,40). O fim do versículo permite entender que esses frutos e ramos têm certa relação com a atmosfera de júbilo, mas o uso de elementos vegetais também poderia evocar um antigo rito de fertilidade, ou uma simpatia para fazer chover. A Mixná – coleção de tradições rabínicas compilada a partir de 200 d.C. – manterá o caráter alegre da utilização de elementos vegetais. De qualquer maneira, a menção de "frutos formosos" convém muito bem a uma cerimônia de ação de graças pelas últimas colheitas do ano.

---

[8] Os *saules de rivière* ["salgueiros das ribeiras"] da primeira edição da *Bíblia de Jerusalém* são mais próximos do hebraico que o sofisticado *gattiliers* ["vítex"] da última.

Uma Palavra celebrada e interpretada

Os livros de Esdras e Neemias evocam a volta a Jerusalém dos exilados na Babilônia e a retomada progressiva do culto com a reconstrução do Templo. O livro de Esdras descreve uma celebração da festa das Tendas, salientando seu vínculo com o Templo (restabelecimento do altar dos sacrifícios – Esd 3,2-6). O livro de Neemias, por sua vez, nos dá a mais antiga descrição da festa *in actu*. Havia sido descoberta – ou redescoberta – uma passagem da Lei que convidava o povo a confeccionar cabanas (Ne 8,14). Devia tratar-se de Lv 23,42, mas os dirigentes do povo a interpretaram num sentido novo, pois disseram a ele: "Ide à região montanhosa e trazei ramos de oliveira, pinheiro, murta, palmeira e de outras árvores frondosas, para fazer cabanas, como está prescrito" (Ne 8,15).

Ora, em nenhum lugar da Torá está escrito que ramagens servem para construir cabanas. Podemos ver, assim, como uma tradição litúrgica se faz aos poucos, ao sabor dos acontecimentos que convidam a reler a experiência passada por meio da reinterpretação dos textos sagrados, sem temer fazê-los dizer o que eles não dizem. O uso da fórmula *ka-katub*, "como está prescrito" (Ne 8,15), nesse contexto, é muito interessante. Nos Evangelhos, as inúmeras fórmulas que têm por objetivo mostrar que Jesus cumpriu a Escritura a cada instante de sua vida, e principalmente em sua Paixão, funcionam do mesmo modo. Toda leitura já é uma releitura, a interpretação de um passado que acabou, mas do qual se quer extrair um significado para o presente. A Escritura pode se tornar fonte de vida, desde que não se faça dela uma leitura repetitiva e, consequentemente, mortífera.

Testemunho dos Profetas e dos Salmos

Além dos calendários do Pentateuco e das menções nos Livros históricos (1 Reis, Esdras, Neemias), a Bíblia praticamente não guarda vestígios da festa das Tendas. Desse modo, os Profetas não fazem, por assim dizer, alusão a ela. Há exatamente uma menção da "festa do Senhor" em Os 9,5: mas, numa época tão distante (século VIII a.C.), é possível que se trate de *Sukkot*? De igual maneira, quando Amós evoca a "tenda desmoronada de Davi" (Am 9,11), a presença do termo *sukka* no singular não é suficiente para declarar que está em questão aqui a festa de outono. O Judaísmo rabínico lerá Is 12,3 – "Com alegria tirareis água das fontes da salvação" – em função de *Sukkot*, mas nem sempre foi assim. Is 4,5-6 menciona igualmente uma *sukka* protetora num contexto de êxodo (coluna de fogo ou de nuvem), mas seu possível vínculo com a festa seria tênue e tardio.

Nos Salmos, o acervo também é escasso. O título do Salmo 28 da Septuaginta traz a expressão *exodiou skenes*, "ao sair da tenda", onde o *targum*[9] viu uma referência ao último dia da festa; mas ela também poderia fazer alusão à tenda sob a qual Davi pusera a Arca da Aliança.[10] De qualquer maneira, essa precisão não deve ser muito antiga, pois o texto hebraico (Sl 29,1) a ignora e os títulos dos Salmos já fazem parte do fenômeno de releitura. Outro Salmo poderia ter relação com *Sukkot*: Sl 118,27. Nele se vê com frequência uma alusão a uma procissão ao redor do altar com cânticos de Salmos: "Formai a procissão com ramos até aos ângulos do altar". Mas a complexidade dos textos hebraico e grego torna a coisa incerta.

O precioso testemunho de Zacarias

O *corpus* profético contém, apesar de tudo, um testemunho importante da festa: no último capítulo de Zacarias, pode-se ler três vezes a expressão *lahog 'et-hag ha-sukkot*, "para celebrar a festa das Tendas" (Zc 14,16.18.19). A versão grega traduziu fielmente: *tou heortazein* [ou *heortasai*] *ten heorten tes skenopegias*, com os mesmos termos que se encontrarão em João. Essa tripla referência à festa, em alguns versículos reunidos, é excepcional. É preciso interpretá-la no contexto geral do último capítulo, que evoca os últimos combates entre Jerusalém e as nações, bem como o esplendor da Jerusalém restaurada após a tormenta e, finalmente, a salvação concedida às nações, que "subirão" à Cidade Santa para aí adorar o Deus de Israel.

Certos detalhes textuais conferem a essa página um caráter escatológico.[11] Assim, o início evoca "o dia do Senhor" (Zc 14,1), e a fórmula "naquele dia" dá ritmo ao relato. Além disso, a expressão raríssima *yom 'ehad*, no sentido forte de "um único dia [...], sem dia e sem noite", só se encontra aqui (Zc 14,7) e em Gn 1,5, produzindo o efeito de ligar o

---

[9] *Targum*: cada uma das traduções ou paráfrases do Antigo Testamento feitas em aramaico. (N.T.)

[10] Cf. J.-M. Auwers, *La composition littéraire du Psautier* (Cahiers de la Revue biblique 46), Paris, Gabalda, 2000, p. 159.

[11] Entretanto, o texto não fala de uma *última* festa das Tendas, à qual seriam finalmente convidadas as nações, mas de um futuro idealizado em que estas virão várias vezes a Jerusalém, *ano após ano*.

mito das origens (protologia) e a evocação dos últimos dias (escatologia). Esse novo tempo será marcado pelo fim da alternância das noites e dos dias, e pelo predomínio da luz (Zc 14,7).

Por fim, o texto diz que "sairá água viva de Jerusalém, metade para o mar oriental, metade para o mar ocidental" (Zc 14,8). Diferentemente dos outros textos proféticos, que apresentam a fonte brotando do santuário (Ez 47,1; Jl 4,18), Zacarias a faz brotar "de Jerusalém", sem mencionar o Templo. Do mesmo modo, o Templo não constitui o centro de sua visão da Jerusalém restaurada (Zc 14,10-11).[12] Essa marginalização do Templo abre caminho para a interpretação do quarto Evangelho e do Apocalipse, para os quais o verdadeiro Templo é Cristo – "De seu seio jorrarão rios de água viva" (Jo 7,38) – ou o mistério mesmo de Deus – "Não vi nenhum templo nela, pois o seu Templo é o Senhor, o Deus Todo-poderoso, e o Cordeiro" (Ap 21,22). Ora, é em tal contexto que Zacarias afirma a realeza universal e única do Senhor (Zc 14,9).

Zc 14 apresenta vários temas que voltarão a se encontrar na teologia e nos rituais da festa: realeza do Senhor, luz, água nascente. Mas o mesmo capítulo também contém uma curiosa alusão à prece por chuva: "aquele das famílias da terra que não subir a Jerusalém para prostrar-se diante do rei, o Senhor dos Exércitos, para ele não haverá chuva" (Zc 14,17). Parece que essa ameaça é uma alusão às avessas a uma promessa de chuva ligada à festa. Ora, na liturgia judaica posterior à época bíblica, *Sukkot* será o momento de rogar pela vinda das primeiras chuvas, após o longo período de seca do verão. O final de Zacarias constitui a primeira atestação desse vínculo na história da festa.

Festa das Tendas e Dedicação (2 Macabeus)

Ao *corpus* da Bíblia hebraica, a Septuaginta acrescentou outras obras, escritas ou traduzidas em grego: entre elas está o segundo livro de Macabeus. A vitória de Judas Macabeu e seus irmãos sobre o ímpio Antíoco Epífanes, em 164 a.C., culminou numa nova consagração do altar profanado. Portanto, uma nova festa foi instaurada: a da (Nova) Dedicação. No que diz respeito ao ritual da festa, o texto afirma explicitamente ter sido inspirado no da festa

---

[12] Os dois últimos versículos (Zc 14,20-21) são tardios e concentram tudo no Templo, rejeitando a abertura às nações: "Não haverá mais vendedor – ou cananeu, portanto, pagão – na casa do Senhor dos Exércitos".

das Tendas: "Estando nós para celebrar a purificação do Templo, no dia vinte e cinco do mês de Casleu, ocorreu-nos ser nosso dever informar-vos disso, a fim de que vós também a celebreis a modo da festa das Tendas" (2Mc 1,18). O paralelo é tão forte que essa nova consagração ficou conhecida como "festa das Tendas do mês de Casleu" (2Mc 1,9).

Mas como *Sukkot* era celebrada? "E com júbilo celebraram oito dias de festa, como para as Tendas. [...] Eis por que, trazendo tirsos e ramos vistosos, bem como palmas, entoavam hinos Àquele que de modo tão feliz os conduzira à purificação do seu Lugar santo" (2Mc 10,6-7). Esse texto menciona uma lista de vegetais que lembra aquela encontrada no Levítico. O termo "tirso" provém do ritual grego em honra de Dioniso:[13] mas o fato de um autor ultranacionalista, propagandista da resistência judaica contra a ocupação pagã, não ter hesitado em empregá-lo mostra que ele havia sido incorporado ao uso corrente e designava qualquer ramo agitado numa procissão. Um mesmo fenômeno de judaização será observado na descrição dos rituais da festa feita por Flávio Josefo.

As Pseudepígrafes

A literatura judaica antiga não se limita aos textos bíblicos. Muitos outros livros chegaram até nós: criou-se o hábito de apontá-los como "escritos intertestamentários", como se estivessem situados, do ponto de vista cronológico e temático, na fronteira entre o Antigo e o Novo Testamento. Ora, isso não é completamente exato, de modo que consideramos mais apropriado chamá-los de escritos *peritestamentários*.[14] Nesse vasto conjunto, as *Pseudepígrafes* propõem uma reescrita de textos do Antigo Testamento. Dentre eles, o *livro dos Jubileus* apresenta uma nova versão do Gênesis, acrescida de uma releitura de Êxodo 1–12 (até a Páscoa); costuma-se datá-lo do século II a.C., atribuindo-se a ele uma origem palestina. A reputação da festa das Tendas nessa época era tão elevada que o autor, apesar do anacronismo, não teve medo de apresentar Abraão celebrando *Sukkot*! O patriarca teria sido o primeiro a agir assim: "Naquele mês, [Abraão] fez

---

[13] Durante essas festividades, os devotos do deus do vinho faziam procissões com um bastão enfeitado de folhas de hera ou parreira e encimado por uma pinha, que se chamava *thyrsos*. No original, a referência é a Baco. Porém, na mitologia grega, Dioniso é a divindade correspondente ao Baco da mitologia romana. (N.T.)

[14] Esse neologismo foi forjado por É. Puech, "Dieu Le Père dans les écrits péritestamentaires et les manuscrits de la mer Morte", *Revue de Qumrân* 78, 2001, p. 287-310.

uma festa jubilosa, durante sete dias [...]. Ele também construiu cabanas [...] e foi o primeiro da terra a celebrar a festa dos Tabernáculos".[15]

Abraão dá graças ao Senhor por tê-lo "libertado da fornalha", fazendo-o sair de Ur da Caldeia: o autor brinca com as palavras, interpretando *min-'ur* ("de Ur") como se fosse *min-nur* ("fora da fornalha"). Abraão observa vários ritos da festa: as cabanas, o ramo festivo e a procissão em volta do altar. Mas o texto enfatiza sua alegria: o patriarca exulta, porque Deus cumpre sua promessa ao permitir o nascimento de Isaac. Esse tema raro da alegria de Abraão se encontra na seção joanina da festa das Tendas: "Abraão, vosso pai, exultou por ver o meu Dia. Ele o viu e encheu-se de alegria" (Jo 8,56). O "Dia" de Jesus lembra o dia do nascimento milagroso de Isaac: o livro dos Jubileus e o quarto Evangelho teriam se inspirado, cada um a sua maneira, numa mesma tradição do Judaísmo palestinense.

O livro das *Antiguidades bíblicas*, ou *Pseudo-Fílon*, só chegou até nós em sua versão latina: ele chama a festa das Tendas por seu nome grego, qual seja, *scenophegia*. Dentre todos os ritos da festa, ele só conhece o dos ramos, que é associado à prece por chuva: Deus garante à terra o necessário para ela produzir fruto, mas cabe ao homem pedi-lo a ele todos os anos.

Qumran e Fílon

As cavernas de Qumran conservaram inúmeros rolos, que foram redigidos no seio da comunidade essênia ou eram valorizados por seus membros. Nesse vasto *corpus*, as referências a *Sukkot* são escassas, mas encontramos nele uma menção à construção do teto da *sukka*, e uma possível alusão a um buquê festivo, que teria como base Lv 23,40. Um dos mais célebres manuscritos, o *Rolo do Templo* (11Q19), enfatiza o nome da festa (col. XI,13), o calendário dos sacrifícios (col. XXVII,10–XXIX,2) e fala das cabanas erguidas nos pátios (col. XLII,13.17; XLIV).

O filósofo judeu Fílon, por sua vez, contemporâneo alexandrino de Jesus, dá algumas informações sobre a duração e a data da festa: "Aos sete dias de festa, a Lei aplica o selo de um oitavo dia, que ela chama de 'O final' (*exodion*): não o final dessa única festa, mas também do conjunto de festas que acabo de enumerar e descrever. Pois ela é a última festa do

---

[15] Jubileus 16,20-21. A tradução francesa foi tirada de *La Bible. Écrits intertestamentaires* (Pléiade), Paris, Gallimard, 1987, p. 705.

ano, o coroamento".[16] Mas, com exceção da construção da *sukka*, Fílon não se estende sobre o modo como os judeus de Alexandria celebravam a festa, pelo fato de ele possivelmente ter uma preferência pelo sábado, "mãe de todas as festas", mas possivelmente também porque a alegria de *Sukkot*, manchada por reminiscências pagãs e orgíacas, desviava o israelita do verdadeiro Deus, ao qual se chega apenas pelo jejum.

É nesse mesmo espírito que Fílon espiritualiza os inúmeros sacrifícios prescritos por ocasião da festa das Tendas. Semelhantemente, ele interpreta de modo espiritual a data da festa, no equinócio de outono, logo após as últimas colheitas: "Dois ensinamentos podem ser tirados daí. Por um lado, que se deve honrar a igualdade e detestar a desigualdade [...]. Por outro, que se trata de um dever, após o amadurecimento completo de todos os frutos, render graças ao Deus que tudo leva à conclusão, que é causa de todos os bens".[17]

A festa "nacional" de Flávio Josefo

Flávio Josefo é contemporâneo ao quarto Evangelho: o testemunho desse historiador judeu nos dá uma contextualização do modo pelo qual a festa era vivida em sua época. Poderemos achar graça da explicação que ele dá para o ritual da cabana, que vê como uma proteção contra o frio, no momento em que as primeiras chuvas conduzem a região ao inverno. Em contrapartida, ele nos ensina que a festa das Tendas era tão popular que merecia o adjetivo de *patrion* ("patrimônio nacional"). Tratava-se realmente da "mais santa e mais importante" das festas judaicas.[18]

Flávio Josefo dá grande importância à leitura pública da Torá durante a festa. Além disso, seu testemunho constitui um cordão precioso entre a Bíblia (Levítico, Neemias) e a Mixná, pois ele nomeia as espécies vegetais utilizadas pela festa: um ramo de murta, outro de salgueiro e um de palmeira constituíam o arranjo festivo, com o qual se segurava a cidra. Essa fruta consiste num grande limão que veio do Extremo Oriente, via Índia e Pérsia – daí seu nome grego, *persea* –, e foi introduzida na Palestina no século IV a.C., chamando-se *etrog* em hebraico: ela é representada

---

[16] *Spec.* II,211 (Fílon de Alexandria, *De specialibus Legibus* I-II, tradução de S. Daniel, Paris, Éditions du Cerf, 1975).

[17] *Spec.* II,24 (ver nota precedente).

[18] O que podemos ler em sua obra Antiguidades judaicas (*Ant.* VIII,100).

com frequência nos revestimentos de mosaico das sinagogas (por exemplo, em Bet Alfa). Flávio Josefo relata que o rei Alexandre Janeu (103-76) foi bombardeado de cidras pela multidão furiosa numa festa das Tendas.[19]

O testemunho de um pagão: Plutarco

O pensador grego Plutarco (aproximadamente 50-125) dedica uma de suas *Quaestiones conviviales* à festa das Tendas. Ele sabe que essa festa judaica, "a maior e mais solene", ocorre após as vindimas e o Grande Jejum. Ele conhece o ritual das cabanas e a procissão dos ramos em direção ao Templo, encontrando nela certas semelhanças com o culto dionisíaco. Mas seu testemunho é ambíguo e suas informações, maldigeridas. Ele deforma os elementos do ritual judaico, confundindo-os com os rituais propriamente dionisíacos, de modo que leremos estas linhas com precaução:

> A época e o caráter da festa, entre os judeus a maior e mais solene, convêm a Dioniso. Com efeito, depois do que eles chamam de jejum, quando as vindimas chegam ao fim, eles montam mesas com inúmeros tipos de frutos debaixo de tendas e cabanas, feitas principalmente com sarmentos de videira e de hera entrelaçados, e chamam o primeiro dos dois dias de festa de "dia das tendas". Poucos dias depois, eles fazem outra festa, que não é mais chamada por enigmas, mas, de maneira direta, de festa de Baco. E eles têm ainda como festa uma espécie de procissão de ramos ou procissão de tirsos, durante a qual entram em seu santuário carregando tirsos.[20]

As cartas de Bar Kosiba

Durante as duas guerras judaicas contra os romanos (66-70 e 132-135), os insurgentes cunharam moedas com símbolos que lembram *Sukkot*. Mas também poderiam consistir em simples alusões à fertilidade, ou vestígios do sonho de restauração do Templo. Em contrapartida, nossas chances são maiores com a correspondência do chefe da segunda revolta, Simão Bar Kosiba.[21] As escavações levadas a cabo no deserto de Judá tornaram possível a descoberta de duas cartas que evocam a festa.

---

[19] *Ant.* XIII,372. A Mixná atribuirá uma sorte semelhante a um sacerdote que teria malconduzido a libação da festa (tratado *Sukka* IV,9). Esse tema do arremesso de cidras poderia ser apenas um motivo literário, um pouco como o "arremesso de tomates", manifestando entre nós uma profunda decepção perante o mau desempenho de um ator ou um político considerado péssimo.

[20] Plutarco, *Quaestiones conviviales* IV,6,2, in *OEuvres morales*, IX/2, tradução de F. Fuhrmann, Paris, Les Belles Lettres, 1978, p. 43.

[21] Várias testemunhas cristãs antigas o chamam de Bar Kokhba, "filho da Estrela", e a interpretação messiânica desse nome (cf. Nm 24,7) foi adotada por Rabbi Aqiba.

Uma carta em aramaico menciona os quatro vegetais utilizados nessa ocasião, com os nomes que se encontrarão posteriormente na Mixná:

> Da parte de Simão a Judá, filho de Manassés, a Qiryat 'Aravya. Mandei a ti dois jumentinhos, para que envies com eles dois homens junto a Yonathan, filho de Ba'yan,[22] e a Masabala, para que eles recolham e levem ao campo, junto a ti, ramos e cidras. E tu, envia outros homens de teu meio, e que eles levem a ti ramos de murta e salgueiro. Ocupa-te deles e torna a enviá-los ao campo... Paz.

A segunda carta, redigida em grego, é atribuída a certo Sumaios, subalterno encarregado da correspondência administrativa:

> Sumaios a Jônatas, filho de Baianos, e a Masabala, saudação! Já que vos enviei Agripa, apressai-vos em me enviar ramos e cidras, e fazei-os vir para a "Kitreiabole" dos judeus, e não façais de outro modo. A carta foi escrita em grego porque não fomos capazes de escrevê-la em hebraico. Quanto a Agripa, faze-o [*sic*] voltar o mais rápido, por causa da Festa, e não façais de outro modo. Sumaios, porta-te bem!

A carta em aramaico menciona quatro vegetais; a que foi escrita em grego, apenas dois, pois as palmas designam nela o arranjo de três vegetais que os judeus chamam ainda hoje, por metonímia, *lulav* ("ramo"). O final da carta evoca "a Festa": trata-se provavelmente da festa de *Sukkot* do ano 135. Depois da destruição do Templo de Jerusalém, certos ritos da mais popular das festas judaicas foram adaptados à vida no deserto.

Na tradução da carta grega, deixei em grego a palavra *kitreiabole*, que li assim me baseando em análises de especialistas.[23] Esse neologismo significa "arremessar cidras": Sumaios tem uma maneira bem estranha, inclusive chocante, de designar a festa das Tendas! Um judeu não se expressaria de modo tão irreverente! Mas Sumaios é, sem dúvida nenhuma, um mercenário nabateu, envolvido com os revoltosos judeus em sua luta contra os romanos por razões que desconhecemos. Desprovido de origem judaica, ele não compreende muita coisa de seus ritos religiosos; evoca como pode um rito que consistia em jogar – ou, melhor dizendo, agitar – um vegetal.[24]

---

[22] Esse Yonathan, filho de Ba'yan, é o Jônatas, filho de Baianos, da carta grega citada em seguida.

[23] Inúmeros autores preferem *parembole*, "campo".

[24] Essa designação incompleta e irreverente de um ritual religioso incompreendido não deveria nos causar surpresa. Muitos descrentes – "primitivos" ou "educados" – veem no rito eucarístico uma prática antropofágica.

Literatura targúmica

Chama-se *targum* a uma tradução do texto sagrado em aramaico, língua da vida cotidiana. Mas trata-se também de um conjunto de procedimentos interpretativos que permitem atualizar o texto. Com exceção dos encontrados em Qumran, todos os *targumim* atualmente conhecidos são posteriores ao Novo Testamento, embora se apoiem em tradições mais antigas, que os primeiros autores cristãos puderam conhecer, de modo que a comparação entre passagens dos dois *corpora* é possível, não sem cautela, entretanto.

Na literatura targúmica, a festa das Tendas é associada à *libertação* do Egito e ao Êxodo; aí, o tema da libertação é bastante recorrente. Sabendo disso, somos tentados a pensar que não é por acaso que a única passagem em que o Evangelho de João desenvolve o tema da verdadeira *liberdade* se encontra na seção da festa das Tendas (Jo 8,31-36). Os *targumim* também se interessam pelas cabanas rituais. Curiosamente, eles associam a esses modestos abrigos a ideia de glória, e um deles chega a falar inclusive em "cabanas de nuvens de glória" (*targum* do Pseudo-Jônatas sobre Lv 23,43). Por meio desse imaginário de grande significado, os *targumistas* afirmam que a única proteção verdadeira de que os hebreus se beneficiaram no deserto foi a presença divina, manifestada pela nuvem a lhes indicar o caminho (Ex 13,21). O povo que realiza o rito da cabana é convidado a também depositar a confiança total em Deus, seu único protetor.

O Novo Testamento (com exceção de Jo 7–10)

Jo 7,2 representa a única menção explícita à festa das Tendas no Novo Testamento. No entanto, além desse versículo e da longa seção que ele abre (Jo 7–10), não seria possível encontrar nesse *corpus* outras alusões mais discretas à festa? Boa pergunta. Resta saber respondê-la. De fato, alguns autores não deixaram de identificar numa ou noutra passagem do Novo Testamento uma alusão mais ou menos precisa a *Sukkot*. Ora, várias dessas aproximações são duvidosas. É preciso evitar rotular artificialmente certos dados da tradição judaica com elementos do primeiro discurso cristão.

Vários autores cristãos sucumbiram à tentação do concordismo[25] para ler o relato da Transfiguração (Mt 17,1-8 // Mc 9,2-8 // Lc 9,28-36)

---

[25] Concordismo: sistema de exegese que procura estabelecer uma relação de concordância entre os textos da Bíblia e os fatos científicos (geográficos, históricos, geológicos, paleontológicos etc.). Fonte: Houaiss eletrônico da língua portuguesa. (N.T.)

a partir da liturgia de *Sukkot*. Estudiosos mais críticos, quer judeus, quer cristãos, os repreenderam por superestimar a importância de certos detalhes do texto, para ver neles uma alusão a um elemento da festa. O caso mais marcante diz respeito à confecção das tendas que Pedro sugere a Jesus: "Façamos, pois, três tendas: uma para ti, outra para Moisés e outra para Elias" (Mc 9,5). Nessa passagem, há menção a tendas, e não a cabanas; portanto, não poderíamos ver aí uma alusão ao ritual da construção das cabanas festivas. Outros detalhes foram lidos a partir de *Sukkot*, como a nuvem que faz sombra sobre os discípulos (Mc 9,7); entretanto, esse detalhe salienta principalmente que o contexto é de uma teofania. O Evangelho de Lucas também menciona o *exodos* de Jesus, que haveria de se consumar em Jerusalém (Lc 9,31), mas essa "saída" designa sua morte iminente, *desfecho* inevitável de seu caminho de fidelidade ao Pai, de modo que ver aí uma alusão ao êxodo dos hebreus não é a melhor solução. Os críticos denunciaram ainda várias outras interpretações distorcidas desse tipo.

O capítulo 7 do Apocalipse é um caso mais sério, embora a festa das Tendas não explique todos os detalhes. Encontramos aí uma visão escatológica da multidão dos eleitos:

> [...] trajados com vestes brancas e com palmas na mão [...], em alta voz, proclamavam: "A salvação pertence ao nosso Deus, que está sentado no trono, e ao Cordeiro!" [...] Aquele que está sentado no trono estenderá sua tenda sobre eles: nunca mais [...] o sol nunca mais os afligirá, nem qualquer calor ardente; pois o Cordeiro [...] os apascentará, conduzindo-os até as fontes de água da vida (Ap 7,9-17).

Vários detalhes lembram determinados ritos da festa: as palmas, a aclamação ao Deus Salvador (cf. Sl 118,25-27, utilizado em *Sukkot*), a proteção que Deus concede contra o sol, como ele havia feito por meio da nuvem durante o êxodo (cf. Ex 13,21-22; Is 4,5; 23,4-5; 49,10); por fim, o dom da água da vida (cf. Is 49,10; Zc 14,8). Mesmo que não haja referência à feitura de cabanas, está escrito que Deus "estenderá sua tenda" sobre os eleitos, para protegê-los, imagem essa que poderia evocar a nuvem de glória do Êxodo, identificada pela tradição targúmica à cabana ritual. Deus é o único protetor de seus eleitos, o único socorro de seu povo, como afirma o Salmo: "O Senhor é teu guarda, tua sombra, o Senhor está à tua direita. De dia o sol não te ferirá, nem a lua de noite. O Senhor te guarda de todo o mal, ele guarda a tua vida: o Senhor guarda a tua partida e chegada, desde agora e para sempre" (Sl 121,5-8).

Além da seção a ela dedicada, o quarto Evangelho contém duas passagens amiúde associadas à festa das Tendas. A primeira se encontra num célebre versículo do prólogo, que evoca a Encarnação do Verbo: "E o Verbo se fez carne e estendeu sua tenda entre nós" (Jo 1,14).[26] É difícil ver aqui uma alusão à festa de *Sukkot*, pois a "Tenda" ou "Morada" de Deus remete com maior propriedade à "Tenda da Reunião" (Ex 40) do que a uma *cabana*. Todavia, é preciso levarmos em consideração que o fim do prólogo é rico em motivos exodiais[27] e que a festa das Tendas serve de contexto a uma releitura do Êxodo.

A versão joanina da entrada de Jesus em Jerusalém (Jo 12,12-13) oferece uma alusão mais sólida à festa das Tendas. Para aclamar Jesus, as pessoas empunham *ramos de palmeira*, que parecem já estar prontos, como se já tivessem sido preliminarmente cortados e preparados em vista de um uso preciso, ligado ao contexto festivo. Elas entoam um trecho do Salmo 118, que era recitado nas festas e, particularmente, em *Sukkot*. Por outro lado, o evangelista menciona em seguida: "Havia alguns gregos, entre os que tinham subido para adorar, durante a festa" (Jo 12,20), o que evoca o oráculo de Zacarias 14,18, no qual a celebração de *Sukkot* é estendida às nações pagãs. Por fim, a expressão "a festa", que contextualiza o relato (Jo 12,20-20), se enquadra convenientemente a *Sukkot*. A entrada de Jesus em Jerusalém ocorreu no outono, durante a festa das Tendas? Nesse caso, a decisão das autoridades religiosas de dar cabo dele não aparece mais como uma atitude precipitada, alguns dias após a entrada triunfal do Senhor, mas como o fruto maduro de longos dias de escuta de sua pregação. Apesar de sua engenhosidade, essa interpretação em nada altera o fato de que, na configuração atual do Evangelho, esse episódio está ligado à Páscoa de Jesus, e não à "seção da festa".

---

[26] Aqui a tradução está de acordo com a citação de Luc Devillers: "et il a dressé sa tente parmi nous". No original francês da *Bíblia de Jerusalém*: "il a campé" (acampou). Na edição brasileira: "e habitou entre nós". (N.T.)

[27] Tema da glória e da Palavra de Deus (v. 14); menção da graça e da verdade (versículos 14, 16 e 17); menção a Moisés e ao dom da Lei (v. 17). O último versículo do prólogo pode significar também: O Filho unigênito, Deus, "Aquele que é" (Ex 3,14), no seio do Pai foi ele que conduziu (Josué, conduzindo o povo à Terra Prometida; Josué = Jesus, em hebraico e grego). Ver meus artigos "Exégèse et théologie de Jean 1,18", *Revue thomiste* 89, 1989, p. 181-217; "Le sein du Père. La finale du prologue de Jean", *Revue biblique* 112, 2005, p. 63-79.

A tradição rabínica

As mais extensas elaborações relativas a *Sukkot* se encontram nas tradições rabínicas, particularmente na Mixná. Por meio delas, ficamos sabendo que, todos os dias da semana, com exceção do sábado, uma procissão ia buscar ramos de salgueiro para circundar e ornar o altar.[28] Havia também o arranjo festivo, ou *lulav*, composto de um ramo de palmeira, um de murta e outro de salgueiro. A utilização desses vegetais remonta a Lv 23,40, que não especifica como empregá-los; o livro de Neemias, por sua vez, os faz servir à construção das cabanas – portanto, a Mixná é o primeiro texto a atestar seu uso litúrgico. Os sacerdotes davam voltas ao redor do altar com os ramos de salgueiro, e os fiéis agitavam seus ramalhetes repetindo o refrão do Salmo 118, "pois eterno é seu amor", ou o versículo 25, com seu *Hosana*.[29] O rito do *lulav*, que parece servir para pedir chuva, perdurou depois da destruição do Templo. Ainda em nossos dias, podem-se encontrar no centro de Jerusalém os mercados especializados em vender palmas e cidras, e os judeus se dirigem ao Muro das Lamentações ou à sinagoga portando seu *lulav* bem decorado.

Antes da destruição do Templo, outro rito caracterizava a festa. Todo dia, exceto no sábado, um cortejo se dirigia à piscina de Siloé. Lá, o sumo sacerdote pegava um pouco de água num recipiente de ouro. A multidão e os sacerdotes voltavam em seguida ao Templo, ao som de flautas e com hinos de alegria. Depois de chegarem junto ao altar, o sumo sacerdote fazia uma libação.[30] A tradição rabínica associará esse rito ao oráculo de Zc 14,8 – "sairá água viva de Jerusalém" –, mas especialmente à visão de Ezequiel 47, em que o rio brota do Templo: como se considerava este último o umbigo do mundo, as libações tinham por objetivo estimular as águas primordiais (Gn 1,2; 2,6.10), para que elas continuem a garantir chuvas à terra, irrigação e fertilidade. Assim sendo, no imaginário rabínico a água de Siloé cedeu lugar a essa fonte mítica, que se pensava que jorraria do coração

---

[28] Era em Motsa, vilarejo situado a oeste de Jerusalém (cf. Js 18,26), que se cortavam os ramos de salgueiro (tratado *Sukka* IV,5).

[29] Tratado *Sukka* IV,5. No relato da entrada de Jesus em Jerusalém, vimos um uso parecido do ramo, mas fora do Templo.

[30] A Mixná também menciona uma libação de vinho (tratado *Sukka* IV,9.10). Esse rito, ainda pouco estudado, remete à origem da festa (colheitas de uva).

do Templo.[31] É evidente que a destruição do Templo em 70 determinou o abandono desse rito, razão pela qual a liturgia judaica atual o ignora.

É difícil encontrar um apoio estrutural sólido para esse rito de pegar água, que certamente não é muito antigo. Decerto, a Bíblia é rica em versículos que exprimem a espera da salvação por meio da imagem de torrentes de água viva. Os rabinos citam nesse sentido Is 12,3: "Com alegria tirareis água das fontes da salvação" (Is 12,3). Mas essa referência escriturística assemelha-se mais a uma releitura posterior do que a um testemunho antigo em favor do rito. De fato, muitos especialistas consideram que a mais antiga atestação de um rito de água encontra-se no quarto Evangelho, sob a forma de uma alusão indireta: "No último dia da festa, o mais solene, Jesus, de pé, disse em alta voz: 'Se alguém tem sede, venha a mim e beberá, aquele que crê em mim!', conforme a palavra da Escritura: 'De seu seio jorrarão rios de água viva!'. Ele falava do Espírito que deviam receber aqueles que haviam crido nele, pois não havia ainda Espírito porque Jesus ainda não fora glorificado" (Jo 7,37-39).

O ato de tirar água em Siloé era precedido por um rito noturno chamado *a alegria da casa onde se tira água*. Esses momentos de alegria tinham lugar no *recinto das mulheres*, a parte do Templo acessível a todos os judeus, homens e mulheres; uma *tosefta* (acréscimo à Mixná) descreve as mulheres sentadas sobre estrados, e os homens piedosos dançando, cantando e fazendo malabarismos com tochas de fogo.[32] A Mixná afirma que "quem não viu a alegria da casa onde se tira água não viu verdadeira alegria" (tratado *Sukka* v,1). A fim de permitir esses ritos noturnos, enormes candelabros de ouro iluminavam o adro: conforme a Mixná, "não havia um pátio em Jerusalém que não fosse iluminado pela [sua] luz" (tratado *Sukka* v,3), e essa difusão de luz a partir do Templo posteriormente adquirirá proporções legendárias. É possível que João tenha pensado nisso quando apresenta Jesus como "a Luz do mundo" (Jo 8,12); para ele, a verdadeira luz dos homens não é mais nem o Templo nem a Torá, mas o próprio Jesus, enviado pelo Pai. Os rituais noturnos não são raros nas religiões antigas. Fílon menciona várias vezes uma *pannuchis* – "festa que dura a

---

[31] Recentemente se defendeu a tese de que o Templo foi construído sobre o Ofel [Ophel], a colina da cidade de Davi. Essa hipótese permitiria conectar diretamente o Templo com a Fonte de Geon, mas ela é improvável.

[32] A tosefta esclarece: "Que diziam eles? 'Bendito aquele que nunca pecou, e, se alguém pecou, que seja perdoado'" (tosefta Sukka 4,1). A inserção da perícope da mulher adúltera, pecadora perdoada (Jo 8,11), no início do capítulo em que Jesus afirma não ter pecado (Jo 8,46), tem alguma relação com essa tradição rabínica?

noite toda" – e um papiro do século II de nossa era prova que os judeus da região de Edfu[33] celebravam *pannuchis tes skenopegias*, ou seja, uma "cerimônia noturna da festa das Tendas";[34] esse último testemunho mostra que os judeus tinham adaptado o rito à situação vivida durante a Diáspora, longe do Templo.

A Escritura prescreve que se permaneça sete dias em cabanas, como forma de lembrar a experiência do êxodo (Lv 23,42-43), e o rito da *sukka* se conservou até nossos dias. Os rabinos sabiam bem que os hebreus haviam se abrigado debaixo de tendas, e não em cabanas, mas eles interpretaram a prescrição a partir da temática da *nuvem gloriosa*. Nessa nuvem em que Deus manifesta sua glória, eles viram uma *sukka* erguida para proteger o povo. Consequentemente, a sombra da *sukka* ritual lembra a nuvem de glória do êxodo e simboliza a proteção divina, seu amor pelo povo e sua intimidade com ele. Com o passar do tempo, a tradição rabínica desenvolverá o laço entre a festa e o êxodo, atribuindo às nuvens de glória um valor escatológico. A prática da *sukka* e do *lulav* se tornará propriamente uma garantia de participação na alegria escatológica.

O *lulav* e a coloquíntida, ou do Judaísmo ao Islã

Após a destruição do Templo em 70, e sobretudo após 135, ano em que os judeus foram expulsos de Jerusalém por Adriano, a Diáspora judaica se ampliou. Certos aspectos do ritual de *Sukkot* tiveram de ser adaptados a novas condições. Assim aconteceu com o rito do *lulav*. Outrora, a movimentação de palmas servia de simpatia para atrair a chuva.[35] Contudo, em situação de Diáspora, com condições meteorológicas diferentes, era preciso dar a esse rito de arranjo festivo outro significado; para tanto, os rabinos não se privaram de dar livre curso à imaginação.

Dentre todas as interpretações que eles propuseram, salientemos aquela que se concentra na diferença de aparência e odor dos quatro vegetais.[36] Em Israel, há quatro tipos de homens, como no arranjo há quatro elemen-

---

[33] Edfu é uma cidade egípcia localizada a oeste do Nilo, entre Esna e Assuã, onde se encontra um templo ptolomaico em honra ao deus Hórus. (N.T.)

[34] J. Schwartz, "La communauté d'Edfou (Haute-Égypte) jusquà la fin du règne de Trajan. Réflexions sur les Juifs dans le plat-pays égyptien", in VVAA, *Études sur le judaïsme hellénistique* (Lectio divina 119), Paris, Éditions du Cerf, 1984, p. 61-70.

[35] Na Palestina, as primeiras chuvas de outono eram vitais para a fertilidade do solo.

[36] Essa interpretação pode ser lida na *Pesiqta-de-Rav Kahana* 27,9.

tos vegetais; reunidos, eles podem se sustentar para partilhar um mesmo destino. Assim: 1) os justos que conhecem e põem em prática a Torá são representados pela cidra, que tem perfume e sabor agradáveis; 2) os israelitas que conhecem a Torá, mas não praticam boas obras, são como os ramos de palmeira (o *lulav*, em sentido estrito), cujo fruto é comestível, mas não tem perfume; 3) os fiéis que fazem as obras, mas não estudam a Torá, são como a murta, que tem perfume, mas não tem sabor; 4) por fim, os ímpios que não estudam a Torá nem realizam obras de justiça são semelhantes ao ramo de salgueiro, sem odor nem sabor.

Ora, essa interpretação alegórica dos quatro vegetais será retomada, praticamente palavra a palavra, no Islã, sendo o conceito de Torá substituído pelo de Corão. Num *hadith*, proposição atribuída a Maomé e encontrada fora do Corão, lê-se a seguinte distinção entre os verdadeiros crentes e os libertinos:

> O fiel que recita o Corão se assemelha à laranja, cujo gosto é agradável e cujo perfume também o é. O crente que não recita o Corão se parece com a tâmara, cujo gosto é agradável, mas não tem perfume. O libertino que recita o Corão é semelhante à murta, cujo perfume é agradável, mas o sabor é amargo. O libertino que não recita o Corão é como a coloquíntida, cujo gosto é amargo e não tem perfume.[37]

Essa interpretação muçulmana depende evidentemente da tradição rabínica. Vemos aqui como tradições religiosas inspiradas na religiosidade popular subsistem para além de todas as transformações formais.

A festa das Tendas e os cristãos

Nosso estudo da evolução histórica da festa das Tendas deveria nos levar ao período dos Padres da Igreja. Contudo, eles fazem pouca alusão a essa festa, o que evoca sua marginalização no Novo Testamento, com a notável exceção da tradição joanina (Evangelho e Apocalipse). Alguns textos patrísticos atribuem a ela valor escatológico e moralizador,[38] um pouco como a tradição rabínica, mas os Padres concentram seu comentário em Cristo, e não na Torá. Seu interesse comum pela dimensão escatológica

---

[37] Cf. El-Bokhári, *Les traditions islamiques*, tradução de O. Houdas, tomo IV, Paris, Librairie Maisonneuve, 1977, p. 650s.

[38] Assim, no *Banquete* de Metódio de Olimpos (9,1-5), o arranjo de salgueiro se torna símbolo de castidade.

da festa está ligado, em minha opinião, ao papel representado pelo último capítulo de Zacarias em sua interpretação.

No próximo capítulo, entraremos no cerne da seção joanina da festa das Tendas, seu lugar por excelência nos primeiros escritos cristãos. Constataremos que muitos elementos do ritual não aparecem aí, a começar por aquele que deu nome à festa: as cabanas. O fato é que João se serve do quadro litúrgico da festa judaica para desenvolver sua proposta teológica. A veia escatológica estará presente, mas num formato tipicamente joanino, estando concentrada na figura de Cristo, presença viva do Deus vivo, Enviado do Pai.

Capítulo 2
A MANIFESTAÇÃO DO MESSIAS (JO 7)

O conhecimento da história da festa das Tendas permite que se leia com melhor proveito o quarto Evangelho, pois João é o único autor do Novo Testamento a mencionar essa festa. Por meio dessa indicação litúrgica, ele introduz uma nova seção de seu livro (Jo 7,1-4):[1]

> Depois disso, Jesus percorria a Galileia, não podendo circular pela Judeia, porque os *Ioudaioi* [judeus] queriam fazê-lo perecer. Aproximava-se a festa judaica das Tendas. Disseram-lhe, então, seus irmãos: "Parte daqui e vai para a Judeia, para que teus discípulos também vejam as obras que fazes, pois ninguém age às ocultas, quando quer ser publicamente conhecido. Já que fazes tais coisas, manifesta-te ao mundo".

Esse pequeno sumário contém várias informações úteis. Em primeiro lugar, ele nos ensina que Jesus *não podia* circular livremente.[2] Em seguida, ele evoca os *Ioudaioi* que querem a morte de Jesus e, depois, seus irmãos e discípulos de Jerusalém. Por fim, emprega-se a dialética do *oculto* (secreto) e do *revelado* (manifesto). Antes de explicar isso tudo, detenhamo-nos no início do versículo 1: Jesus está na Galileia. Essa informação afigura-se como a continuação lógica do episódio precedente (Jo 6), em que Jesus se encontra à beira do lago de Tiberíades e, depois, em Cafarnaum: estaríamos aqui diante de um eco discreto de seu ministério galileu, sobre o qual os Evangelhos sinóticos trataram mais que João? De fato, sob uma aparência anódina, essa indicação topográfica esconde um problema: o da ordem dos capítulos 4–7, que consideraremos a seguir.

A ordem dos capítulos 4–7

No fim do capítulo 4 e ao longo do capítulo 6, Jesus encontra-se na Galileia; contudo, entre esses dois episódios em solo galileu, o capítulo 5 o transporta bruscamente a Jerusalém, onde ele novamente estará em Jo 7,10.

---

[1] Substituí o verbo "matar" da *Bíblia de Jerusalém* por "fazer perecer".

[2] Essa é a lição que tiramos e será justificada mais adiante. Costuma-se ler aqui outro verbo: "ele não queria".

O resultado disso é, em poucas páginas, um número razoável de idas e vindas entre Jerusalém e a Galileia! Ora, esse capítulo 5 se inicia com o anúncio de uma festa anônima, para a qual Jesus sobe a Jerusalém; portanto, trata-se provavelmente de uma festa de peregrinação e, além disso, Jesus aproveitará essa passagem para curar um homem privado de movimentos (Jo 5,8-9). Mas essa cura será evocada no episódio da festa das Tendas (Jo 7,23), portanto, vários meses após o encontro entre Jesus e o doente![3] Todas essas idas e vindas são complexas, porém, se os capítulos estivessem originalmente dispostos na ordem 4–6–5–7, o conjunto seria mais coerente, as duas sequências relativas à Galileia estariam reunidas num bloco único e a narrativa de Jo 5, diretamente ligada a Jo 7,23. É por isso que inúmeros autores modernos levantaram a hipótese de uma interversão acidental dos capítulos 5 e 6. Essa solução demasiado cômoda, no entanto, infelizmente não é defendida por nenhum manuscrito antigo.[4] Desse modo, é melhor guardá-la na gaveta das hipóteses judiciosas, mas improváveis.

O conteúdo próprio do capítulo 6 sugere outra solução. Ele relata, antes de mais nada, uma multiplicação de pães ocorrida na Galileia (Jo 6,1-5). Esse acontecimento extraordinário tem cinco paralelos nos Sinóticos, o que faz dele o episódio evangélico mais contado;[5] ora, os pontos de contato entre tradição joanina e tradição sinótica poderiam não ser muito antigos. Além disso, o relato joanino é seguido por uma homilia sobre o Pão da Vida, cuja dimensão eucarística mostra que João conhece esse rito, mesmo sem reportar a instituição da Eucaristia; pois bem, sua teologia eucarística é bem mais desenvolvida que a dos Sinóticos (Jo 6,53-56), sinal de que é mais recente. Na medida em que a sucessão dos capítulos 5 e 6 constitui um problema, por que não encarar a hipótese de uma inserção posterior do capítulo 6? Outros indícios apontam nessa direção. Depois do anúncio da Páscoa (Jo 6,4), Jesus permanece na Galileia, ao passo que, como de costume, seria de esperar sua subida a Jerusalém para uma "festa dos judeus"; logo, tem-se a impressão de que o autor não está mais preocupado em mostrar sua fidelidade às festas judaicas. Finalmente, o termo *Ioudaioi* é lido no fim do capítulo (Jo 6,41.52), designando aí, porém, muito mais "a multidão", nomeada precedentemente, do que as autoridades religiosas: sinal de que o

---

[3] Em Jo 6,4, estamos na primavera (Páscoa); em Jo 7,2, porém, é outono (festa das Tendas).

[4] Inúmeros manuscritos antigos apresentam o texto do Evangelho: em grego, latim, siríaco, e mesmo em outras línguas.

[5] Mt 14,13-21; 15,32-39; Mc 6,31-44; 8,1-10; Lc 9,10-17.

texto foi escrito numa época em que os judeus, em contato com os judeo-cristãos joaninos, estão intrigados com o rito eucarístico praticado por eles, sem ser verdadeiramente hostis a Jesus?

A hipótese de uma inserção posterior do capítulo 6 se torna mais plausível quando se considera o fato de que existem inúmeros vínculos entre esse capítulo e João 21, trecho amiúde considerado como um complemento introduzido por ocasião de uma segunda edição. Esses dois capítulos são as únicas passagens joaninas em que o lago localizado na Galileia é chamado "mar de Tiberíades", e onde ele é evocado em relação com a temática *noite-trevas*. Tanto num como noutro, há uma refeição de pão e de peixe. Os barcos de Jo 21,3.8 lembram os de Jo 6,24, e a superabundância de peixes (Jo 21,6.11), a de pães (Jo 6,5-13). Vários temas se repetem nas duas narrativas, conferindo-lhes uma tonalidade eucarística: é o caso do verbo *anapiptein*, "acomodar-se para a refeição" (Jo 6,10: *anepesan*; Jo 21,20: *anepesen*). Por outro lado, o diálogo entre Jesus e Pedro (Jo 21,15-17) evoca a confissão de fé de Pedro, que conclui o episódio do Pão da Vida (Jo 6,68-69), e essa insistência sobre a posição supereminente de Pedro entre os Doze convém exatamente a uma reedição do Evangelho, feita quando a comunidade joanina começou a se voltar para outros grupos cristãos.[6]

A inserção posterior do capítulo 6 me parece uma hipótese mais bem fundada que aquela da interversão dos capítulos 5 e 6. Ela tem a vantagem de aproximar Jo 5 de Jo 7 (Jo 7,23: alusão à cura do enfermo privado de movimentos), de modo que a festa inominada de Jo 5,1 pode ser a festa das Tendas do capítulo 7. O espaço de Siloé, que representa papel importante durante *Sukkot*, explicaria melhor que o de Betesda a menção da água agitada (Jo 5,4.7), e algumas manuscritos antigos mencionam Siloé em lugar de Betesda. Conseguintemente, podemos pensar que Jo 6 foi introduzido posteriormente, ao preço de um distanciamento de Jo 5 em relação à festa das Tendas. Há que se reconhecer, não obstante, que essa hipótese não é muito mais bem apoiada que a outra por manuscritos antigos, a não ser no que diz respeito à menção de Siloé em Jo 5,2.

---

[6] Sobre esse assunto, pode-se ler com grande proveito o estudo de R. E. Brown, *A comunidade do Discípulo Amado*. 4. ed. São Paulo, Paulus, 2003.

Um Jesus bem humano

Qualquer que seja o ponto de vista adotado em relação à pré-história desses capítulos, o Evangelho, como chegou até nós, faz do priméiro versículo de João 7 uma transição entre um episódio ocorrido na Galileia (Jo 6) e uma sequência situada em Jerusalém (a partir de Jo 7,10): "Depois disso, Jesus percorria a Galileia". Mas o narrador acrescenta uma observação importante: "não podendo circular pela Judeia, porque os judeus queriam fazê-lo perecer" (Jo 7,1). Esse versículo coloca um problema de crítica textual, ou seja, os copistas antigos não o leem da mesma forma. A maior parte dos autores modernos adotou a interpretação atestada pela grande maioria dos manuscritos antigos: *Ele (Jesus) não queria circular na Judeia...* (A *Bíblia de Jerusalém* escolheu a interpretação "ele não podia", contra a opinião quase unânime das versões da Bíblia e dos comentadores.)

Dois argumentos me incitaram a ir nessa direção. Primeiramente, a aplicação de um princípio simples e saudável: manter como texto primitivo a interpretação capaz de ter sido modificada posteriormente, por motivos estilísticos ou teológicos. É exatamente o caso aqui, em que o texto que se reteve afirma: "Jesus não podia circular na Judeia porque se queria fazê-lo perecer", ou seja, *ele não estava livre para circular na Judeia*, o que se choca com o retrato habitual que se faz do Jesus joanino, o Filho de Deus. Se esse texto for o original, podemos compreender sem dificuldade por que, em determinado momento, se quis corrigi-lo: era preciso alinhá-lo à doutrina cristológica que atribui a Jesus completa liberdade e iniciativa enquanto Filho do Eterno Pai. Por isso a interpretação mais comum: "ele não queria". Em contrapartida, se essa interpretação mais "politicamente correta" foi a primeira, não podemos ver que motivo teria levado um copista a substituí-la pela estranha e desconfortável ideia de uma limitação severa da liberdade de Jesus.

O outro argumento que me convenceu a adotar aqui a interpretação mais difícil foi o testemunho de certos manuscritos antigos. Alguns exemplares da *Vetus latina* – versão latina anterior à Vulgata – e o manuscrito siríaco de Cureton – datado do século V, trazem nesse local a interpretação "ele não podia". Mas o testemunho mais interessante é o de João Crisóstomo, bispo de Constantinopla no século IV. Esse grande conhecedor da Sagrada Escritura, que nos legou um comentário minucioso do quarto Evangelho, confessa seu incômodo no momento de comentar o versículo

A manifestação do Messias

em questão:[7] "Que dizes, bem-aventurado João? Que ele não tinha poder, aquele que pode tudo o que quiser? Aquele que disse 'a quem procurais?', projetando-os para trás?".[8] O bispo resolve a aporia como pode, sem evocar, porém, outra leitura mais satisfatória: prova de que ele não conhecia o texto fácil de Jo 7,1 [*ele não queria*]. A explicação que ele apresenta poderá parecer um pouco sutil, ou mesmo causar riso. Entretanto, ela me parece digna de atenção: ele resolve a questão dizendo que João fala aqui do homem Jesus, e não do Filho de Deus.

Ora, João utiliza apenas duas vezes, para se referir a Jesus, a expressão "ter poder de...": aqui, em Jo 7,1, no início da seção da festa das Tendas, e em Jo 10,17-18, perto do fim da mesma seção. No último caso, a plena liberdade de Jesus é claramente posta em evidência. Como o outro exemplo se encontra no início da seção, eu me pergunto se o evangelista não manipulou deliberadamente as duas dimensões da identidade de Jesus: trata-se de um homem semelhante a todos os seres humanos, submetido a restrições de ordem física, como o tempo, o espaço e a pressão dos outros; mas também se trata do Filho do Eterno Pai, enviado por ele para dar vida aos homens, missão que cumprirá entregando a própria vida por livre e espontânea vontade. Com uma simbologia toda própria, a festa das Tendas representa para João o momento oportuno para revelar pouco a pouco a identidade profunda de Jesus, Messias enviado pelo Pai. A narrativa do capítulo 9, em que o cego curado realizará uma trajetória em direção à fé em Jesus, cristalizará essa dinâmica que atravessa o conjunto da seção, para proveito do leitor.

Os *Ioudaioi* joaninos

Antes de prosseguir nossa leitura do texto, consideremos o final do versículo 1: Jesus não podia circular livremente na Judeia "porque os *Ioudaioi* queriam fazê-lo perecer". Portanto, desde o começo da seção da festa, somos confrontados com o tema bastante desconfortável dos "judeus" que querem causar a morte de Jesus. O quarto Evangelho evoca com frequência esses *Ioudaioi* que assediam Jesus com incompreensão, hostilidade e até

---

[7] João Crisóstomo, *Homélie XLVIII*, col. 269, ll. 32.35 (Migne, Patrologie grecque, vol. 59). Cito a tradução de M.-É. Boismard, em seu artigo "Lectio brevior, potior", p. 167ss.

[8] Trata-se aqui de uma alusão a Jo 18,6.

mesmo sede de sangue.[9] Muitos autores denunciaram essa representação dos judeus como seres maus, exalando apenas ódio diante de Jesus e fazendo de tudo para vê-lo morto. Muitos viram em João o pai do antijudaísmo cristão, inclusive do antissemitismo que levou às piores atrocidades. Seja qual for o uso que se fez das palavras de João ao longo dos séculos, uso que se configurou muitas vezes como uma distorção e uma adulteração desonesta, deve-se abordar o Evangelho com serenidade e rigor.

A primeira coisa que se há de observar é que essa expressão "os judeus" não pode designar todos os judeus de todos os tempos, nem mesmo os da Palestina do século I. Pois o próprio Jesus era judeu, como também sua família e seus discípulos! Também o evangelista João certamente era judeu; foi-se o tempo em que os exegetas viam nele um gnóstico de cultura grega, de modo que as raízes especificamente judaicas de seu Evangelho são doravante postas em maior evidência. Depois de ter estudado longamente essa questão em minha obra *La fête de l'Envoyé* [*A festa do Enviado*], creio que posso dizer o seguinte: quando a fórmula *hoi Ioudaioi* designa um grupo hostil a Jesus, faz-se referência às autoridades religiosas, e não a todo o povo. O Evangelho de João deve ser lido em dois níveis: como um relato da vida e do ministério de Jesus, e como uma evocação em filigrana da vida da comunidade joanina. No tempo de Jesus, os *Ioudaioi* representam os sumos sacerdotes e fariseus,[10] que obterão dos romanos sua condenação capital. Contudo, no tempo do evangelista e de sua comunidade, após a destruição do Templo em 70, as autoridades religiosas se limitam ao grupo dos fariseus: a alternância bastante frequente dos termos "fariseu" e *Ioudaioi* é prova disso.[11] A menção do projeto homicida dos *Ioudaioi* em Jo 7,1 é apenas a primeira[12] de uma série que norteará a seção da festa.

---

[9] Os *Ioudaioi* fazem cerco em torno de Jesus (Jo 10,24). Cf. o justo perseguido: "Cercam-me touros numerosos, touros fortes de Basã me rodeiam" (Sl 22,13).

[10] Comparar Jo 18,3 ("a coorte e guardas destacados pelos chefes dos sacerdotes e pelos fariseus") e Jo 18,12 ("a coorte, o tribuno e os guardas dos judeus").

[11] Comparar Jo 9,13-16 (fariseus) e Jo 9,18.22 (*Ioudaioi*); em Jo 9,22, a expulsão da sinagoga depende dos *Ioudaioi* e em Jo 12,42, depende dos fariseus.

[12] Essa fórmula já aparece em Jo 5,18 – um elemento de ligação a mais entre Jo 5 e Jo 7 –, mas como um sinal antecipador. A seção da festa é o lugar em que ela adquire a plenitude de sentido.

Jesus sobe para a festa (Jo 7,2-13)

Aproximava-se a festa judaica das Tendas. Disseram-lhe, então, seus irmãos: "Parte daqui e vai para a Judeia, para que teus discípulos também vejam as obras que fazes, pois ninguém age às ocultas, quando quer ser publicamente conhecido. Já que fazes tais coisas, manifesta-te ao mundo!" (Jo 7,2-4).

Por ocasião das festas de peregrinação, todos os judeus adultos em condições de viajar deviam comparecer à Cidade Santa. A expressão consagrada pela qual se designava essa atitude era "subir a Jerusalém (para adorar)" (cf. Zc 14,16-19). João a conhece, e a utiliza para cada festa de peregrinação (Jo 2,13; 5,1; 11,55; 12,20: *subir para adorar durante a festa*). No entanto, ao anunciar a iminência da festa das Tendas (Jo 7,2), esse tema da "subida" de Jesus a Jerusalém é ligeiramente procrastinado (Jo 7,10). Uma sequência curta separa o anúncio da festa e a subida de Jesus: seus irmãos o convidam a fazer-se presente em Jerusalém e, pela mesma ocasião, ficamos sabendo da existência de discípulos na cidade (Jo 7,3).[13] O evangelista especifica que os irmãos de Jesus não creem nele (Jo 7,5); sabemos bem que "ninguém é profeta em seu país".[14] A disputa, ou quiproquó, entre Jesus e seus irmãos diz respeito a sua missão: se ele recebeu uma missão particular, precisa subir à capital, para tornar-se conhecido com maior amplitude.

Para tal finalidade, o evangelista utiliza a expressão "manifestar-se ao mundo" (Jo 7,4) e, como de costume em relação ao que é de sua autoria, devemos lê-la sob duas perspectivas. Jesus deve fazer-se conhecido por um número maior de pessoas, e para atingir esse objetivo, a mais popular das peregrinações é a oportunidade ideal. Mas a expressão sugere também que Jesus precisa se revelar como o Enviado do Pai diante do mundo inteiro. Depois de tudo, os samaritanos não acabaram por reconhecê-lo como "o Salvador do mundo" (Jo 4,42)? E ele mesmo não se definirá logo depois como "a Luz do mundo" (Jo 8,12; 9,5)? Logo, podemos ler a proposta que Jesus recebe de seus irmãos como uma tentação de se pôr na frente; na medida em que a festa das Tendas celebra a realeza de Deus (cf. Zc 14,9.16-17), essa não seria para ele a chance de se apresentar como o

---

[13] Essa informação se harmoniza mal com os versículos anteriores, que salientam os sinais realizados por Jesus em Jerusalém (Jo 2,23; 3,2), mas não a presença de discípulos na cidade.

[14] Cf. Mt 13,57; Mc 6,4; Lc 4,24; Jo 4,44. Mas os Atos dos Apóstolos associam os irmãos de Jesus aos Doze, reunidos com Maria (At 1,14), e apresentam Tiago – "irmão do Senhor", conforme Gálatas 1,19 – como o chefe dos Anciãos de tendência judaizante (At 12,17; 15,13; 21,18).

Messias libertador de Israel?[15] De fato, Jesus se encontrará um pouco mais tarde em Jerusalém, mas "às ocultas", e "não publicamente" (Jo 7,10). Ao instaurar um intervalo de tempo entre o anúncio da festa e o deslocamento de Jesus, o evangelista quer mostrar que este não procura recuperar sobre o plano político o clima típico da festa das Tendas.

O texto dessa cena é bastante complicado: alguns veem nele um dos trechos mais nebulosos de todo o Evangelho; é difícil reconstituir a história de sua redação. Para nossa leitura, já é suficiente observar as estranhezas dele. Quanto à demora de Jesus para ir a Jerusalém, podemos também, sobre o plano narratológico, considerá-lo como um modo de aguçar o interesse do leitor, que poderá se perguntar: que será que ele vai fazer? Vai fugir ou enfrentará a situação? Vai ceder ao desejo ambíguo dos irmãos, que parece uma armadilha, ou não?

Os *Ioudaioi* e as multidões

Durante a festa (Jo 7,11), os *Ioudaioi* procuram Jesus: "Onde está ele?". Essa pergunta não é banal: em João, tudo o que se refere ao "lugar" de Jesus remete a sua identidade profunda, a sua origem verdadeira, enfim, ao mundo de Deus. A questão dos *Ioudaioi* permite à ironia joanina desenvolver-se: ela consiste em fazer personagens da narrativa dizerem verdades que ignoram, ou das quais nem fazem ideia. No presente caso, ao perguntarem "onde" Jesus está, elas indicam, sem saber, sua origem divina. O próprio Jesus logo lhes dirá: "Vós me procurareis e não me encontrareis, e onde eu estou vós não podeis vir" (Jo 7,34//36; cf. 8,21-23). O cerco que, pouco a pouco, vai se fechar sobre ele e levá-lo à morte não será capaz de vencê-lo: por sua morte, Jesus ascenderá à Casa de seu Pai, aonde os que creem nele poderão segui-lo (cf. Jo 13,33; 14,2-6). Perguntar onde Jesus se encontra é afirmar, de certa maneira, que ele foge do alcance de nossa vista, que ele não é deste mundo.

O evangelista fala em seguida da multidão, ou talvez – a título de excepcionalidade – das multidões (Jo 7,12). Mesmo que Jesus não tenha ainda aparecido em público, toda Jerusalém já ouviu falar – e muito! – dele. As multidões estão divididas a seu respeito: alguns o veem como "bom";

---

[15] Na sequência anterior, situada em solo galileu, Jesus precisou fugir pela montanha para escapar daqueles que queriam fazê-lo rei, um rei-providência que lhes garantiria gratuitamente o pão de cada dia (Jo 6,14-15).

outros, como um perigoso charlatão, que "engana a multidão".[16] João poderia ter escolhido pôr aqui a palavra "multidão" no plural, para salientar a diversidade das opiniões sobre Jesus: trata-se de uma multidão dividida, que se expressa em várias vozes. Nela, cada grupo, cada indivíduo murmura "sua" verdade a respeito de Jesus, e a polifonia dos murmúrios toma conta da cidade como uma febre contagiosa. As multidões são aqui bem distinguidas dos *Ioudaioi*, na medida em que se enfatiza que ninguém ousa se pronunciar abertamente a favor de Jesus, "por medo dos *Ioudaioi*". A maior parte das pessoas presentes em Jerusalém se constitui de judeus, mesmo podendo haver entre elas alguns pagãos simpatizantes do Judaísmo; ora, certos "judeus" são de lhes causar medo (Jo 7,13). Estes são amiúde hostis a Jesus: a porta que conduz até ele não está fechada diante deles, mas poucos a cruzarão para se declarar a favor dele. Os judeus que têm medo de outros judeus (os *Ioudaioi*) revivem, nesse relato, a experiência de medo que os cristãos da comunidade joanina viveram, ao se sentirem rejeitados pela influência farisaica predominante (cf. Jo 9,22; 12,42; 16,2).

O meio da festa (Jo 7,14-36)

A partir do versículo 14, se desenvolve uma unidade de tempo e lugar, que durará até o versículo 36: estamos "pelo meio" da festa, e a cena se passa no Templo. Ela será para João a oportunidade de desenvolver a temática do oculto e revelado, inaugurada desde os primeiros versículos da seção (cf. Jo 7,4). Agora, Jesus ensina publicamente no Templo, ao passo que há pouco se procurava fazê-lo perecer (Jo 7,1), motivo pelo qual ele subiu em segredo a Jerusalém (cf. Jo 7,10)! Como entender essa dissonância entre a discrição inicial de Jesus e sua atividade pública em plena festa? Penso que o evangelista deixou deliberadamente em seu texto a marca dessa discrepância para nos convidar a fazer dela uma leitura mais reflexiva. Ele aproveitará o quadro litúrgico da festa das Tendas para manipular a oposição entre o velado e o desvelado, entre o oculto e o revelado. Jesus entra em Jerusalém às escondidas, *en kruptoi* (Jo 7,10), do mesmo modo como se esconderá, *ekrube*, para deixar o Templo (Jo 8,59).[17] E, no entanto, a festa consistirá para ele na oportunidade de fazer suas afirmações mais incisivas. É aqui, com efeito, que ele proclama do modo mais solene o famoso "Eu, eu sou" (Jo 8,24.28.58; ver

---

[16] Na edição brasileira da *Bíblia de Jerusalém*: "Ele engana o povo". (N.T.)

[17] Jesus ainda se esconderá outra vez, no fim de sua vida pública (Jo 12,36).

também 13,19). É aqui também que ele se apresenta como a Fonte de "água viva" (Jo 7,37-38) e "a Luz do mundo" (Jo 8,12; 9,5). E, por fim, é aqui que ele enfatiza sua condição de enviado do Pai.

Não tentemos imaginar essas cenas, nem justificar essas atitudes aparentemente tão contraditórias de afirmação solene e esquivança silenciosa. João constrói seu relato para afirmar sua fé cristológica, e não para satisfazer nossa curiosidade histórica. Das cenas em que Jesus afirma coisas importantes a seu respeito, não se deve fazer uma leitura triunfalista: Jesus não tem nada de um demagogo que quer convencer com belas palavras as multidões em benefício próprio. Os *Ioudaioi* se escandalizam com seu comportamento, porque ele não tem as qualificações exigidas para ensinar no Templo (Jo 7,15): nem doutor da Lei nem um "mestre em Israel",[18] como Nicodemos (cf. Jo 3,10). Em termos que lhe são próprios, o evangelista vem de encontro aqui à temática bem conhecida dos Sinóticos, segundo a qual o ensinamento de Jesus causava admiração nas pessoas, pois "ele os ensinava como quem tem autoridade, e não como os escribas" (cf., por exemplo, Mc 1,22). Aqui tocamos algo do Jesus histórico. Esse conhecimento que Jesus tinha da Sagrada Escritura incomodava as autoridades, pois ele não repetia as coisas como uma lição decorada, aderindo à linha interpretativa deste ou daquele mestre reconhecido, mas como alguém que as conhecia a partir de dentro.

A continuação do texto vai esclarecer esse ponto, mostrando ao mesmo tempo a ousadia – e mesmo a pretensão – de Jesus e sua modéstia: "Minha doutrina não é minha, mas daquele que me enviou" (Jo 7,16). Todo o Jesus joanino está aqui nessas palavras tão simples. Ao contrário de uma ideia muito difundida, o Jesus de João não se percebe como um Deus que passeia entre os homens, mas ele reivindica alto e bom tom um elo preciso, exclusivo e inaudito com o Deus de Israel, ao qual ele ousa chamar "meu Pai". Ora, todos os estudos realizados até hoje mostraram que, se o tema da paternidade de Deus já era conhecido pelo Antigo Testamento e pelo Judaísmo, nunca antes um mestre em Israel ousara falar de Deus como *seu* Pai. Em seu Evangelho, e particularmente na seção da festa das Tendas, João retoma e reescreve, à sua maneira, a tradição cristã conhecida por Marcos

---

[18] Não devemos nos esquecer de que Jesus também não era um sacerdote, mas um homem do povo, um leigo como tantos de nós. (N.T.)

O profeta Jesus e a Lei

e por Paulo, em que Jesus – depois, por sua vez, o cristão – chama a Deus de "Abbá", "Pai" ou "meu Pai" (cf. Mc 14,36; Rm 8,15; Gl 4,6).

O profeta Jesus e a Lei

Após a surpresa dos *Ioudaioi* decorrente do ensino de Jesus, a narrativa evoca sua missão profética. Os termos e alusões de João mostram Jesus como um novo Moisés. A cristologia joanina se apoia, em grande parte, na seguinte temática, tirada do livro do Deuteronômio: "O Senhor teu Deus suscitará um profeta como eu [Moisés] no meio de ti, dentre os teus irmãos, e vós o ouvireis. Vou suscitar para eles um profeta como tu, do meio dos seus irmãos. Colocarei as minhas palavras em sua boca e ele lhes comunicará tudo o que eu lhe ordenar" (Dt 18,15.18).

Essa temática é conhecida de outros livros do Novo Testamento,[19] mas João faz dela um pilar de sua cristologia: Jesus é para ele *o profeta* enviado *ao mundo* (cf. Jo 6,14). A seção da festa das Tendas permitirá o aprofundamento do tema do envio do Filho pelo Pai, sobretudo, como veremos a seguir, ao evocar a piscina de Siloé, "que quer dizer 'Enviado'" (Jo 9,7). Jesus é enviado por Deus, como Moisés outrora, para libertar seus irmãos.

A temática do enviado sugere a João uma volta à figura de Moisés, levando-o a fazer uma pequena reflexão sobre a prática da Lei:

> Moisés não vos deu a Lei? No entanto, nenhum de vós pratica a Lei. Moisés vos deu a circuncisão – não que ela venha de Moisés, mas dos patriarcas – e vós a praticais em dia de sábado. Se um homem é circuncidado em dia de sábado para que não se transgrida a Lei de Moisés, por que vos irais contra mim, por ter curado um homem todo no sábado? Não julgueis pela aparência, mas julgai conforme a justiça (Jo 7,19.22-24).

Jesus emprega aqui a expressão técnica "a Lei de Moisés".[20] No sentido estrito, ela designa os cinco primeiros livros da Bíblia (Pentateuco), a primeira e a mais importante das três partes da Bíblia judaica.[21] Mas o

---

[19] Sobretudo dos Atos dos Apóstolos (At 3,20-23; 7,37).

[20] A mesma expressão se encontra em Js 8,31-32; 23,6; 1Rs 2,3; 2Rs 14,6; 21,8; 23,25; 2Cr 23,18; 30,16; Esd 3,2; 7,6; Ne 8,1; Tb 7,11.13; Br 2,2; Dn 9,11.13 e Ml 3,22; ver também em Lc 2,22; 24,44; At 13,38; 15,5; 28,23; 1Cor 9,9 e Hb 10,28. Por fim, encontramos a expressão "livro de Moisés" em Mc 12,26.

[21] Vêm em seguida "os Profetas", que equivalem aos Livros históricos e proféticos da Septuaginta. Por fim, uma última seção é chamada simplesmente de "os [outros] Escritos". Essa repartição em três séries já é atestada no prólogo do Eclesiástico (versículos 1-2.8-10.24-25) e em Lc 24,44 (em que a terceira série é chamada "os Salmos"). O termo "Bíblia" (do grego *ta bíblia*, "os [pequenos] livros") é cristão: os judeus preferem utilizar o termo $T^a N^a K^h$ acrônimo de *Torá* (Pentateuco), *Nevi'îm* (Profetas) e *Ketuvîm* (Escritos).

termo *Torá* também pode designar o conjunto das Escrituras judaicas: é assim que Jesus cita um versículo do Salmo (Sl 82,6) como palavra da Lei (Jo 10,34). Moisés é considerado o autor global da Torá (Jo 5,46: "ele escreveu"), ou principalmente como aquele "por meio de" quem "a Lei foi dada" (Jo 1,17: *a Lei foi dada*, passivo divino), pois no fim das contas o verdadeiro autor da Lei é Deus.

No presente caso, a que passagem da Lei Jesus se refere? O episódio assinala que o rito da circuncisão prepondera em relação ao descanso sabático. A Bíblia não fala do conflito entre sábado e circuncisão, mas determina por duas vezes que o rito da circuncisão deve ser feito no oitavo dia após o nascimento da criança (Gn 17,12; Lv 12,3). Portanto, Jesus quer dizer que se deve circuncidar um menino mesmo quando seu oitavo dia corresponde a um sábado (Jo 7,22-23). Ele utiliza um raciocínio de tipo rabínico: se é possível agir sobre um pequeno membro durante o sábado – para "salvá-lo" mediante obediência à prescrição divina –, com maior razão ainda se pode salvar um homem inteiro em dia de sábado.[22] Um pouco antes, Jesus havia surpreendido os *Ioudaioi* por seu conhecimento da Escritura (Jo 7,15): aqui, ele se revela um *expert* em matéria jurídica e mestre de sabedoria.

Se pusermos de lado o episódio não joanino da mulher adúltera (Jo 7,53–8,11), a seção da festa das Tendas contém seis menções da Lei: Jo 7,19ab.23.49.51; 8,17. Na primeira e na última, Jesus fala aos *Ioudaioi* como se a Lei *deles* não *mais lhe* dissesse respeito (Jo 7,19: "vós... a Lei"; 8,17: "vossa Lei"). Isso não implica nenhum denigrescimento da Torá por parte de Jesus. Nessas fórmulas, há que se ver preferentemente um indício entre outros de que a comunidade joanina não se reconhece mais no Judaísmo fariseu posterior a 70. O episódio do cego de nascença (Jo 9) compreenderá uma nova prova de que o conflito entre a comunidade joanina e a sinagoga fariseia é um conflito teológico, em que os *discípulos de Moisés* estão em oposição aos *discípulos de Jesus* (Jo 9,28).

---

[22] Cf. Jo 5,8-9. O raciocínio se chama em hebraico *qal wahomer*, literalmente "leve e pesado", do mais fácil ao mais difícil. A explicação dada por Jesus era conhecida dos rabinos do século I, sobretudo de Rabbi Eleazar ben Azarias.

A manifestação do Messias

Uma seção balizada por refrãos

A surpresa das autoridades judaicas diante do conhecimento íntimo que Jesus tem das Escrituras não as dissuade do projeto de vê-lo morto. Desde o início da seção, somos informados de que elas "queriam fazê-lo perecer". Essa fórmula constitui um verdadeiro refrão, que pontuará a seção da festa.[23] Ela aparece novamente (Jo 7,19), sob a forma de uma pergunta posta por Jesus: "Por que procurais matar-me?". A "multidão" que presencia a cena não compreende essa pergunta, prova de que ela nada tem a ver com esse projeto de morte e, portanto, deve ser distinguida dos *Ioudaioi* (Jo 7,20). Ela se constitui de peregrinos ordinários, "vindos" à capital para a festa: trata-se do *'am-ha'arets*, ou "povo do país", no qual os fariseus nada mais veem do que uma turba de malditos que ignoram a Lei (Jo 7,49). Um pouco adiante, "habitantes de Jerusalém" dirão ter ouvido falar sobre o projeto homicida contra Jesus, pois ele falava publicamente em sua cidade (Jo 7,25-26). Mas esse projeto não é deles, e sugerem que seus autores se encontram entre as autoridades:[24] "Não é esse que procuram matar? Eis que ele fala publicamente e nada lhe dizem! Porventura as autoridades reconheceram ser ele o Messias?".

Reagindo vivamente à repreensão de Jesus em relação àqueles que desejam sua morte, a multidão o acusa de "ter um demônio" (Jo 7,20). O tema da possessão demoníaca constitui um segundo refrão próprio à seção da festa.[25] Outros ainda, presentes em outras passagens do Evangelho, marcam a seção que estamos estudando; assim, a alusão à "hora de Jesus" e o desejo recorrente de "pegá-lo". Nós os estudaremos mais para frente: veremos então que o tema do "pegar" (grego *piasai*) ocorre seis vezes, como também o da possessão demoníaca, no qual por ora nos estenderemos.

Deve-se atribuir um valor simbólico ao número 6? O evangelista sugere que a acusação de possessão demoníaca cai por terra no caso de Jesus? Não é impossível. Com efeito, nas cinco primeiras vezes o termo *daimonion* aparece na acusação que se faz contra Jesus, de ter um demônio (Jo 7,20; 8,48-49.52; 10,20), mas a sexta ocorrência se encontra em Jo 10,21,

---

[23] Encontramos a fórmula em Jo 5,18; 7,1.19.20.25; 8,37.40. O primeiro emprego, anterior à seção da festa, anuncia o tema que será desenvolvido no contexto dessa seção.

[24] Aqui e alhures, substituí a palavra "Cristo" da *Bíblia de Jerusalém* por Messias, a fim de restituir a atmosfera de espera messiânica judaica. Mas João certamente não ignora o significado cristão da palavra *christos*.

[25] O termo *daimonion*, sempre utilizado em João no singular em referência a Jesus, pode ser lido em Jo 7,20; 8,48-49.52; 10,20-21.

o último versículo da seção: "porventura o demônio pode abrir os olhos de um cego?". São *Ioudaioi* que fazem essa pergunta. Eles dão a entender que Jesus é alguém completamente diferente de um demônio,[26] recusando assim a acusação que se lançou contra ele durante a festa. Portanto, não se pode dizer que os *Ioudaioi* constituem um bloco petrificado na recusa e hostilidade, que seria definitivamente condenado por João.

História e literatura

Em sua intervenção (Jo 7,25–26), habitantes de Jerusalém mencionaram as autoridades. A presença desses *archontes* dá uma das chaves do problema dos *Ioudaioi* joaninos: são certos membros dos grupos influentes que querem a destruição de Jesus, e não todo o povo. Eles o procuram com essa intenção (Jo 7,1.11.19.25). Entretanto, se tomarmos ao pé da letra essa informação recebida em quatro momentos, parece difícil acreditar que as mesmas autoridades deixem Jesus se manifestar livremente, enquanto nutrem em relação a ele projetos perversos: é justamente essa a objeção dos hierosolimitas (Jo 7,26).

Tocamos aqui o problema da leitura historicizante dos Evangelhos. De fato, o Evangelho não pretende, em nenhum momento, fazer a reconstituição exata de cenas históricas. Mesmo se apoiando em lembranças autênticas, o que não se pode excluir totalmente, João as reescreve, as interpreta em função de seu projeto cristológico. Ora, o que ele quer mostrar nessa seção da festa é que duas linhas se cruzam em torno de Jesus: a de sua completa liberdade de Enviado do Pai, que entregará livremente a própria vida, porque "tem o poder" para isso (Jo 10,18), e a de sua condição humana submetida ao risco da incompreensão, da rejeição, da hostilidade e do desejo de morte (Jo 7,1).

Essa leitura dicotômica da trajetória de Jesus talvez explique a sutileza no emprego dos refrãos. Com efeito, o Evangelho contém *sete* vezes a expressão *apokteinai auton*, "procurar fazê-lo morrer" (Jo 5,18; 7,1.19.20.25; 8,37.40). Em contrapartida, ele contabiliza apenas *seis* tentativas de pegá-lo, com o verbo *piasai* (Jo 7,30.32.44; 8,20; 10,39; 11,57). João não estaria indicando assim que o projeto de morte realmente terá êxito (número

---

[26] Se esse fosse o caso, escutá-lo equivaleria a perder-se em adoração aos demônios ao invés de Deus (cf. Dt 32,17).

7), mas sem que ninguém possa *pegar* Jesus (número 6), sendo de livre e espontânea vontade que ele entrega a vida?[27]

Esses dois refrãos se encontram principalmente na seção da festa das Tendas, o que confirma seu papel crucial na organização do Evangelho e no desenrolar da trama. No início da seção, o dado de Jo 5,18 anuncia a hostilidade que assumirá proporções maiores; na outra ponta do relato (Jo 11,53), a decisão de fazer Jesus perecer é tomada, selando assim a sorte que lhe será forjada no fim da seção. Essa decisão dos sumos sacerdotes e fariseus, adotada pouco antes da "Páscoa de Jesus", constitui o pivô que dará uma guinada na intriga rumo ao desfecho final, do qual Jo 11,57 – última menção do desejo de *pegar* Jesus – será o primeiro sinal.

O relato joanino deve ser lido como uma construção literária, uma dramatização das tensões que confrontaram primeiramente Jesus e as autoridades religiosas de seu tempo, e, depois, a comunidade joanina e os dirigentes fariseus da sinagoga, que foram postos em cena sob o título de *Ioudaioi*.

A "paixão" dos profetas

Outro aspecto do texto nos orienta a não deturpar o modo pelo qual João descreve os *Ioudaioi*. Com efeito, a afirmação recorrente de seu projeto homicida não é uma obsessão antijudaica, como se os primeiros cristãos tivessem deliberadamente atribuído aos *Ioudaioi* as piores intenções contra Jesus. Essa afirmação se apresenta também como a reinterpretação de um elemento proveniente do Antigo Testamento, e que serve para descrever a condição precária de todo profeta. O exemplo de Jeremias é particularmente marcante, pois esse profeta foi injustamente acusado e perseguido (Jr 26,15 [Jr 33,15 LXX]). O risco de morte que pesava sobre ele parece subjacente à apresentação joanina de Jesus, especialmente na seção da festa das Tendas: "Sabei, porém, que, se me matardes, é sangue inocente que poreis sobre vós, sobre esta cidade e seus habitantes. Porque, na verdade, o Senhor me enviou a vós para anunciar-vos todas estas palavras". Essas palavras de Jeremias têm como destinatários os príncipes e o povo que, de comum acordo com os sacerdotes e profetas oficiais, vêm solicitar sua morte (Jr 26,11). O texto grego fala de sacerdotes, de

---

[27] Cf. Jo 10,11.15.17.18; 15,13.

pseudoprophetai e de *archontes*; este último termo designa aqui os príncipes e, no Evangelho de João, as autoridades (notáveis). Na seção da festa, esses *archontes* estão, no conjunto, reticentes em relação a Jesus (Jo 7,26.48) e querem sobretudo sua morte (Jo 7,25-26), mas o Evangelho não esconde que vários dentre eles acreditaram em sua palavra (Jo 12,42). Ele deixa claro inclusive que um deles, Nicodemos, realiza uma verdadeira trajetória rumo à fé em Jesus:[28] ele passa do interesse acompanhado de incompreensão (Jo 3,1-10) à defesa do direito do acusado (Jo 7,50-52), para chegar a um gesto funerário que expressa sua veneração por Jesus (Jo 19,39-42) e que o impedirá de celebrar a Páscoa judaica.[29] Sua coragem contrasta com a atitude dos sacerdotes, que não entram no palácio de Pilatos "para não se contaminarem e poderem comer a páscoa" (Jo 18,28).

Na "Paixão de Jeremias" que acabamos de citar, o texto grego não emprega a expressão que aparece sete vezes em João, *zetein apokteinai* ("procurar fazer perecer"). No entanto, ela aparece no Antigo Testamento.[30] O livro de Jeremias a utiliza em outro trecho (Jr 26,21), a respeito do profeta Urias: "E o rei Joaquim ouviu, com todos os seus guerreiros e com todos os seus príncipes, as suas palavras e procurou matá-lo. Mas Urias ouviu, teve medo, fugiu e foi para o Egito".

Apesar de fugir para o Egito, Urias será capturado e executado. Jesus terá uma sorte semelhante, sendo preso e condenado à morte; o evangelista enfatiza o perigo que pesa sobre ele e o obriga a ficar na Galileia (Jo 7,1), depois a se esconder (Jo 7,10; 8,59; 12,36) e a mudar de lugar (Jo 8,59; 10,40; 11,54). Mas, no mesmo momento, salienta que Jesus permanecerá fora de alcance de seus adversários enquanto sua "hora" não chegar, e que ele dará livremente a vida por seus amigos (Jo 15,13). A seção da festa é o lugar onde se cruzam duas linhas cristológicas: a do profeta incompreendido e perseguido, e a do Filho bem-amado que recebeu do Pai a missão de dar a própria vida.

---

[28] Recentemente, um autor expressou a respeito disso uma opinião diferente: cf. A. Marchadour, *Les personnages dans l'évangile de Jean*. Miroir pour une christologie narrative (Lire La Bible 139), Paris, Éditions du Cerf, 2004, p. 76.

[29] Para ser mais claro, a Torá exige daqueles que contraíram uma impureza por meio do contato com um cadáver adiar em um mês a refeição pascal (Nm 9,6-12). Mas provavelmente Nicodemos – assim como José de Arimateia – não estará mais interessado por essa prática.

[30] Ex 4,24; Est 2,21; Tb 14,10; 1Mc 9,32; 11,10. É possível encontrar também *ethelein apokteinai* (Jz 20,5) e *boul[eu]esthai apokteinai* (1Sm 24,11; Sb 18,5).

O "lugar" do Messias

A subida de Jesus a Jerusalém para a festa das Tendas dá a João a oportunidade de abordar a questão fundamental do Evangelho: a identidade de Jesus. Essa questão remete a outra, que diz respeito a sua origem. É assim que os *Ioudaioi* perguntam a Jesus: "Onde está teu Pai?", como haviam perguntado no início da festa: "Onde está ele?" (Jo 7,11). No final da vida pública de Jesus, quando tiverem decidido sua morte, as autoridades darão a seguinte ordem: "se alguém soubesse onde ele estava, o indicasse, para que o prendessem" (Jo 11,57).

"Saber onde ele está": de fato, o verdadeiro "lugar" de Jesus escapa a seus interlocutores. E, sobre esse plano, todos estão na mesma situação, inclusive os discípulos. Com efeito, durante a última ceia, Jesus lhes dirá o que já havia dito aos *Ioudaioi* (Jo 13,33): sua partida próxima os deixará em dificuldades, de modo que eles não poderão ir ao seu encontro de imediato. Pedro será informado disso num momento de grande constrangimento, para ele que, em resposta a sua afirmação tão generosa quanto temerária, recebe o anúncio de sua tripla negação (Jo 13,36-38).

No meio da festa das Tendas, a questão da identidade de Jesus atinge claramente a expectativa messiânica dos judeus. Os habitantes de Jerusalém se colocam muitas questões a respeito dele, como os *Ioudaioi* haviam se questionado acerca de João Batista no início do Evangelho (Jo 1,19-25). Eles se perguntam inclusive se as autoridades já não o reconheceram como o Messias (Jo 7,26). Mas a única resposta que poderiam esperar é negativa, como mostra o emprego da negação *mepote* em grego. Logo, com efeito, ocorre-lhes a objeção fundamental contra essa hipótese improvável: "Mas nós sabemos de onde esse é, ao passo que ninguém saberá de onde será o Cristo, quando ele vier" (Jo 7,27).

Essa dupla afirmação nos convida a alguns comentários. Primeiramente, as pessoas imaginam saber *de onde* é Jesus: ele é conhecido como Jesus de Nazaré, o filho de José, ou ainda o Nazareu (Jo 1,45; 6,42; 18,5.7; 19,19). Em seguida, as pessoas dão a entender que o Messias deve chegar em segredo. Esse versículo de João parece fazer eco à tradição judaica do "Messias escondido", atestada por Justino de Nablus, autor cristão de meados do século II:

Mas o Messias, supondo-se que tenha nascido e exista em algum lugar, é um desconhecido; nem mesmo ele se conhece; não tem nenhum poder, enquanto Elias não vier para ungi-lo e apresentá-lo a todos [...] Se há quem diga que ele já veio, não sabemos quem ele é; somente quando ele se manifestar na glória é que saberemos quem ele é.[31]

No Evangelho de João, a resposta de João Batista aos enviados das autoridades de Jerusalém oferece outro eco dessa tradição: "No meio de vós, está alguém que não conheceis" (Jo 1,26). Ele próprio partilhava essa ignorância, até ser levado a reconhecer Jesus como o Messias: "Eu não o conhecia, mas, para que ele fosse manifestado a Israel, vim batizar com água" (Jo 1,31).

Entretanto, se o texto de Jo 7,27 faz alusão à tradição do Messias escondido, ele apresenta uma pequena diferença em relação ao testemunho de Justino. Este afirma que se desconhecerá a identidade do Messias, até que ele se manifeste, mas o Evangelho insiste em sua origem misteriosa: "O Messias... ninguém saberá de onde será" (Jo 7,27). A questão-chave não começa mais por "quem?", mas por "de onde?", e parece solidarizar-se com a do saber ou a do não saber.

Esse dois temas estão estreitamente ligados entre si na seção da festa. Ao afirmar que o Messias tem uma origem desconhecida, os habitantes de Jerusalém não acham que estão dizendo exatamente a verdade: eles descrevem a situação exata de Jesus. Esse tema reaparece na narrativa do cego de nascença, e nela encontrará inclusive seu ponto de resolução, pois os fariseus-*Ioudaioi* concluirão sobre o não messiado de Jesus a partir do fato de que "esse, não sabemos de onde é" (Jo 9,29). Ironia bem joanina: adversários lançam sobre Jesus uma afirmação cuja implicação decisiva não são capazes de alcançar; eles sugerem que é exatamente ele o Messias esperado, e isso no momento mesmo em que querem excluir da sinagoga os que o confessam como tal (Jo 9,22)!

Jesus, Messias e Cristo

João emprega com frequência o termo *christos*. Desde o fim do prólogo, ele vê em "Jesus Cristo" o mediador "da graça e da verdade" (Jo 1,17); e se, diante dos porta-vozes das autoridades de Jerusalém, João

---

[31] Justino, *Dialogue avec le Juif Tryphon* [Diálogo com o judeu Trifão] 8,4; 110,1. Na tradução de G. Archambault (Paris: Librairie Picard, 1909), substitui "Cristo" por "Messias". Há uma tradução publicada pela Paulus na coleção "Patrística": I e II Apologias – Diálogo com Trifão, 1997. (N.T.)

A manifestação do Messias

Batista nega ser o *christos*, o Messias esperado por Israel (Jo 1,19-25), André anuncia a seu irmão Simão que eles encontraram esse *Messias*: o termo aramaico é transcrito em grego – *ton messian* –, depois traduzido por *christos* (Jo 1,41).[32] No outro extremo, João afirma que "esses sinais foram escritos para crerdes que Jesus é o Cristo, o Filho de Deus, e para que, crendo, tenhais vida em seu nome" (Jo 20,31). No coração do livro, Marta profere a mais bela profissão de fé cristológica do Evangelho: "Sim, Senhor, eu creio que tu és o Cristo, o Filho de Deus que vem ao mundo" (Jo 11,27). Marta afirma sua fé de mulher judia; porém, com a palavra *christos*, o evangelista apresenta ao leitor cristão um acréscimo de sentido, pois em seu livro o Messias Jesus também é o Filho único de Deus (Jo 3,16) e seu Verbo feito carne (Jo 1,14.17).

Apesar da presença do termo *christos* por todo o livro, de Jo 1,17 a 20,31, é exatamente a seção da festa das Tendas que constitui o lugar por excelência da questão messiânica. Com efeito, entre Jo 7,1 e Jo 10,21, *christos* pode ser lido sete vezes, e a disposição dessas ocorrências não parece ser devida ao acaso. Analisemos esses dados.[33]

Os sete versículos que contêm a palavra *christos* são dispostos de modo a exibir certa estrutura, que chamo – por falta de outro termo mais adequado – "setenário". Não temos aqui considerações gerais a fazer sobre o Messias, mas questões e afirmações sobre a identidade messiânica *de Jesus*. Nosso olhar deve se voltar principalmente para as duas extremidades e para o centro; mas a ordenação das menções intermediárias também merece nossa atenção. As duas extremidades (n. 1 e n. 7) evocam o reconhecimento ou confissão do messiado de Jesus. No primeiro caso, os habitantes de Jerusalém fazem a hipótese absurda da adesão das autoridades a Jesus, sem crerem eles próprios nele, como prova o uso de *mepote*. Entretanto, sua hipótese não é completamente falsa, pois certas autoridades serão em seguida atraídas por Jesus (cf. Jo 12,42 e, no que diz respeito a Nicodemos, 19,39). Na última ocorrência de *christos*, as autoridades hostis a Jesus estão novamente presentes, mas com o nome de *Ioudaioi*: elas se opõem vigorosamente a todos aqueles que confessariam Jesus como Messias.

---

[32] Com Jo 4,25, essa é a única menção de Messias no Novo Testamento.
[33] Faço aqui minha própria tradução.

1. Jo 7,26   As autoridades (*archontes*)
             reconheceram ser ele o Messias?

2. Jo 7,27   Ninguém saberá de onde será o Messias,
             quando ele vier.

3. Jo 7,31   O Messias, quando vier, fará, porventura,
             mais sinais do que os que esse fez?

4. Jo 7,41a   É ESSE O MESSIAS!
5. Jo 7,41b   Porventura pode o Messias
             vir da Galileia?

6. Jo 7,42   A Escritura não diz que o Messias será [...]
             virá de Belém [...]?

7. Jo 9,22   Os *Ioudaioi* já tinham combinado que,
             se alguém **reconhecesse** Jesus como Messias,
             seria expulso da sinagoga.

Os itens 2-3 e 5-6 afirmam como coisa certa a vinda do Messias. Israel o espera, e ele virá.[34] Mas essa vinda é analisada sob dois aspectos complementares. Nos itens 2 e 3, é sua *hora* que se leva em conta ("quando ele vier / o Messias, quando vier"), ao passo que os itens 5 e 6 evocam o *lugar* de onde ele virá (Galileia ou Belém?). Finalmente, bem no meio da série, encontra-se a única afirmação clara e nítida do messiado de Jesus. Os integrantes da multidão que se pronunciam de modo favorável a ele certamente não fazem ideia do alcance de sua afirmação. Com efeito, o *Cristo* da fé cristã é superior ao *Messias* da esperança judaica. Mas o leitor que crê, iluminado pela experiência pascal, compreende o que o evangelista lhe sugere aqui: Jesus é o Cristo.

Os usos do termo *christos* são divididos de modo desigual na seção da festa: seis menções estão reunidas em alguns versículos do capítulo 7, e a última só se encontra no coração do capítulo 9. Apesar disso, essas diversas menções desenham no âmago da seção um verdadeiro percurso de fé. A primeira intervém no contexto de uma hipótese considerada excessivamente audaciosa; a mediana constitui uma afirmação do messiado de

---

[34] "Sei que vem um Messias", dirá a Samaritana a Jesus (Jo 4,25, segundo emprego de Messias). João atribui a essa mulher uma convicção messiânica judaica: na realidade, os samaritanos não esperavam um Messias, mas um Novo Moisés, chamado Taheb ("Aquele que volta").

Jesus; a última, por sua vez, está associada ao termo técnico *homologein*, "confessar", bastante familiar aos primeiros cristãos. Tendo como pano de fundo o messiado de Jesus, a seção da festa das Tendas reproduz, portanto, em maior escala, o fenômeno que observaremos no caso do cego de nascença: o relato propriamente dito se torna caminho de fé – passagem, por etapas progressivas, de uma fé incerta ou em vias de surgir a uma fé segura, explícita. A última menção de *christos* se encontra no coração do capítulo 9, capítulo fundamental na seção da festa, e o cego de nascença se tornará de certo modo a figura emblemática desse percurso de fé.

Um advérbio teológico: *pothen*

Para determinar a identidade de Jesus, João fala também de sua origem: ele recorre então sistematicamente ao advérbio interrogativo *pothen* ("de onde...?"), comum no grego clássico. Desde a *Odisseia* de Homero e os *Diálogos* de Platão, com efeito, esse advérbio coloca a questão da origem, mas expressa também a maneira pela qual se obtém um resultado surpreendente, inclusive a causa ou o motivo de um fato. A Septuaginta faz um uso moderado dele, sendo as diferentes acepções clássicas atestadas: perguntas sobre a proveniência ("de onde vens?") e a origem ("de onde és?"), por vezes sob uma forma redobrada ou combinada ("de onde vens e para onde vais?", "de onde sois e de onde vindes?").[35] Em Js 9,8, o grego [da Septuaginta] diz "de onde sois", enquanto o hebraico diz: "quem sois?": isso para dizer que as questões da origem e da identidade estão estreitamente ligadas.[36] Mas o Antigo Testamento já conhece o uso teológico que interessa a João: "a Sabedoria, de onde provém ela? Onde está o lugar da Inteligência?" (Jó 28,12.20); "Se o Senhor não te socorre, donde posso tirar auxílio para ti?" (4 Reinos = 2Rs 6,27),[37] exemplo que orienta o olhar para Deus, único socorro verdadeiro do israelita. Mas o caso mais nítido pode ser lido num Salmo:

---

[35] "De onde vens [vindes]?" (Gn 42,7; Jz 13,6; 17,9; 2Sm [Septuaginta, 2 Reinos] 1,3; 2Rs [Septuaginta, 4 Reinos] 5,25; Tb 2,13; Jó 1,7; 2,2; 38,24 [Septuaginta]; Eclo 27,27; 37,3; Jn 1,8; Is 39,3; 41,24²ˣ.28); "de onde és [sois]?" (Gn 29,4; 1 Reinos 25,11; 30,13; 2 Reinos 1,13; Tb 5,5; 7,3); "de onde vens e para onde vais?" (Gn 16,8; Jz 19,17; Jt 10,12); "de onde sois e de onde vindes?" (Js 9,8).

[36] Às vezes, traduz-se por "como?" (Jr 15,18; 31[hebr. 48],9; Br 6,29; cf. hebr. Jr 36,17 [Septuaginta 43,17]), por "onde?" (Na 3,7 Septuaginta), ou por "de [com] que?" (Pr 22,27).

[37] Na Septuaginta, seguida pela Vulgata, os livros de Samuel e dos Reis são chamados pelo mesmo nome de livros dos Reinos, de modo que 1 e 2 Samuel correspondem a 1 e 2 Reinos e 1 e 2 Reis, a 3 e 4 Reinos. (N.T.)

Ergo os olhos para as montanhas:
de onde virá meu socorro?
Meu socorro vem do Senhor,
que fez o céu e a terra.[38]

Com sua construção quiástica, esse início de Salmo mostra que o advérbio "de onde?" (em grego, *pothen*) remete ao mundo de Deus: "de onde virá... vem do Senhor". Os evangelistas assimilaram essa lição.

Dois exemplos também tirados do Antigo Testamento esclarecem o uso de *pothen* nos relatos evangélicos da multiplicação dos pães, pois situam em Deus apenas a solução do problema colocado pelo excesso de gente a alimentar com uma quantidade ínfima de suprimentos. No livro de Judite (Jt 12,3), o rei Holofornes evoca a ela a situação difícil em que ela e seu povo se encontram, ao passo que a judia põe a confiança unicamente em Deus: "E se acabar o que tens, donde traremos coisa semelhante para dar-te?". Mas, sobretudo quando Moisés expressa sua preocupação, diante da revolta do povo faminto no deserto, a resposta lhe é dada em alguns versículos mais adiante, de modo claro e distinto: "Onde acharei carne para dar a todo este povo [...]? O Senhor vos dará carne para comer" (Nm 11,13.18). O mesmo uso teológico de *pothen* se encontra nos Evangelhos Sinóticos:

Mt 13,54.56	"De onde lhe vêm essa sabedoria e esses milagres?"
	"Donde então lhe vêm todas essas coisas?"
// Mc 6,2	"De onde lhe vem tudo isso? E que sabedoria é essa que lhe foi dada? E [...] tais milagres [...]?"
Mt 15,33	"De onde tiraríamos, num deserto, tantos pães para saciar tal multidão?"
// Mc 8,4	"Como poderia alguém, aqui num deserto, saciar com pão a tanta gente?"
Mt 21,25	"O batismo de João, de onde era? Do céu ou dos homens?"
e Lc 20,7	"E responderam que não sabiam de onde era."
Mc 12,37	"Como [= donde?], então, pode ser seu filho?"
Lc 1,43	"Donde me vem que a mãe do meu Senhor me visite?"
Lc 13,25.27	"Não sei de onde sois."

---

[38] Sl 120,1-2 (Septuaginta). Na Bíblia hebraica, trata-se do Sl 121.

A manifestação do Messias

Várias dessas frases evocam, de um modo ou de outro, a origem misteriosa de Jesus. Sua sabedoria não é comum, e muito menos seus gestos. Além disso, a questão sobre a origem do batismo de João mostra bem a verdadeira implicação de um discernimento teológico correto: saber se os seres e seus atos vêm de Deus ou do mundo dos homens. Entre essas referências, as que provêm do relato da multiplicação dos pães (Mt 15,33 // Mc 8,4) nos interessam de modo particular, pois remetem ao debate de Nm 11, que prepara o episódio das codornizes (Nm 11,31-32), equivalente animal do milagre do maná. Ora, elas têm um equivalente no quarto Evangelho: Jo 6,5. Esse versículo começa pelo advérbio interrogativo *de origem*, do qual muitas vezes não se dá conta na tradução:[39] "Onde (grego *pothen*) arranjaremos pão para eles comerem?". De fato, o Jesus joanino insiste sobre a origem do pão que ele dará, um pão misterioso que vem de Deus. A continuação do texto diz explicitamente que ele "sabia o que faria" (Jo 6,6): ele se dirige a seu Pai e dá graças (Jo 6,11); e, depois da refeição, ele se anuncia, a partir de seu gesto e do episódio do maná (Ex 16), como o verdadeiro "pão do céu".

Em seu Evangelho, João utiliza com frequência o advérbio *pothen*, a cada vez convidando o leitor a voltar o olhar para o mundo de Deus. É Deus quem dá a Jesus conhecer Natanael de antemão (Jo 1,48), é dele que provém o vinho maravilhoso de Caná (Jo 2,9), é dele que vem o Espírito tão livre e imprevisível quanto o vento (Jo 3,8) e dele também Jesus possui sua fonte de água viva (Jo 4,11); enfim, e fundamentalmente, é de Deus que Jesus é, ele cujo Reino não é deste mundo (Jo 19,9). João não é o inventor desse significado teológico, mas seu utilizador mais genial: sua seção da festa das Tendas, particularmente, contém sete exemplos dele, formando um segundo "setenário" ligado ao tema "saber/não saber":

1. Jo 7,27a	Mas *nós sabemos* **de onde** esse é,	
2. Jo 7,27b	ao passo que *ninguém saberá* **de onde** será o Messias.	
3. Jo 7,28	Vós me conheceis e *sabeis* **de onde** sou?	
4. Jo 8,14a	SEI DE ONDE VENHO e **para onde vou**.	
5. Jo 8,14b	Vós, porém, *não sabeis* **de onde** venho **nem para onde vou**.	
6. Jo 9,29	Esse, *não sabemos* **de onde** é.	
7. Jo 9,30	Vós *não sabeis* **de onde** ele é...	

---

[39] Substitui-se então o "De onde?" por um simples "onde?", perdendo de vista a questão da origem misteriosa.

Os sete exemplos citados estão divididos em três capítulos da seção da festa, a cada vez em um agregado de dois ou três. De igual maneira ao setenário relativo a *christos*, a série termina no relato do cego de nascença. As três menções do meio (n. 3-5) são pronunciadas por Jesus. No centro do setenário, encontra-se a afirmação mais importante: assim como a confissão "É esse o Cristo" podia ser lida no centro do primeiro setenário (Jo 7,41a), aqui Jesus declara saber não somente *de onde vem*, mas ainda *para onde vai* (cf. Jo 13,3; 16,28). Esse saber lhe é próprio: ele corrige a pretensão de seus contraditores sobre esse aspecto (n. 3 e 5, cf. n. 1); com maior modéstia, Tomé reconhecerá que ele e seus "condiscípulos"[40] desconhecem o que espera por Jesus: "Senhor, não sabemos aonde vais" (Jo 14,5). No n. 7, o cego curado repetirá a mesma fórmula, mas para caçoar dos fariseus-*Ioudaioi*, tão seguros de si e pretensiosos de serem os donos da verdade.

João vai mais longe ainda no jogo sobre o saber e o não saber. Os comentadores observaram a contradição que existe entre as proposições dos fariseus, repetidas pelo cego curado (n. 6-7), e as dos habitantes de Jerusalém (n. 1): os fariseus pronunciam as mesmas palavras dos hierosolimitas, porém, acrescentando uma negação que vai mudar radicalmente o sentido delas. Ao fazê-lo, eles afirmam, mesmo sem saber, o messiado de Jesus, tendo em vista a tradição do Messias escondido (cf. n. 2).

– O Messias... ninguém saberá de onde será (Jo 7,27b).
– Esse, não sabemos de onde é (Jo 9,29)!

Ao longo da seção, identificamos dois setenários temáticos: o primeiro diz respeito à identidade messiânica de Jesus (*christos*), e o segundo, a sua origem divina (*pothen*). Ora, ambos convergem para o capítulo 9: a importância do relato do cego de nascença nos é assim anunciada. Não conseguiríamos subestimar essa página magistral, verdadeira obra-prima da ironia joanina.

---

[40] "Tomé [...] disse então aos condiscípulos (grego *summathetai*): 'Vamos também nós, para morrermos com ele'" (Jo 11,16). Trata-se do único emprego bíblico do termo. Seguir Jesus em sua Páscoa é a sorte de todo discípulo: "Se morremos com Cristo, temos fé que também viveremos com ele" (Rm 6,8).

A manifestação do Messias

Um Messias difícil de ser pego

Desde o início de nossa leitura do capítulo 7, observamos certo número de reações suscitadas pelas declarações de Jesus. Primeiramente, vimos os *Ioudaioi* (chefes religiosos) tentando dar cabo de Jesus (Jo 73,1.11). Depois, ficamos sabendo que seus irmãos não creem em sua missão: vendo nele apenas um homem com sede de glória pessoal, aconselham-no a aproveitar a ocasião da festa para tornar-se conhecido pelos inúmeros peregrinos (Jo 7,3-5). Nós então encontramos esses peregrinos: eles estavam divididos a respeito de Jesus, a ponto de o evangelista os designar como *as multidões*, no plural (Jo 7,12-13). Por fim, certos habitantes de Jerusalém, por sua vez, se pronunciam; também nesse caso, eram a identidade profunda de Jesus e sua origem verdadeira que estavam em questão (Jo 7,25-26). Após a intervenção deles, o evangelista reporta pela primeira vez o desejo de prender Jesus: "Procuravam, então, prendê-lo, mas ninguém lhe pôs a mão, porque não chegara sua hora" (Jo 7,30).

Esse versículo combina dois refrãos. O primeiro, constituído em torno do verbo *piasai* (prender), se manifesta seis vezes no Evangelho:[41] quatro vezes na seção da festa das Tendas e uma quinta na breve sequência da Dedicação, que a sucede imediatamente; por fim, uma última ocorrência de *piasai* sela a sorte de Jesus, quando as autoridades determinam sua destruição (Jo 11,57). Mas esse verbo não aparece mais do que seis vezes, como se o projeto de "prender Jesus" não pudesse concretizar-se; de fato, quando do ele for preso no jardim das Oliveiras (Jo 18,12), João empregará outro verbo, *sullambanein* (aoristo *sunelabon*). Nesse relato do jardim, João evidencia a soberana liberdade de Jesus, que dá a própria vida por livre e espontânea vontade (cf. Jo 10,18): ele se aproxima de seus adversários e se apresenta a eles como "Eu Sou"; depois, ele lhes pede que poupem seus discípulos, e se diz pronto a beber *o cálice que o Pai* [lhe] *deu*; é somente então que os guardas podem "prendê-lo e atá-lo" (Jo 18,4-12).

Em Jo 7,30, o refrão "prender Jesus" é associado ao tema de sua *hora* que *ainda não chegara*. Esse refrão atravessa todo o Evangelho, tendo do aparecido pela primeira vez no episódio do milagre de Caná (Jo 2,4). Encontrá-lo-emos duas vezes na seção da festa das Tendas, aqui e em Jo 8,20: "Essas palavras, ele as proferiu no Tesouro, ensinando no Templo.

---

[41] Jo 7,30.32.44; 8,20; 10,39; 11,57. Essa última ocorrência acompanha a decisão final das autoridades religiosas em relação a Jesus (Jo 11,53).

E ninguém o prendeu, porque sua hora ainda não havia chegado". Para João, Jesus sabe que sua hora chegou quando os gregos que vinham a Jerusalém para a Páscoa pedem para vê-lo (Jo 12,20-22).[42] André e Filipe, os únicos discípulos que possuem nome grego, lhe dão o recado. À menção dos gregos, provavelmente pagãos simpatizantes do Judaísmo, Jesus declara: "É chegada a hora em que será glorificado o Filho do Homem" (Jo 12,23). Assim, João mostra que Jesus entregará a vida livremente, por *todos os homens*, e não somente pelos judeus. Mas João já evocara anteriormente a dimensão universal da missão de Jesus. Na condição de Bom Pastor, ele havia declarado sua responsabilidade em relação às ovelhas estrangeiras ao aprisco de Israel (Jo 10,16). Finalmente, o evangelista havia denunciado que Jesus morreria "não só pela nação, mas também para congregar na unidade todos os filhos de Deus dispersos" (Jo 11,52). Durante a última refeição com os que lhe eram mais próximos, Jesus dirá ao Pai: "Pai, chegou a hora: glorifica teu Filho, para que teu Filho te glorifique" (Jo 17,1). O tempo então terá se cumprido para que ele dê espontaneamente a vida.

Uma tentativa malsucedida de prendê-lo

Voltemos ao capítulo 7, quando a primeira tentativa de *prender* Jesus não dá certo. Mais uma vez, as pessoas se questionam a seu respeito (Jo 7,31). Muitos da multidão passam a crer nele, por causa dos sinais que ele realizou: persuadidos de que o Messias não seria capaz de agir melhor no dia de sua vinda, eles concluem que Jesus poderia perfeitamente ser o Messias. A fé já estaria marcando pontos? Trata-se aqui de um recurso literário. Esse procedimento concorre para a instauração de um clima de suspense: quando ele enfim se revelar, como será, o que deverá acontecer? Contudo, como nos primeiros dias da festa, quando Jesus ainda estava escondido em Jerusalém (Jo 7,12-13), as pessoas não ousam expressar-se em voz alta, contentando-se em murmurar, cochichar suas dúvidas (Jo 7,32a), como se o medo das autoridades ainda as aprisionasse. Desta vez, no entanto, os fariseus descobrem os rumores que pairam sobre Jesus: com os sumos sacerdotes,[43] eles decidem pô-lo na prisão, para impedir que a festa

---

[42] Esse episódio lembra a profecia de Zacarias, segundo a qual os pagãos subirão a Jerusalém para celebrar a festa das Tendas e para adorar o Deus de Israel, único Rei do Universo (Zc 14,9.16-19).

[43] Em Jo 7,32b, a maior parte dos manuscritos associa os sumos sacerdotes aos fariseus: juntos, eles são os *Ioudaioi* que se opõem a Jesus (citados sozinhos, os fariseus são os dirigentes religiosos do período que sucede à destruição do Templo em 70).

se torne ocasião propícia a ele (Jo 7,32b). O evangelista observará mais adiante que seus guardas voltam não apenas de mãos abanando, como também subjugados pelas palavras de Jesus (Jo 7,45-47).

Ora, a menção do retorno desses guardas se situa aproximadamente quinze versículos depois da menção do envio deles, o que é excessivo. De modo particular, passou certo tempo entre esses dois movimentos: enviados por volta do meio da semana (Jo 7,14.32), eles só voltam no último dia da festa (Jo 7,37.45); nesse ínterim, Jesus pôde pregar com toda a liberdade! É claro que não devemos tomar essas diversas informações ao pé da letra. O autor do Evangelho certamente não era menos consciente que nós das contradições de seu texto, mas não considerou apropriado minimizá-las. Essas páginas são marcadas por um jogo deliberado entre o escondido e o público: o homem Jesus fica em estado de alerta, pois sabe que está ameaçado de morte, mas não é isso que impedirá sua palavra de se propagar, pois ela vem daquele que o enviou. Lembremos que se devem confrontar os dois extremos da seção: a *impossibilidade* do homem Jesus (Jo 7,1) e o *poder* do Filho do Pai (Jo 10,18).

Procurar sem encontrar

No momento em que as autoridades enviam guardas para prender Jesus, o evangelista introduz em sua narrativa outro tema de seu agrado: o do "procurar sem encontrar" (Jo 7,34.36). No Antigo Testamento, essa temática caracteriza a reflexão sapiencial:

A Sabedoria apregoa fora, nas praças levanta a voz; nos lugares ruidosos, ela chama; nos vãos das portas, na cidade, ela pronuncia seu discurso: "Até quando, ingênuos, amareis a ingenuidade, e vós, zombadores, vos empenhareis na zombaria; e vós, insensatos, odiareis o conhecimento? Convertei-vos à minha exortação, eis que vos derramarei o meu espírito e vos comunicarei minhas palavras. Porque vos chamei, e recusastes, estendi a mão e não fizestes caso, recusastes os meus conselhos e não aceitastes minha exortação: por isso rirei de vossa desgraça, divertir-me-ei quando vos chegar o espanto. [...] Aí me chamarão, e eu não responderei: procurar-me-ão e não me encontrarão! [...] Porque a rebelião de ingênuos os levará à morte, a despreocupação de insensatos acabará com eles; mas quem me escuta permanece em segurança, está tranquilo, sem temer a desgraça" (Pr 1,20-33).

Esse discurso lançado pela Sabedoria aos indiferentes e despreocupados lembra, num gênero literário diferente, a comparação feita no primeiro Salmo entre aquele que medita dia e noite a Lei do Senhor e aquele que junto aos zombadores vai sentar-se (Sl 1,1-2): os justos colherão frutos, enquanto os "zombadores", os "ingênuos" e os "insensatos", que não acolhem a Sabedoria divina, estão ameaçados de procurar sem encontrar, ou seja, de correr atrás da própria perdição. A Sabedoria nem sempre é bem recebida, e o Evangelho de João utiliza a mesma temática do "procurar sem encontrar" para expressar a recusa de acolher Jesus. Mas esse uso que ele faz é mais flexível, e mais sutil. É possível que Jesus seja procurado com uma intenção negativa, para ser preso (Jo 7,30): as seis tentativas de prendê-lo são exemplos desse tipo de procura. Em contrapartida, o Evangelho não utiliza essa temática para excluir os *Ioudaioi* do acesso a Deus. Nele, a porta da salvação se mantém sempre aberta: o Cristo-Sabedoria não se compraz do castigo dos ímpios, pois veio para dar vida a todos os que o recebem de coração aberto.

João trabalha o tema da busca infrutuosa para pôr em evidência o caráter *difícil de ser pego* de Jesus; assim, sua ligação única com o Pai – sua origem "do alto" – lhe permite escapar daqueles que querem pôr as mãos sobre ele. A temática se torna então a ocasião de um mal-entendido, recurso literário bem conhecido de João. O episódio que se segue é um bom exemplo disso. Jesus anuncia que, mesmo sendo procurado, não será possível encontrá-lo, muito menos estar onde ele está, ou seja, junto daquele que o enviou (cf. Jo 7,33-34). Os *Ioudaioi* não compreendem essas declarações (Jo 7,36) e perguntam se Jesus não irá junto aos dispersos da Diáspora para ensinar aos gregos (Jo 7,35). O mal-entendido é inflamado por um recurso de ironia, pois essa evocação dos gregos provavelmente oculta uma alusão à evangelização pós-pascal dos gentios. Portanto, ao predizer a expansão do ensino de Jesus fora das fronteiras do mundo judaico, os *Ioudaioi* nem imaginam que estão dizendo a mais pura verdade. E a festa das Tendas – que, na profecia de Zacarias, marcaria o encontro das nações em Jerusalém (cf. Zc 14,16-19) – constitui exatamente o momento ideal para sugerir a universalidade da mensagem de Jesus.[44]

---

[44] Já vimos que a outra passagem em que João fala dos gregos (Jo 12,20) lembra a festa das Tendas: alusão a Zc 14 e à "festa" (versículos 12.20), ramos e aclamação "Hosana!" (v. 13).

Conclusão

A primeira página da seção da festa das Tendas é marcada por certo número de incoerências, como se a redação não tivesse sido feita linearmente. No entanto, há algumas décadas, os exegetas começaram a perceber melhor que a pré-história dos textos nunca poderá ser reconstituída e que seu estudo deve ter como foco o texto atual. Apesar de todas as suas asperezas, a seção da festa das Tendas, em seu estado definitivo, continua sendo um texto excepcional. Somos convidados a não fazer uma leitura superficial do texto, a não dar a sentença de sua coerência em função de uma lógica cartesiana, mas a descobrir sua grande riqueza simbólica e teológica.

A continuação de nossa leitura dirá respeito ao último dia da festa, ao qual João consagra mais de dois capítulos e meio: do final do capítulo 7 à metade do capítulo 10. Nossa próxima etapa analisará o chamado feito por Jesus a todos os que têm sede: de sentido, de vida, de Deus.

Capítulo 3
A FONTE DE ÁGUA VIVA (JO 7,37-52)

Eis que chegamos ao fim da semana festiva. O último dia de festa é anunciado com precisão como o "grande dia", o mais solene (Jo 7,37). Se não levarmos em conta a indicação cronológica contida no relato não joanino da mulher adúltera,[1] esse dia se confunde com o *sabbaton* que será indicado em Jo 9,14. A próxima indicação cronológica pode ser lida logo após a seção da festa (Jo 10,22: Dedicação, inverno). O espaço que João concede a esse último dia põe em evidência as declarações que Jesus nele fará publicamente, diante de todo o mundo (Jo 7,37-38; 8,12), ou diante dos fariseus-*Ioudaioi* (Jo 8,14-58), assim como o episódio da cura do cego de nascença (Jo 9,1-41) e o discurso sobre o Bom Pastor e a Porta verdadeira (Jo 10,1-28).

A promessa da água viva (Jo 7,37-38)

"No último dia da festa, o mais solene, Jesus, de pé, disse em alta voz: 'Se alguém tem sede, venha a mim e beberá,[2] aquele que crê em mim!' – conforme a palavra da Escritura: De seu seio jorrarão rios de água viva". Situado no dia mais solene da festa, esse chamado de Jesus constitui o ponto alto para o qual converge todo o capítulo 7. Muitos autores pensam que ele faz eco à cerimônia da libação que ocorria durante a festa: o evangelista utilizaria o quadro litúrgico para apresentar Jesus como a verdadeira fonte de água viva.

Infelizmente, essa palavra importante é de difícil interpretação e, desde as origens, os exegetas se dividem a respeito dela. O primeiro problema que se apresenta diz respeito à pontuação. Nos manuscritos antigos, ela não existia, de modo que as palavras estavam muitas vezes coladas umas nas outras.

---

[1] Cf. Jo 8,2: "antes do nascer do sol".

[2] O grego diz: "Que beba!". Mas G. Bienaimé mostrou que se podia traduzir esse segundo imperativo de valor consecutivo por um futuro ("L'annonce des fleuves d'eau vive en Jean 7,37-39", *Revue théologique de Louvain* 21, 1990, p. 304-307).

Para que o texto em língua moderna seja compreensível, há que se introduzir uma pontuação, ou seja, escolher uma interpretação. Ora, a passagem pode ser interpretada de duas maneiras, conforme a pontuação escolhida. Apresento em primeiro lugar a que não me parece mais apropriada, ainda que seja completamente plausível, tanto do ponto de vista gramatical quanto do teológico: trata-se da leitura em função daquele que crê. Apresentarei em seguida aquela que, em minha opinião, se harmoniza melhor com o contexto e o pensamento joanino: a interpretação cristológica.

Aquele que crê: fonte de água viva?

Os dois verbos do final do versículo 37 podem constituir a resposta ao problema posto por Jesus em começo de frase: "Se alguém tem sede, venha a mim e beberá". Nesse caso, a expressão "aquele que crê em mim" se liga ao final do versículo 38, e a água viva brota do interior do crente: "Aquele que crê em mim", a Escritura lhe promete que "de seu seio jorrarão rios de água viva". Nessa interpretação do versículo 38, o grupo colocado em início de frase ("aquele que crê em mim") representa em seguida uma função de complemento ("de *seu* seio jorrarão..."). João emprega com bastante frequência esse tipo de artifício um tanto audacioso. Segundo essa leitura, aquele que crê em Jesus chegou até ele pela fé, "bebendo" junto a Jesus, que é a verdadeira fonte; mas, em seguida, tornar-se-á, por sua vez, fonte de água viva, pela sabedoria que sua vida testemunhará. O oráculo, portanto, concerne à fecundidade espiritual do crente.

Os adeptos dessa leitura podem apoiar-se em vários textos do Antigo Testamento. Isaías 55,1, que João certamente conheceu, pois Isaías é seu livro de cabeceira, constitui um sério candidato: "Ah! Todos que tendes sede, vinde à água". Mas Eclo 24,30 é ainda melhor, pois nos diz que o sábio se torna, por sua vez, uma fonte capaz de irrigar os outros: "Quanto a mim, sou como canal de rio, como aqueduto que vai ao Paraíso". A continuação do texto mostra que a Sabedoria poderá assim atingir "as gerações futuras" (v. 33) ou "todos que a procuram" (v. 34). Como certo parentesco temático e lexical aproxima Eclo 24 e João, não é impossível que este último tenha emprestado de Ben Sira – ou que ambos tenham emprestado de uma tradição mais antiga – uma reflexão tão bonita sobre o papel do sábio. Aliás, tivemos a oportunidade de mostrar que João é bastante sensível à dimensão sapiencial da Escritura.

A fonte de água viva

Os adeptos da leitura sapiencial em função do crente poderão inclusive encontrar um bom argumento a seu favor no Evangelho de João. Com efeito, Jesus promete à Samaritana que uma água viva jorrará do interior do crente: "quem beber da água que lhe darei, nunca mais terá sede. Pois a água que eu lhe der tornar-se-á nele fonte de água jorrando para a vida eterna" (Jo 4,14). Ora, logo depois do chamado de Jesus no último dia da festa das Tendas, o evangelista evoca o dom do Espírito feito aos crentes depois da morte e ressurreição de Jesus (sua glorificação): "Ele falava do Espírito que deviam receber aqueles que haviam crido nele, pois não havia ainda Espírito porque Jesus ainda não fora glorificado" (Jo 7,39). Se a palavra da Escritura tem como destinatário aquele que crê, pode-se então ver na água viva que brotará de seu seio a profusão do Espírito que ele receberá de Jesus (cf. 20,22).

A interpretação de Jo 7,37-38 em função do crente é justa e deve ser respeitada: aliás, é tão antiga e está em tal conformidade com a doutrina joanina que não pode ser desprezada. Apesar disso, não creio que ela seja a mais pertinente, e sou reticente em conservá-la, ainda que a título de leitura secundária. Decerto, João e os autores judeus antigos sabiam fazer duas ou várias leituras de uma mesma passagem. Contudo, no presente caso, os defensores da leitura em função do fiel se esquecem de levar em consideração o contexto determinado no qual o oráculo de Jo 7,38 intervém: no âmbito do último dia da festa das Tendas, esse oráculo deve ser recebido antes de tudo como uma palavra de revelação sobre um aspecto essencial da pessoa de Jesus. Mesmo o versículo 39 se compreende melhor em função da leitura cristológica dos versículos 37-38, que passo a desenvolver a seguir.

Jesus, verdadeira fonte de água viva

Com efeito, o contexto imediato da festa das Tendas dá prioridade ao ensino cristológico. Portanto, convém ler nesse sentido a palavra enigmática dos versículos 37-38. Por isso, deve-se unir o início do versículo 38 com o último verbo do versículo 37 ("e beberá, aquele que crê em mim"), fazendo dele a segunda parte da resposta ao chamado de Jesus. Consequentemente, a "citação" da Escritura do fim do versículo 38 é independente, e representa um primeiro comentário do evangelista – sendo que o versículo 39 acrescenta um segundo: "Se alguém tem sede, venha a mim e beberá, aquele que crê em mim! – [conforme a palavra de Escritura: 'De seu seio jorrarão rios de água viva'.] Ele falava do Espírito...".

A interpretação cristológica de Jo 7,37-38 corresponde exatamente ao caráter autorrevelador das palavras de Jesus no Evangelho de João. Além disso, há citação da Escritura: ainda que esta seja difícil de situar – o que veremos daqui a pouco –, o simples fato de a Escritura ser requisitada convida a compreender esse oráculo como um elemento do projeto cristológico de João. A importância dessa palavra é reforçada ainda mais pelas condições excepcionais em que o evangelista a inseriu: é no último dia da festa mais estimada pelos judeus, "o grande dia", que Jesus "proclama" publicamente seu chamado, em pé e certamente no Templo.[3] Portanto, é do interior de Jesus, literalmente "de seu seio", que a água viva vai jorrar. Vários autores modernos adotam essa leitura, que já era conhecida no Cristianismo primevo. Sobre o plano estilístico, ela dá ao chamado de Jesus um acento bem joanino, com seu paralelismo sintético: assim, "vir a Jesus" corresponde a "crer nele",[4] ao passo que "beberá" responde à evocação da sede:

> Se alguém tem sede, venha a mim!
> E beberá, aquele que crê em mim!

Uma citação enigmática (Jo 7,38)

Mas Jo 7,37-38 coloca outro problema, ainda mais difícil. João anuncia uma citação da Escritura ("conforme a palavra da Escritura"), para em seguida apresentá-la: "De seu ventre jorrarão rios de água viva" (tradução literal). Ora, do modo que chegou até nós, essa expressão não se encontra em *nenhum lugar* na Escritura! Assim sendo, nenhuma passagem exata do Antigo Testamento pode nos dar a solução definitiva desse enigma.

Essa dificuldade aguçou a sagacidade dos especialistas, e algumas soluções foram propostas. Fez-se a suposição de que, numa versão antiga dessa passagem redigida em aramaico, a palavra "fonte" ("da fonte jorrarão rios de água viva") teria sido confundida com a palavra "ventre"; também se propôs ver, no grego *ek tês koilias autou* ("de seu ventre"), a

---

[3] Ainda que o Templo não seja mencionado aqui, ao contrário de Jo 7,14.28.
[4] Ver ainda Jo 6,35: "Eu sou o Pão da vida. Quem vem a mim, nunca mais terá fome, e o que crê em mim nunca mais terá sede".

A fonte de água viva

tradução equivocada da expressão aramaica "de seu interior".[5] A antiga versão siríaca dos Evangelhos também inspirou a hipótese de uma confusão entre dois termos aramaicos de grafia parecida: um de significado "seio"/"ventre", outro significando "trono", como em Dn 7,9: "foram preparados alguns tronos e um Ancião sentou-se [...]. Seu trono eram chamas de fogo com rodas de fogo ardente". Nesse caso, Jo 7,38 significaria: "De seu trono jorrarão rios de água viva".[6] Todas essas soluções são umas mais engenhosas que as outras; entretanto, nenhuma satisfaz completamente. Nenhuma delas, particularmente, permite explicar a curiosa escolha do termo *koilia* ("ventre") nesse versículo de João. Com efeito, veremos logo mais que Jo 7,38 deve ser aproximado do episódio do golpe de lança (Jo 19,34), em que o termo utilizado é *pleura*[7] ("lado"). Por que João não utilizou *pleura* desde Jo 7,38, o que teria facilitado a aproximação entre as duas cenas? Deve-se admitir que o uso de *koilia* em Jo 7,38 permanece enigmático. Voltarei a esse problema, para propor a ele uma solução nova.

Origem da citação

Exatamente como está em João, a "citação" da Escritura (*graphe*) introduzida em Jo 7,38 não se encontra em nenhum lugar do Antigo Testamento, hebraico ou grego, nem mesmo num *targum*. Mas isso se deve à estreiteza de nosso conceito de uma citação da Escritura. Na Antiguidade, os textos não eram citados de modo rigoroso, e a menor leitura podia fazer surgirem glosas e comentários. Por si mesma, a Escritura era, aliás, o primeiro instrumento de comentário: empilhavam-se facilmente as referências umas nas outras, de modo que elas se sustentavam, se confirmavam, se completavam. Assim, é melhor pensar que a "citação" de Jo 7,38 é a combinação de vários versículos veterotestamentários. É possível identificar alguns deles? Vários autores acharam que sim, acreditando que Jo 7,38 teria fundido duas grandes tradições: de um lado, uma tradição profética relativa a uma fonte brotando de Jerusalém (ou do Templo); de outro, uma tradição ligada ao Êxodo, pondo em cena a rocha ferida por Moisés.

---

[5] Tanto em aramaico como em hebraico, não se escrevem as vogais, donde a confusão imaginada, para o termo *m'yn*, entre *ma'yan* ("fonte") e *me'in* ("vísceras"). A expressão aramaica "do interior de...", por sua vez, tem um equivalente corriqueiro em português: "no seio de".

[6] Cf. Ap 22,1: "[O Anjo] Mostrou-me depois um rio de água da vida, límpido como cristal, que saía do trono de Deus e do Cordeiro". João também poderia ter modificado o final de um escrito judaico que dizia: "De seu grande trono sairão rios de fogo ardente" (1 Enoque 14,18-19).

[7] Da palavra grega *pleura* tiramos nosso termo médico "pleura" [membrana que recobre o pulmão (N.T.)].

Entre os textos proféticos alegados, os dois mais importantes são, sem dúvida nenhuma, Ez 47,1-2 e Zc 14,8. Numa visão grandiosa, Ezequiel descreve o Templo escatológico, no coração de uma Jerusalém reconstruída e purificada de toda mácula e de toda contaminação estrangeira: "A água escorria de sob o limiar do Templo para o lado do Oriente" (Ez 4,1). A sequência tem continuidade na descrição do filete de água, que aumenta progressivamente, até se tornar um rio imenso, intransponível. Além disso, essa água purifica tudo por onde passa, inclusive as águas salgadas do mar Morto (Ez 47,8). No Evangelho de João, a relação entre Jo 7,38 e Jo 19,34 (a água que brota do lado de Jesus crucificado) nos convida a pensar numa alusão ao Templo de Ez 47,1-2. Poderíamos ainda remeter a Jl 4,18, que resume numa frase a visão de Ezequiel: "Da casa do Senhor sairá uma fonte".[8] A aproximação entre Ezequiel e o Evangelho permite pensar que João vê em Jesus o novo Templo, lugar da salvação universal.

Entretanto, outra passagem me parece mais próxima ainda da imagem joanina: "E acontecerá, naquele dia, que sairá água viva de Jerusalém" (Zc 14,8). Com efeito, Zc 14 menciona a festa das Tendas (Zc 14,16-19); a expressão joanina "no último dia da festa, o mais solene" (Jo 7,37) lembra muito a expressão que pontua esse último capítulo de Zacarias, "naquele dia"; além disso, 14,8 é uma das raras ocorrências veterotestamentárias da expressão "água viva", típica dos escritos joaninos no Novo Testamento.[9] Por outro lado, Zc 14,8 afirma que essa água viva sai "de Jerusalém", e Jo 7,38, "de seu [de Jesus] seio", ambos os textos evitando nomear o Templo, ao contrário de Ezequiel e Joel.

Mas o Evangelho de João também é fortemente marcado pela tradição de Moisés e do Êxodo; por exemplo, João apresenta Jesus como um novo Moisés, que fala em nome de Deus. Na medida em que a citação de Jo 7,38 combina várias alusões, a tradição do rochedo do Êxodo sem dúvida alguma lhe deu sua contribuição. Lembremo-nos do contexto da cena: durante a longa caminhada através do deserto, o povo sente sede e obriga Moisés a interceder junto a Deus para que o salve; com a ordem de Deus, Moisés bate

---

8   Ver também em Jr 2,13 (e 17,13) a designação de Deus como "fonte (de água) de vida"; ou ainda a evocação em Sl 46,5 do rio "cujos braços alegram a cidade de Deus, santificando as moradas do Altíssimo".

9   Cf. Jo 4,10.11; 7,38. Ver também Jo 4,14, "fonte de água jorrando para a vida eterna", e Ap 7,17; 21,6; 22,1.17.

A fonte de água viva

na rocha, tirando água dela.[10] Vários textos atestam essa tradição; entretanto, Ex 17,6; Nm 20 e Sl 113,8 não constituem paralelo direto da formulação joanina; ao contrário, Sl 77,16.10 (Septuaginta) e 104,41 (Septuaginta) são bastante próximos de João, pois evocam *rios* ou *torrentes* de água que *fluem copiosamente*. Portanto, em Jo 7,38, Jesus seria identificado com o rochedo do deserto, mais precisamente Jesus crucificado, pois será no alto da cruz que sangue e água jorrarão de seu lado traspassado (Jo 19,34). A complexidade e estranheza da formulação de Jo 7,38, sem equivalente no Antigo Testamento, sugere que João combinou estas duas grandes tradições: a do Templo de Jerusalém e a da rocha ferida por Moisés.

Os rios de água viva e a água de Siloé

Ora, essas duas tradições, misturadas na teologia de *Sukkot* (ressonâncias do Êxodo e herança de Zc 14), têm particular interesse pela simbologia do Paraíso. Pode-se então compreender por que a tradição judaica agregou à festa de outono uma conotação paradisíaca. São as águas de Siloé (cf. Jo 9,7.11) que fornecem o elo com o Paraíso. Com efeito, os rabis aproximam essas águas, que servem ao rito da libação cotidiana, das águas primordiais, quais sejam as do Gênesis.[11] É o que demonstram dois acréscimos à Mixná.[12] O primeiro diz, acerca do homem manchado pelo contato com um réptil impuro, que sua impureza é tão grande que, "ainda que ele mergulhe nas águas de Siloé e em todas as águas do Princípio, nunca mais ficará puro". Consequentemente, as águas de Siloé têm o mesmo valor, o mesmo poder das águas das origens. O outro acréscimo evoca a garrafa que fora cheia da água de Siloé para realizar no Templo o rito de libação: "Todas as águas do princípio devem sair como do gargalo dessa garrafa". Vimos no primeiro capítulo que, para os rabis, essa libação do altar do Templo reativava as águas primordiais, que se pensava fluírem do subsolo do Templo, considerado o umbigo do mundo.

Por trás do chamado solene de Jesus, é possível identificar uma alusão a esse rito da água que se cumpria durante a festa. As águas de Siloé não eram somente postas em relação com as "águas do Princípio". No Cântico

---

[10] Paulo conhece essa tradição e reconhece Cristo na "rocha espiritual que acompanhava os hebreus no deserto" (1Cor 10,4). Na tradição judaica (Qumran, *targumim*), a rocha é substituída por um poço, que se desloca ao mesmo tempo que o povo.

[11] Cf. Gn 2,10: "Um rio saía de Éden para regar o jardim e de lá se dividia formando quatro braços".

[12] As referências dos textos citados são: *tosefta Ta'anit* 1,8 e *tosefta Sukka* 3,10.

dos Cânticos, a bem-amada é designada como "a fonte do jardim, poço de água viva que jorra, descendo do Líbano" (Ct 4,15), e o *targum* dessa passagem associa essa bem-amada com a Torá e a libação de Siloé:

> E as águas de Siloé correm lentamente[13] com o resto das águas que descem do Líbano para irrigar a terra de Israel, por intermédio daqueles que se debruçam no estudo da Torá, que é comparável ao poço de águas vivas, e por meio da libação da água vertida sobre o altar no santuário, que foi construído em Jerusalém e se chama Líbano.

O Antigo Testamento não conhece o rito da libação, mas a tradição rabínica cita, a respeito dele, Is 12,3: "Com alegria tirareis água das fontes da salvação".[14] Esse oráculo pertence a um louvor ao Deus Salvador, em que o tema da salvação aparece três vezes: "Ei-lo, o Deus da minha salvação... das fontes da salvação" (Is 12,2-3). Essa temática lembra alguns versículos de Jeremias (Jr 2,13; 17,13), em que o povo é criticado por ter abandonado Deus, sua única "fonte de água viva". Ao fazer alusão aos rios de água viva durante a festa das Tendas, Jesus parece estar estabelecendo um vínculo entre ele e Siloé, vínculo que será desenvolvido no episódio do cego de nascença (Jo 9). Mas, no fim das contas, Isaías e Jeremias nos mostram que a alusão visa a mais alto que Jesus: ela nos direciona para Deus, que é o verdadeiro autor da salvação, e de quem Jesus é o Enviado (o "Siloé"). Depois dessa evocação rápida do rito da água, João fará alusão ao rito de iluminação do recinto das mulheres, apresentando Jesus como "a Luz do mundo" (Jo 8,12; 9,5): é por isso que essas duas declarações solenes de Jesus são proferidas no mesmo dia, "o último dia da festa". No próximo capítulo, refletiremos sobre o rito e a declaração relativa à luz. Por ora, priorizemos esse *grande dia* de que João fala.

O último dia da festa

Em Jo 7,37, o chamado solene de Jesus é datado de maneira dupla: "o último dia da festa, o mais solene". Ora, essa fórmula longa, solene, mas um pouco empolada, não é a única atestada pelos manuscritos antigos. Alguns trazem apenas "o último dia da festa", ao passo que outros só têm "o grande dia". Houve quem quisesse ver nessa última fórmula o texto primitivo, ao qual um escriba teria acrescentado "o último" para ajudar

---

[13] Cf. Is 8,6, em que essas águas "correm mansamente".
[14] Um ponto de vista partilhado por muitos autores modernos.

A fonte de água viva

os leitores de origem pagã a identificar a alusão à liturgia judaica. O texto clássico só seria então uma interpretação confluente e secundária. Entretanto, parece-me muito mais que a insistência da fórmula mostra o interesse do evangelista pela festa das Tendas.[15] Portanto, Jesus fez seu chamado no "último dia" da festa.

Mas trata-se do sétimo dia da semana festiva, ou do oitavo adicional, chamado "dia de encerramento"?[16] Num versículo relativo a *Sukkot*, o primeiro e o oitavo dia da festa são chamados *shabbaton*, "dias de repouso": "O primeiro e o oitavo dias serão dias de repouso" (Lv 23,39). Ora, é o caso do *último dia* de Jo 7,37, pois ele será chamado mais adiante de *sabbaton* (Jo 9,14): mesmo se a libação não acontecesse mais no oitavo dia, João pôde pensar nele ao falar do "último dia".[17] Todavia, é possível também que se trate do sétimo, o último dia da semana de festa, que era mais solene que os seis primeiros; por exemplo, a procissão em torno do altar compreendia sete voltas, em vez de uma só, como nos outros dias. É muito difícil resolver esse debate entre sétimo e oitavo dia: João teria optado por combinar as particularidades ligadas a uma e a outra com a finalidade de salientar a solenidade do episódio? Ele talvez tenha também desejado fazer alusão à escatologia (o "fim dos tempos") ao mencionar o *último dia*, pois é esse o sentido da mesma expressão em outros trechos de seu Evangelho.[18] Nesse caso, sob influência de Zc 14, ele teria escolhido enfatizar a influência da festa das Tendas.

Mas esse último dia é também chamado de "o grande dia". Ora, esse tema aparece apenas mais uma vez em João, na cena da cruz, depois da morte de Jesus: "Como era a Preparação, os judeus, para que os corpos não ficassem na cruz durante o sábado (grego *sabbaton*) – porque esse sábado era grande dia! –, pediram a Pilatos que lhes quebrassem as pernas e fossem retirados" (Jo 19,31). O *sabbaton* que sucede a morte de Jesus é chamado "um grande dia", como o "grande dia" de Jo 7,37 também é um *sabbaton* (cf. Jo 9,14). A expressão de Jo 19,31 – "esse sábado era grande dia" – é tão pesada e redundante quanto a de Jo 7,37 – "no último dia da

---

[15] As diferentes versões curtas desse versículo são correções destinadas a simplificar o texto considerado redundante.

[16] Ver Lv 23,36; Nm 29,35. No Judaísmo atual, esse oitavo dia é chamado *Simhat Tora*, "a alegria da Torá". Nele se dão graças a Deus pelo dom da Torá.

[17] Como posteriormente fará a Mixná, tratado *Sukka* 4,8.

[18] Para a "ressurreição no último dia", ver Jo 6,39.40.44.54; 11,24. Para o julgamento, ver Jo 12,48.

festa, o mais solene". Isso nos convida a ligar as duas cenas entre si: a primeira anuncia o fluir dos rios de água viva, a "glorificação" de Jesus e o dom do Espírito (Jo 7,38-39); a segunda mostra o cumprimento da primeira, na *Hora* da morte de Jesus sobre a cruz (Jo 19,30-37).[19]

A citação de Jo 7,38 em seu contexto

O estudo de um versículo do Evangelho, sobretudo quando se trata de uma palavra forte como Jo 7,38, precisa levar em consideração o contexto literário no qual ele está inserido; contexto que abrange todo o livro, que constitui um verdadeiro projeto literário com suas linhas de força, suas ênfases e temáticas estruturadoras, mas também o contexto particular, ou seja, a seção a que esse versículo pertence. No caso de Jo 7,38, a consideração desse duplo contexto nos convida a privilegiar a leitura cristológica da citação da Escritura.

No entanto, nossa análise de Jo 7,38 havia culminado no termo *koilia*, "ventre" ou – para dizer as coisas de modo mais poético – "seio". A consideração do contexto maior revela que esse termo é empregado apenas duas vezes por João: a comparação entre os dois usos parece, portanto, inevitável.[20] O termo *koilia* é utilizado pela primeira vez por Nicodemos, o notável fariseu (Jo 3,4). Ele não compreende a que novo nascimento Jesus se refere: "Como pode um homem nascer de novo, sendo já velho? Poderá entrar uma segunda vez no ventre de sua mãe e nascer?".[21] O primeiro episódio em que Nicodemos aparece, do qual é tirado esse versículo (Jo 3,1-21), tem vários pontos em comum com o do último dia da festa (Jo 7,37-52): em ambos os casos, Jesus reforça o papel do Espírito no acesso dos homens à vida ("vida eterna", Jo 3,15; "água viva", Jo 7,38-39); em ambos os casos, Nicodemos intervém (Jo 3,1-10; 7,50-52); por outro lado, o papel do Espírito e a presença de Nicodemos marcam também a sequência da cruz (Jo 19,30.34.39-42), na qual volta a aparecer a temática do "grande dia" (Jo 19,31; cf. 7,37). Tudo isso corrobora a intuição de que a comparação entre as duas ocorrências de *koilia* (Jo 3,4; 7,38) merece nossa atenção.

---

[19] Para a "ressurreição no último dia", ver Jo 6,39.40.44.54; 11,24. Para o julgamento, ver Jo 12,48.
[20] Entretanto, os comentadores em geral dão pouca importância a ela.
[21] Substituí a palavra "seio" da *Bíblia de Jerusalém* pela palavra "ventre".

A fonte de água viva

Consideremos o contexto menor da primeira ocorrência de *koilia*, a primeira cena em que Nicodemos aparece. Mesmo sendo "mestre em Israel" (Jo 3,10), ele não compreendeu o novo nascimento que Jesus apresenta como único acesso ao Reino de Deus: "quem não nascer de novo não pode ver o Reino de Deus" (Jo 3,3). O que Jesus anuncia aqui é verdadeiramente novo, mesmo se as imagens que apoiam sua declaração provêm da Escritura. Mas Nicodemos só conhece o nascimento físico, a saída do ventre materno (grego *koilia*). Ele finge acreditar que Jesus conclama os adultos a "entrar uma segunda vez no ventre de sua mãe e nascer" de novo, e se pergunta como ele teria sido capaz de formular uma hipótese tão absurda. É evidente que Jesus está falando de outro tipo de nascimento.

Ora, João faz aqui um jogo de palavras, pois o advérbio *anothen* significa ao mesmo tempo "de novo" e "do alto".[22] Jesus anuncia a Nicodemos um nascimento *anothen* (Jo 3,3), mas, em seguida, ele esclarece que se trata de um nascimento "da água e do espírito" (v. 5) ou "do Espírito" (versículos 6.8); por fim, ele confronta esse nascimento "do Espírito" ao nascimento "da carne" (v. 6), e convida Nicodemos – e, com ele, o leitor – a compreender *anothen* em sua outra acepção: "do alto" (v. 7). O nascimento natural "do ventre de sua mãe" (Jo 3,4) se situa no plano da "carne". Retomando uma afirmação de Isaías – "toda carne é erva e toda a sua graça como a flor do campo. Seca a erva e murcha a flor [...], mas a Palavra de nosso Deus permanece para sempre" (Is 40,6-8) –, João declara que a "carne" é incapaz de chegar por si só ao mundo de Deus (Jo 3,6). O ser de carne deve receber a ajuda do Espírito para entrar em comunhão com Deus. É por isso que, ao nascimento "do ventre materno", Jesus opõe um novo nascimento.

É então que o reaparecimento do termo *koilia* em Jo 7,38 ilumina essa promessa de um novo nascimento: Jesus – ou o evangelista – afirma que "de seu ventre jorrarão rios de água viva". É óbvio que os crentes não nascem fisicamente do ventre de Jesus, que é homem e, consequentemente, não pode dar à luz como uma mulher. Mas esse novo nascimento é "segundo o Espírito" (Jo 3,5-8); ora, é do lado traspassado de Jesus crucificado que jorrarão "sangue e água" (Jo 19,34), o que cumpre a promessa

---

[22] Jesus e Nicodemos conversaram em aramaico, ou hebraico; esse diálogo, baseado num duplo sentido do grego, é, portanto, uma interpretação joanina, e não o relato escrito de uma conversa autêntica.

dos "rios de água viva" (Jo 7,38) e realiza o dom do Espírito (Jo 7,39).[23] A comparação entre essas duas passagens – logo, a leitura de Jo 7,38 em função de seu contexto – confirma a escolha da interpretação cristológica para esse versículo maior. Por outro lado, o testemunho de São Justino, em meados do século II, fornece um novo argumento a favor da leitura algo ousada que acabo de propor para o nascimento "do ventre de Cristo".

Jo 7,38 e o *Diálogo* de São Justino

Em seu *Diálogo com o judeu Trifão*,[24] Justino evoca várias vezes a citação de Jo 7,38, apresentando Cristo como a "nobre Rocha de onde brota a água viva", por cujo nome os cristãos se sentem felizes de morrer (*Diálogo* 114,4): trata-se de uma alusão à passagem do Êxodo em que Moisés fere a rocha (Ex 17,6). Ora, um pouco adiante, Justino emprega uma imagem digna de nota, ao afirmar que os cristãos foram "talhados do ventre de Jesus", *ek tes koilias tou Cristou latomethentes* (*Diálogo* 135,3). Essa interpretação é muito interessante, por mais de uma razão. Primeiramente, a ideia de que seres humanos possam ser "talhados" a partir de uma rocha já podia ser lida em Is 51,1-2: "Olhai para a rocha da qual fostes talhados, para a cova de que fostes extraídos. Olhai para Abraão, vosso pai, e para Sara, aquela que vos deu à luz".[25] Justino teria se inspirado nessa passagem de Isaías ao afirmar que os crentes foram "talhados do ventre de Cristo"? Talvez. Entretanto, ele escreve em grego, e não em hebraico. Ora, o texto grego de Is 51,1-2 (Septuaginta) é bastante diferente: "Olhai para a rocha dura que talhastes, e para o buraco do reservatório que cavastes. Olhai para Abraão, vosso pai, e para Sara, aquela que vos deu à luz". Nessa versão, o versículo 1 parece aludir aos trabalhos de Ezequias para abastecer de água a piscina de Siloé, através da rocha dura, *ten sterean petran*.[26] Para o autor da versão grega de Isaías, a menção dos patriarcas está bastante presente no versículo 2, mas seria precedida por uma evocação do re-

---

[23] Para João, Jesus "comunica o Espírito" (Jo 19,30) ao morrer. A fórmula *paredoken to pneuma* tem duplo sentido: "ele entregou seu espírito" – ou seja, "expirou" –'e "ele transmitiu o espírito".

[24] Essa obra constitui um caso raro, para a época, de controvérsia inter-religiosa baseada na interpretação da Escritura.

[25] A imagem da rocha [em francês, *rocher*, masculino] se adéqua a uma interpretação masculina (Abraão), e a da fossa, ou seja, algo oco, a uma identificação feminina (Sara).

[26] A dureza da rocha de onde brota a água de Siloé é atestada por São Jerônimo (ver, no capítulo 6, "Siloé na tradição cristã").

A fonte de água viva

servatório de Siloé, sinal da solicitude de Deus lembrada anualmente durante a festa das Tendas pelo rito de tirar água. Na medida em que o livro de Isaías é o único texto do Antigo Testamento a mencionar Siloé (Is 8,6), não se pode negar que Justino tenha feito essa leitura, que nos reconduz ao contexto da festa das Tendas.

Mas, independentemente da relação entre a expressão que cunhou e Is 51, Justino afirma que Cristo é amiúde chamado pelos profetas "pedra" ou "rocha" (*Diálogo* 113,6). Outrossim, vimos que, em determinado trecho, ele afirma que os crentes são "talhados do ventre de Cristo". Como a citação da Escritura em Jo 7,38 evoca o ventre de Jesus, de onde brota a água viva do Espírito (cf. Jo 7,39), remetendo também ao episódio da rocha do deserto, a expressão de Justino sobre os crentes "talhados do ventre de Jesus" esclarece *a posteriori* o paralelo que encontramos entre o nascimento físico (Jo 3,4) e o anunciado por Jesus no último dia da festa das Tendas (Jo 7,38-39). Isso não implica que Justino tenha conhecido o Evangelho de João em seu formato atual: a similaridade de pensamento e de termos descoberta entre ambos os autores pode muito bem resultar de uma utilização independente das mesmas tradições, anteriores ao Evangelho atual. Nossa leitura da seção da festa das Tendas deve levar em consideração o contexto cultural em que João evoluiu e desenvolveu seu pensamento.

Reações à proclamação de Jesus

A declaração solene de Jesus sobre os rios de água viva foi objeto de uma análise minuciosa. Essa intervenção produz, evidentemente, uma séria de reações. O Evangelho as apresenta sob a forma de um debate não muito extenso, mas efervescente, relativo à origem e identidade de Jesus (Jo 7,40-42). Trata-se aqui de outro argumento a favor da leitura cristológica de Jo 7,38. A multidão não tem um consenso sobre ele (Jo 7,43). É a primeira vez que o evangelista enfatiza uma divisão (grego *schisma*) entre os interlocutores de Jesus. Haverá dois outros casos, um relativo aos fariseus (Jo 9,16) e outro, aos *Ioudaioi* (Jo 10,19). Essas "divisões" intervêm, como se pode ver, na seção da festa das Tendas: trata-se mais uma vez de um sinal da importância representada pela questão da identidade de Jesus, que, inegavelmente, não deixa ninguém indiferente.

Seu chamado solene a vir beber a água viva levou uma parte da multidão a ver nele "o Profeta" (Jo 7,40):[27] trata-se do profeta escatológico, o novo Moisés anunciado pela Escritura (Dt 18,15.18) e já reconhecido em Jesus após a multiplicação dos pães (Jo 6,14).[28] Outros veem nele preferentemente o Messias filho de Davi (Jo 7,41). Sabemos a importância da temática messiânica no Evangelho de João: ocorrência do termo *Messias* (Jo 1,41; 4,25), confissão cristológica no início (Jo 1,41), no meio (Jo 11,27) e no fim do livro (Jo 20,31). Com suas sete ocorrências do título *christos*, a seção da festa das Tendas é o espaço por excelência da questão messiânica. No último dia da festa, como se pode testificar em Jo 6,14-15, Jesus vê serem atribuídos para si os dois títulos de *profeta* e *rei-messias*. A referência a Davi (Jo 7,42) – caso único em João – cai bem depois do anúncio das águas vivas do Espírito, pois o livro de Zacarias estabelece um elo entre essa temática e o rei Davi: "Naquele dia haverá para a Casa de Davi e para os habitantes de Jerusalém uma fonte aberta, para lavar o pecado e a mancha" (Zc 13,1).[29] Esse versículo antecipa aquele da "água viva que sairá de Jerusalém" (Zc 14,8).

Apesar desses ímpetos de fé, a multidão permanece dividida em relação a Jesus, e alguns inclusive duvidam de seu messiado, tendo como base sua origem galileia, que contrasta com a do Messias filho de Davi, que deveria ser de Belém (Jo 7,41.42). Mas João não entra nessa discussão sobre a origem geográfica; aliás, não se sabe ao certo se ele teria conhecido a tradição do nascimento de Jesus em Belém (cf. Mt 2,1; Lc 2,4). Para ele, a verdadeira origem de Jesus se encontra no mundo de Deus.

A continuação do texto é determinada por um movimento iniciado alguns versículos antes: o envio de uma escolta para prender Jesus (Jo 7,32). Essa tentativa obtém como resultado um duplo insucesso: nem os guardas enviados às pressas nem os oponentes da multidão ousaram prendê-lo (Jo 7,44.45). No entanto, os guardas tiveram vários dias para cumprir tal missão! Melhor ainda: ficamos sabendo que eles próprios escutaram a pregação de Jesus e foram tocados por ele: "Jamais um homem falou assim!"

---

[27] Com alguns autores, adoto para Jo 7,52 uma leitura em que reaparece o artigo *ho* do versículo 40: "Da Galileia não surge O profeta".

[28] Em contrapartida, a Samaritana e o cego de nascença curado veem em Jesus um simples profeta (Jo 4,19; 9,17).

[29] Ver ainda Zc 12,10: "Derramarei sobre a casa de Davi e sobre todo habitante de Jerusalém um espírito de graça e de súplica, eles olharão para mim a respeito daquele que eles transpassaram". A morte de Jesus será para João a oportunidade de citar o fim desse versículo: "olharão para aquele que transpassaram" (Jo 19,37).

A fonte de água viva

– disseram aos fariseus e aos sumos sacerdotes (Jo 7,46). A confissão deles sugere ao leitor que a palavra de Jesus vem de alhures, de mais alto, como ele mesmo disse em vários momentos: "Minha doutrina não é minha, mas daquele que me enviou" (Jo 7,16), "porque não falei por mim mesmo, mas o Pai, que me enviou, me prescreveu o que dizer e o que falar [...]. O que digo, portanto, eu o digo como o Pai me disse" (Jo 12,49-50).

Depois de ter expressado, com notável economia de palavras, o fulgurante questionamento suscitado por Jesus (Jo 7,40-43), o evangelista põe em ação seu maravilhoso senso de humor. No fim da cena, Nicodemos será repreendido por seus colegas fariseus. Estes sabem que o profeta escatológico não poderia vir da Galileia (Jo 7,52), e João chega a fazê-los dizer que nenhum deles, nem mesmo nenhum dos chefes, jamais creu nele (Jo 7,48). Ora, é nesse momento determinado que Nicodemos se levanta para tomar a defesa de Jesus; sim, ele, um fariseu "notável entre os judeus" (Jo 3,1), "um deles" (Jo 7,50)! Eis que o vemos na contramão do que se esperaria de um homem de sua posição!

A réplica não se faz esperar: Nicodemos é repreendido. Certamente ele nada mais fez do que defender o direito de Jesus de ser ouvido antes de condenado, como predisposto pela Lei (Jo 7,51). Ele ainda não havia tomado posição a favor dele. Todavia, já se desconfia de sua inclinação para o lado de Jesus. O termo "galileu" lhe é jogado na cara como um insulto, talvez uma acusação: a de ser um discípulo secreto de Jesus de Nazaré (Jo 7,52). Os colegas mandam Nicodemos voltar a estudar, convidam-no a fazer uma reciclagem teológica: *Scrute!* – ou seja: "Vai estudar melhor as Escrituras!". Os judeus sabem que se devem perscrutar as Escrituras para nelas encontrar a Vida (cf. Jo 5,39). Mas aqui os fariseus fazem delas um uso homicida, pois expressam uma convicção forjada de uma vez por todas, incapaz de se abrir ao imprevisto de Deus: "Estuda e verás que da Galileia não surge profeta" (Jo 7,52). Estes não esperam nada de Jesus; recusam-se de antemão a considerar seu caso à luz da esperança de Israel.

Em seguida, João salientará que bom número de notáveis tem interesse por Jesus (Jo 12,42). Mesmo não ousando pronunciar-se publicamente, por medo de serem excluídos da sinagoga pelos fariseus, a referência a essa atração de Jesus sobre eles mostra que os blocos aparentemente mais petrificados na hostilidade contra Jesus não são tão sólidos como parecem: os fariseus (Jo 12,42) ou os *Ioudaioi* (Jo 10,21) também podem, ainda podem voltar-se para Jesus. É verdade que, ao longo de toda a seção da festa das Tendas, e mesmo além dela, João enfatiza que a hostilidade dos fariseus-*Ioudaioi* em relação a Jesus vai aumentando. Também é verdade que ele estereotipou um pouco esse comportamento. No entanto, nunca declara que sua causa está definitivamente perdida, nem cede em nenhum momento a uma visão maniqueísta do conflito teológico que os separa de Jesus. A esperança tem a última palavra.

Conclusão

O primeiro episódio situado no último dia da festa das Tendas (Jo 7, 37-52) não carece de incoerências. Assim, depois de ter feito seu chamado solene, Jesus discretamente deixa a cena, mas logo reaparece em companhia dos fariseus (capítulo 8); entrementes, onde teria ido parar? Manifestamente, João não se incomoda nem um pouco com essas incoerências. O que importa para ele é trabalhar com a simbologia da festa. Com seus personagens antagônicos – guardas, multidão, autoridades, Nicodemos –, esse episódio oculta um inconteste poder dramático. No capítulo seguinte, Jesus proferirá uma nova palavra de revelação sobre a Luz, a partir de outro tema da festa (Jo 8,12). Mais uma vez, veremos como o evangelista utiliza os temas do ritual a serviço de seu projeto cristológico.

Capítulo 4
A LUZ E A LIBERDADE (JO 8)

O próximo episódio que se apresenta ao leitor do Evangelho é o da mulher adúltera (Jo 7,53–8,11). Entretanto, vimos já na introdução que essa perícope[1] não é de São João. Sendo nosso objetivo ler a seção da festa das Tendas do viés pelo qual o evangelista a concebeu, ou seja, em função de seu interesse cristológico, omitiremos esse episódio. Como os primeiros manuscritos do Evangelho de João, o leitor é convidado a ler a palavra de autorrevelação sobre a "luz do mundo" (Jo 8,12) na esteira deixada pela palavra sobre os "rios de água viva" (Jo 7,37-38).

Em João 8, o debate sobre a identidade de Jesus continua. Mas, aqui, a tensão aumenta, e o auditório muda ligeiramente.[2] Diante de Jesus, há apenas os fariseus (Jo 8,13), ou ainda os *Ioudaioi* (Jo 8,22),[3] ambos os termos designando provavelmente o mesmo grupo. Muitos deles crerão em Jesus (Jo 8,30). Mas o que virá depois revelará instabilidade de sua fé: o conflito entre Jesus e esses *Ioudaioi* chegará ao ápice, e Jesus os acusará de procurar sua morte (Jo 8,37.40). De fato, é em Jo 8 que se encontram as acusações mais duras do Evangelho, quer venham de Jesus, quer dos *Ioudaioi* (Jo 8,44.48). É nesse capítulo também que a cristologia chega ao ápice, sendo os três *ego eimi* ("Eu, eu sou") absolutos[4] os mais significativos exemplos disso (Jo 8,24.28.58): essa cristologia permanece teocêntrica, completamente orientada para o Pai que enviou Jesus. Temos a impressão de que João quer reforçar a fé cristã de seus leitores e desviá-los do Judaísmo fariseu posterior a 70, do qual alguns deles estariam tentados a se aproximar.

---

[1] Definições de "perícope" dadas pelo Dicionário Houaiss da Língua Portuguesa: "trecho de um livro utilizado para transcrição ou para outras finalidades; passagem da Bíblia utilizada para leitura durante culto ou sermão". (N.T.)

[2] A multidão deixa a cena até Jo 11,42. O grupo restrito dos discípulos – em torno dos Doze (Jo 6,67-71) – está sempre com Jesus, mas se mantém nos bastidores e só intervém uma vez (Jo 9,2).

[3] Os *Ioudaioi* ainda são citados em Jo 8,31.48.52.57.

[4] Um *ego eimi* é considerado absoluto quando não vem acompanhado de um predicado como "a luz do mundo" ou "o pão da vida".

Estrutura de Jo 8,12-59

A disposição do capítulo 8 é ainda mais desconcertante que a do capítulo anterior. Vimos nesse capítulo uma espécie de balaio de gatos, ou seja, um discurso bastante obscuro. Não tentemos definir sua estrutura com exatidão; o essencial é perceber que, nele, João trabalha com destreza a técnica narrativa do mal-entendido. Entre Jesus e os *Ioudaioi*, há apenas mal-entendidos: a discussão sobre o destino de Jesus ("para onde eu vou...", Jo 8,21-22; cf. também Jo 7,33-36), a questão da liberdade (Jo 8,31-36), as temáticas da morte (Jo 8,51-53) e do "dia" de Jesus (Jo 8,56-58).

Certas pausas indicadas no texto permitem ao menos identificar três grandes partes: 1) Jo 8,12-20; 2) Jo 8,21-29/30; 3) Jo 8,30/31-59. A primeira pausa é um pequeno sumário sobre a atividade docente e a situação de Jesus: "Essas palavras, ele as proferiu no Tesouro, ensinando no Templo. E ninguém o prendeu, porque sua hora ainda não havia chegado" (Jo 8,20).[5] O advérbio *palin*, já utilizado em Jo 8,12, reaparece em Jo 8,21: seu significado é "de novo" ou "por sua vez" e introduz uma nova unidade. A cisão é mais fluida ao redor do versículo 30, que conclui a sequência precedente: "Se permanecerdes na minha palavra, sereis verdadeiramente meus discípulos" (Jo 8,31). A conclusão dessa segunda sequência do último dia é claramente assinalada no fim do capítulo 8: "Então apanharam pedras para atirar nele; Jesus, porém, ocultou-se e saiu do Templo" (Jo 8,59).[6]

O capítulo 8 contém vários versículos que têm paralelos no capítulo anterior. Eles abordam diferentes temas: a hora que ainda não chegou (Jo 7,30 // 8,20), o desejo de prender Jesus (Jo 7,30.32 // 8,20), a referência ao Pai "que me enviou" (Jo 7,28-29 // 8,26.29), ou a evocação dos muitos que "creram nele" (Jo 7,31 // 8,20). A presença desses paralelos é certamente a marca de uma composição por etapas. Mas essa história redacional é complexa, e reconstituí-la permanece uma empreitada, senão impossível, pelo menos bastante hipotética, o que nos convida a não nos preocuparmos muito com isso, e a ler o texto em seu estado final, que tem sentido.[7] Uma vez que nossa leitura diz respeito a uma seção delimitada por um contex-

---

[5] Atividade docente de Jesus (cf. Jo 7,14.28); "sua hora ainda não havia chegado" (cf. Jo 2,4; 7,30; 12,23; 13,1; 16,32; 17,1).

[6] Jo 8,59. O verbo *ekrube*, "ocultou-se" ou "retirou-se" (*Bíblia de Jerusalém*) remete à expressão *en kruptoi*, "às ocultas", do início da seção (Jo 7,4).

[7] Comento o texto *joanino* em seu estado *final*, exatamente como podia ser lido no fim do século I, e não o texto canônico *atual*, que contém a narrativa da mulher adúltera (Jo 7,53–8,11).

to litúrgico preciso, podemos 'ver nessas repetições, paralelos e dísticos, marcas de construção literária: efeitos de rememoração, refrãos que dão à narrativa certa unidade, instalando ao mesmo tempo um clima de tensão dramática crescente.

Sendo a repetição também uma técnica pedagógica, esses dísticos servem para pôr em evidência os pontos essenciais do debate. Em João 8, tanto quanto em João 7, tudo gira em torno da pessoa de Jesus, de sua identidade profunda e missão, da resposta de fé que a ele se deve dar ou da recusa que a ele se pode apresentar. De fato, certos *Ioudaioi* são atraídos por ele (Jo 8,30-31), ao passo que outros, mais numerosos, querem reduzi-lo ao silêncio: como é possível ter fé nele, escutá-lo e segui-lo? Não seria necessário, ao invés, combatê-lo energicamente? Essas questões nos lembram de que a finalidade do Evangelho não é tanto descrever minuciosamente a vida de Jesus quanto possibilitar aos leitores do livro pronunciar-se de modo favorável a ele, bem como progredir na fé nele, apesar de todas as pressões que lhes possam ser infligidas. É nesse estado de espírito que vamos ler Jo 8,12-59.

A Luz do mundo (Jo 8,12)

A cena em que Nicodemos defendeu Jesus terminou com uma severa reprimenda: "Estuda e verás que da Galileia não surge profeta" (Jo 7,52). Jesus está ausente nesse momento. De súbito, ele reaparece, dando continuidade a sua autorrevelação: "Eu sou a Luz do mundo. Quem me segue não andará nas trevas, mas terá a luz da vida" (Jo 8,12). A passagem direta de Jo 7,52 a Jo 8,12 aproxima os temas da luz e da Galileia, como em Is 8,23–9,1: "Como no passado ele menosprezou a terra de Zabulon e a terra de Neftali, assim no tempo vindouro cobrirá de glória o caminho do mar, o além do Jordão, *a Galileia* das nações. O povo que andava nas trevas viu uma grande luz, uma luz raiou para os que habitavam uma terra sombria".[8] João teria pensado nesse oráculo ao inserir a palavra sobre a Luz exatamente depois da declaração dos fariseus? Ele responderia assim à recusa destes últimos em reconhecer a missão de Jesus. De fato, as duas palavras de autorrevelação – sobre a água viva e sobre a luz – concernem à missão

---

[8] Substituí "o distrito das nações" da *Bíblia de Jerusalém* por "Galileia das nações" (hebraico *gelil ha-goyim*). Esse texto é citado em Mt 4,12-16 para justificar a instalação de Jesus em Cafarnaum. A liturgia católica faz uso dele na primeira leitura da missa da noite de Natal.

de Jesus. Não obstante, apresentando-se como "luz do mundo", Jesus também responde a seus irmãos que o incitaram, no início da festa (Jo 7,4), a "se manifestar ao mundo".[9] Em todo caso, esse discurso é tão importante que João vai aprofundá-lo teologicamente (Jo 8,12-20), antes de ilustrá-lo magnificamente pelo relato do cego de nascença (Jo 9,1-41).

O discurso sobre a luz combina dois elementos da cristologia joanina: o *ego eimi*, "Eu, eu sou", e a metáfora "luz-trevas". Em razão de sua formulação e de sua teologia, tão típicas de João, não é possível atribuí-lo ao Jesus histórico, mas ele exprime bem o que estava em germe em sua vida e em sua obra. Os *ego eimi* joaninos têm sua fonte principal no Antigo Testamento,[10] como a revelação do Nome divino a Moisés – "Disse Deus a Moisés: 'Eu sou aquele que é'" (Ex 3,14) –, as afirmações monoteístas do Deutero-Isaías – "a fim de que saibais e creiais em mim e que possais compreender que eu sou" (Is 43,10 LXX); "Eu sou; não há outro" (Is 45,18 LXX) –, ou ainda a de Dt 32,39: "E agora, vede bem: eu, sou eu, e fora de mim não há outro Deus!". Todos esses versículos insistem sobre a unicidade de Deus, único Redentor de seu povo; ora, João recorre a eles para definir o papel de Jesus em relação aos homens. No século I de nossa era, o monoteísmo judaico não era tão estrito quanto se pensou durante muito tempo: o Deus transcendente se revela aos homens por intermédio de certas realidades superiores, como a Sabedoria, a Palavra ou a Glória. João é o autor do Novo Testamento que expressa com maior frequência essa forma de monoteísmo, no contexto de sua cristologia teocêntrica.

O *ego eimi* de Jo 8,12 introduz o tema cristológico da luz. João se inspirou aqui nas tradições bíblicas e targúmicas da nuvem: "O Senhor ia adiante deles, de dia numa coluna de nuvem, para lhes mostrar o caminho, e de noite numa coluna de fogo para os alumiar, a fim de que pudessem caminhar de dia e de noite" (Ex 13,21). Como o evento da água saindo da rocha (Ex 17), evocado no episódio anterior, o motivo da coluna de fogo e da nuvem expressa a solicitude de Deus por seu povo, durante a travessia do deserto. Eles aparecem frequentemente juntos na Bíblia.[11] Por exemplo,

---

[9] "Luz": em grego, *phos*, para *pha-os*; "manifestar": em grego *phaneroun*, da raiz *phan-*.

[10] Para os versículos citados aqui, a tradução da *Bíblia de Jerusalém* foi modificada em função do texto grego do Antigo Testamento.

[11] Ver ainda Sl 78,14-16: "De dia guiou-os com a nuvem, e com a luz de um fogo toda a noite; fendeu rochedos pelo deserto e deu-lhes a beber como a fonte do grande Abismo; da pedra fez brotar torrentes e as águas desceram como rios". Outros exemplos: Ne 9,19-20; Sl 105,39.41; Sb 10,17; 11,4.

em Ne 9,12.15: "Tu os guiaste de dia com uma coluna de nuvem, de noite com uma coluna de fogo, para iluminar diante deles o caminho pelo qual andassem. [...] Do céu lhes deste o pão para sua fome, do rochedo fizeste brotar água para sua sede".

Desde Lv 23,42-43 (motivo teológico da construção das cabanas), a comemoração do Êxodo é associada à festa das Tendas. Portanto, pode-se entender por que João apresenta Jesus como a "coluna de fogo" que há de conduzir o povo: indo à frente dele na caminhada de seu novo Êxodo, ele abre o caminho para o Reino. João faz do termo "luz" um título de Jesus. Com a ajuda desse símbolo universal, ele diz que Jesus se doa para a vida do mundo, ou seja, "para os homens". Assim sendo, aquele que "caminha com" ele recebe a luz da Vida: a luz que dá vida, a luz do Deus vivo que é a vida. João se dirige a uma comunidade de discípulos traumatizados por seu conflito com os dirigentes fariseus do pós-70. Lida em seu contexto histórico, a palavra sobre a luz deixa de ser uma proposição atemporal e algo irreal para assumir um significado concreto: trata-se de um encorajamento de Jesus a discípulos provados pela perseguição, para que se mantenham firmes. A promessa de vida nela contida deve compensar o choque da experiência de exclusão da sinagoga (cf. Jo 9,22; 12,42; 16,2). O mesmo se pode dizer para o emprego de "Eu, eu sou", que voltará a ocorrer na sequência do capítulo.[12]

Além da referência ao Êxodo, outras associações podem ser feitas entre a festa das Tendas e a temática da luz. Com frequência se evoca, a esse respeito, a iluminação do recinto das mulheres, que acontecia durante as noites da semana festiva. É certo que, em sua origem, essa iluminação tinha uma razão de ser completamente prática: era preciso iluminar a cena das alegrias. À medida que vão sendo praticados, os ritos tendem a ser enriquecidos com todos os tipos de amplificações e justificações novas. É assim que a iluminação do recinto das mulheres resultou numa exaltação do Templo, a ponto de a Mixná afirmar que Jerusalém era completamente banhada pela luz que vinha da esplanada do Templo: "Tua palavra é lâmpada para os meus pés, e luz para o meu caminho" (Sl 119,105). Por sua insistência sobre a realeza de Deus (cf. Zc 14,9.16.17), a festa de outono produz uma verdadeira *teo*-logia da luz. Como diz um Salmo cujo papel durante a festa é conhecido: "O Senhor é Deus: ele nos ilumina"

---

[12] Ver Jo 8,24.28.58. Nesses três casos, o *ego eimi* de Jesus adquire ainda mais força, na medida em que é empregado de modo absoluto.

(Sl 118,27). Outro Salmo (Sl 27,1) expressa essa ideia, mas associando-lhe o tema da proteção: "O Senhor é minha luz e salvação: de quem eu terei medo?". Esse pano de fundo bíblico permite que se compreendam as alusões joaninas à luz (Jo 8,12; 9,5), assim como o longo relato do cego de nascença (Jo 9), que veremos mais adiante.

O testemunho do Enviado

A palavra de autorrevelação de Jesus (Jo 8,12) suscita um debate entre ele e os fariseus: estes se questionam sobre a legitimidade do testemunho que ele dá de si mesmo (Jo 8,13-14a.17-18). No centro desse debate, surge novamente a questão de sua origem e destino, com uma alusão a seu papel de juiz enviado por Deus: "Embora eu dê testemunho de mim mesmo, meu testemunho é válido, porque sei de onde venho e para onde vou. [...] se eu julgo, porém, o meu julgamento é verdadeiro, porque eu não estou só, mas comigo está o Pai que me enviou" (Jo 8,14.16). Pouco depois, Jesus chama de "Pai" aquele que o enviou (Jo 8,18), o que suscita um questionamento dos fariseus (Jo 8,19): "Onde está teu pai?". Pôr em questão o lugar do Pai equivale a interrogar-se sobre sua identidade: quem é esse Pai de quem Jesus fala, que o enviou?

Vários temas dessa passagem já apareceram no capítulo 5, como o *envio* do Filho pelo Pai – "Quem não honra o Filho não honra o Pai que o enviou" (Jo 5,23); "não procuro a minha vontade, mas a vontade daquele que me enviou" (Jo 5,30) –, a associação desse Filho com o Pai – "o Filho, por si mesmo, nada pode fazer, mas só aquilo que vê o Pai fazer [...]. Por mim mesmo, nada posso fazer" (Jo 5,19.30). No que tange aos temas do testemunho e do julgamento, o capítulo 8 contradiz o capítulo 5, em que Jesus reivindicava o direito de julgar, mas não reconhecia o de testemunhar a seu respeito: "Eu julgo segundo o que ouço, e meu julgamento é justo, porque não procuro a minha vontade, mas a vontade daquele que me enviou. Se eu der testemunho de mim mesmo, meu testemunho não será verdadeiro; outro é que dá testemunho de mim, e sei que é verdadeiro o testemunho que presta de mim" (Jo 5,30-32).

Essa contradição tem valor cristológico: não se há de separar o Filho do Pai, o enviado daquele que o envia. A recíproca é verdadeira para todo enviado – pois um embaixador "representa", *torna presente*, aquele que o envia –, mas principalmente para um título específico do Jesus joanino. Ele

A luz e a liberdade 91

pode julgar e dar testemunho de si mesmo, sem deixar de ser plenamente dependente de Deus. A cristologia de João é teocêntrica: interrogar-se sobre o Pai – "Onde está teu Pai?" (Jo 8,19) – é, portanto, também uma maneira de questionar a origem e identidade de Jesus.

A identidade de Jesus (Jo 8,21-30)

A sequência seguinte contém três palavras fortes de Jesus: dois *ego eimi* absolutos (Jo 8,24.28) e um emprego difícil do termo *arché*. A cristologia de João chega então ao ápice. Jesus volta mais uma vez ao tema do "procurar sem encontrar" (Jo 8,21; cf. 7,34.36). Mas dois elementos novos o colorem aqui de modo particular.

Primeiramente, Jesus mostra a consequência da perseguição dos fariseus-*Ioudaioi* (versículos 13 e 22): "Eu vou e vós me procurareis e morrereis em vosso pecado" (Jo 8,21). Entre os verbos no futuro, falta a expressão "e não me encontrareis". Mas a sequência a deixa subentendida, pois encontrar Jesus é ter a vida, e não o encontrar é permanecer na morte. Jesus fala aqui como a Sabedoria divina em pessoa: "Aí me chamarão, e eu não responderei; procurar-me-ão e não me encontrarão [...]. Porque a rebelião de ingênuos os levará à morte, a despreocupação de insensatos acabará com eles" (Pr 1,28.32). Os primeiros profetas bíblicos já anunciaram tal castigo para os ímpios, como mostra um oráculo de Am 8,11-12: "Eis que virão dias – oráculo do Senhor – em que enviarei fome à terra, não fome de pão, nem sede de água, mas de ouvir a Palavra do Senhor. Cambalearão de um mar a outro mar, errarão do norte até o levante, à procura do Senhor, mas não o encontrarão!". Ter fome da Palavra de Deus não poderia constituir um pretexto para gulodice espiritual, mas deve ser, ao contrário, a expressão do desejo de conformar a existência às exigências do Deus vivo.

Oseias denuncia uma atitude semelhante entre os chefes do povo e os sacerdotes (Os 5,1.5-6), de modo que se pode aproximar essa passagem de Jo 8, em que Jesus se dirige aos fariseus-*Ioudaioi*, portanto, aos líderes religiosos do povo: "Ouvi isto, sacerdotes; atende, casa de Israel; escuta, casa do rei, pois o direito é para todos vós. O orgulho de Israel testemunha contra ele, Israel e Efraim tropeçam em sua iniquidade. Judá também tropeça com eles [...] eles irão em busca do Senhor, mas não o encontrarão. Ele afastou-se deles". Jesus se situa na linhagem direta dos profetas bíblicos; como eles, ele convida seus interlocutores à conversão e à fé. Mas, se eles se recusarem, "morrerão em seu pecado"; esta expressão de Jo 8,21 é repetida no versículo 24, com a palavra "pecado" no plural, sem que se possa ver aqui outra coisa além de uma variação estilística: "Disse--vos que morrereis em vossos pecados, porque se não crerdes que eu, eu sou, morrereis em vossos pecados" (Jo 8,24).

A segunda modificação introduzida por João na temática do "procurar sem encontrar" concerne ao desprezo dos *Ioudaioi* sobre as palavras de Jesus. Aqui, o erro no qual eles caem não diz mais respeito ao fato de que ele poderia afastar-se deles espacialmente, expatriando-se na Diáspora, qual foi o caso em Jo 7,35. Agora, eles imaginam que ele vai "se matar", fugindo deles ao passar pela morte (Jo 8,22). Há boa parcela de ironia nessa pergunta, pois os *Ioudaioi* não estão completamente equivocados. Evidentemente, Jesus não vai "se matar". Contudo, como Bom Pastor que verdadeiramente vela por suas ovelhas, ele amará seus discípulos até o fim, e "dará a vida" por eles:[13] ninguém lhe tira a vida, mas ele é quem a dá por si mesmo.

De fato, Jesus despistará mais uma vez seus adversários, que o buscarão sem poder alcançá-lo. João salienta então a diferença radical que os separa. Eles não são do mesmo "mundo": "Vós sois daqui de baixo e eu sou do alto. Vós sois deste mundo, eu não sou deste mundo" (Jo 8,23). Ser do alto ou de baixo, deste mundo ou do outro: essas expressões não devem ser interpretadas de modo moralizador, como se João estivesse opondo um Jesus divino e santo a judeus humanos e maus. Como o tema do nascimento,[14] a temática espacial *alto/baixo* opõe simbolicamente o mundo de Deus ao mundo da *carne que é erva* (cf. Is 40,6-8). Essas antíteses não enfatizam o caráter mau, pecaminoso, da condição humana, mas seu limite: entregue às próprias forças, o ser humano não pode chegar ao mundo de Deus; só Deus pode comunicar-se ao homem. É por isso que, desde o prólogo, João apresenta Jesus como aquele que o Pai enviou para revelá-lo, para atrair os homens a ele e torná-los seus filhos.

Com todos os outros interlocutores de Jesus, os *Ioudaioi* são convidados a reconhecer sua missão, a crer nele para chegar até Deus. A "morte no pecado", da qual Jesus fala aqui por mais de três vezes, encontra sua explicação

---

[13] "Dar a vida pelas ovelhas/amigos" (cf. Jo 10,11.15; 13,1; 15,13).

[14] Vimos que, em relação a Jo 7,38, João desenvolveu esse tema do nascimento com a ajuda da antítese "nascer da carne" / "nascer do espírito" (cf. Jo 3,6).

no fim do versículo 24, em que se encontra a primeira ocorrência do *ego eimi* absoluto: "porque se não crerdes que eu, eu sou, morrereis em vossos pecados". Em João, um único pecado é imperdoável, um único pecado leva à morte: a recusa deliberada, total, de acolher a mensagem de Jesus, que vem em nome de Deus propor a vida. Como Jesus diz no fim de sua vida pública, não é ele quem julga e exclui, mas cada um de seus interlocutores que aceita ou não acolhê-lo e, portanto, escolhe ou não o caminho para a vida (Jo 12,47-48). O Jesus joanino certamente parece bastante pretensioso e exigente, mas, remetendo seus interlocutores para o Pai, ele nada mais faz do que repetir o que dizia o Deuteronômio e, finalmente, toda a Escritura:

> Eis que hoje estou colocando diante de ti a vida e a felicidade, a morte e a infelicidade. Se ouves os mandamentos do Senhor teu Deus [...] o Senhor teu Deus te abençoará [...]. Escolhe, pois, a vida, para que vivas tu e a tua descendência, amando o Senhor teu Deus, obedecendo à sua voz e apegando-te a ele. Porque disto depende a tua vida (Dt 30,15-10).

O enigma de Jo 8,25

Jesus acaba de anunciar sua partida, pronunciando um *ego eimi* (Jo 8,24). É então que os *Ioudaioi* o interpelam sobre sua identidade (Jo 8,25a). O debate iniciado no capítulo 7 chega a um momento-chave, pois a questão de fundo é enfim posta diretamente:[15] "Quem és tu?". Ora, as primeiras palavras da resposta de Jesus, *ten archen* (Jo 8,25b), são de difícil interpretação; o conjunto do versículo foi traduzido de inúmeras maneiras. Se considerarmos seu contexto, menor (Jo 8,22-30) e maior (todo o Evangelho), assim como o ambiente cultural de João,[16] pode-se dar a esse versículo um significado duplo: esse procedimento interpretativo era valorizado por João, bem como pela exegese judaica antiga. Ao lado de um uso *banal* da cronologia ("no começo"), há espaço para uma abordagem *teológica* do tempo ("no princípio"). Vejamos primeiramente esse nível teológico, de longe o mais importante.

No século II, Justino emprega a expressão *ten archen* para comentar o *en archei* que abre o Evangelho (Jo 1,1: "No princípio era o Verbo"),

---

[15] Nos Evangelhos Sinóticos (Mt 16,15 // Mc 8,29 // Lc 9,20), essa pergunta é feita pelo próprio Jesus: "E vós, quem dizeis que eu sou?".

[16] No ambiente grego-palestino do século I, *ten archen* significava "no princípio". Ver o estudo magistral de C. Rico, "Jn 8,25 au risque de la philologie: l'histoire d'une expression grecque", a ser publicado na *Revue biblique*.

em referência ao começo do Gênesis (Gn 1,1: "No princípio, Deus criou o céu e a terra"): "Seu Filho, o único que pode ser chamado propriamente Filho, o Verbo existente com ele e que foi gerado antes da criação, quando, no princípio (grego *ten archen*), ele fez e ordenou por ele todas as coisas, é chamado Cristo, por ser ungido e porque Deus tudo ordenou por ele".[17] Podemos considerar que João precedeu Justino nesse caminho e que, ao empregar *ten archen*, ele quis remeter ao início de seu Evangelho: Jesus (já) era "no princípio" o que ele diz agora aos *Ioudaioi*, durante a festa das Tendas. Alusão a sua preexistência como Filho do Pai.

O contexto menor do *ten archen* confere a esse valor teológico nova conotação. Com efeito, dois *ego eimi* absolutos envolvem a expressão (Jo 8,24.28), inspirados pelo texto grego de Is 43,10: "[...] eu sou: antes de mim nenhum Deus foi formado e depois de mim não haverá nenhum". Ora, o *targum* desse versículo[18] afirma o seguinte: "Eu, eu sou. Eu, eu sou desde o princípio. Sim, os séculos dos séculos são meus, e além de mim não há deus algum". A associação de um "Eu, eu sou" absoluto com a fórmula "desde o princípio"[19] sugere que também se leia o *ten archen* de João como um *ap'arches* teológico: assim como o Deus de Isaías, que é "desde sempre", Jesus afirmaria ser *desde o princípio* o que ele diz. Portanto, Jo 8,25 evocaria de duas maneiras a preexistência de Jesus: ao mesmo tempo "no princípio" e "desde toda a eternidade".

Mas, no Evangelho e nas cartas de João, a expressão *ap'arches* tem um valor teológico e outro banal.[20] Parece lógico observar a mesma ambivalência para a expressão *ten archen*. Já vimos seu sentido teológico, mas o que dizer de seu sentido banal? Realmente existe? A comparação entre duas versões gregas do livro de Daniel mostra que sim. Os autores

---

[17] *Justino, IIe Apologie* 6,3, Paris, Librairie Picard, 1904, tradução de L. Pautigny.

[18] Posterior a João, esse *targum* se apoia em antigas tradições que o iluminam. Jo 12,41 diz que Isaías viu "a glória de Jesus"; ora, para respeitar a invisibilidade de Deus, o *targum* de Is 6,1-5 introduz entre ele e o homem intermediários: "Ai de mim [...] pois meus olhos viram a *Glória da Shekina* do Rei dos séculos, o Senhor Sabaot!". João vê em Jesus a *Shekina* ("Morada" ou "Presença") de Deus. O tema de Abraão (final de Jo 8) nos remeterá ao *targum* de Isaías.

[19] Mesma associação em Is 43,13, em que o hebraico diz, ao pé da letra: "Eu, desde o dia, eu sou". A Septuaginta traduz por *ap'arches*, "desde o princípio", e o *targum* por "desde sempre".

[20] Sentido teológico: "O diabo [...] foi homicida desde o princípio" (Jo 8,44, *Bíblia de Jerusalém* modificada); "O diabo é pecador desde o princípio" (1Jo 3,8); "aquele que é desde o princípio" (1Jo 2,13.14). Sentido banal: "estais comigo desde o princípio" (Jo 15,27, *Bíblia de Jerusalém* modificada); "desde o início" (entrada na comunidade) (1Jo 2,7.24; 3,11; 2Jo 1,5.6). O caso de 1Jo 1,1 – "O que era desde o princípio" – é controverso: sentido banal (início, entrada na comunidade) ou teológico (eternidade do Verbo)? A expressão próxima *ex arches* só tem em João o sentido banal (Jo 6,64; 16,4).

do Novo Testamento tinham conhecimento da Septuaginta (obra de judeus de Alexandria escrita a partir do século III a.c.) e da Bíblia de Teodócio (autor judeu que retraduziu o Antigo Testamento nos anos 30-50). Ora, ambas conferem à expressão *ten archen* um sentido cronológico banal: "a primeira vez", "a vez anterior", "no início".[21] Se, portanto, atribuirmos à expressão de Jo 8,25 esse mesmo significado banal, compreenderemos que Jesus diz aos *Ioudaioi*: "desde que comecei a lhes falar, não cesso de lhes dizer o que eu sou, quem eu sou", ou seja, "desde que começamos a conversar em *Sukkot*" (cf. Jo 7,15-18), ou ainda: "desde nosso primeiro encontro" (cf. Jo 2,18-22).

Único no Evangelho, o *ten archen* de Jo 8,25 parece ter dois significados: um maior e outro menor. Ele expressa primeiramente um simples dado cronológico, ligado à atividade pública de Jesus: "desde o começo". Mas ele também constitui uma afirmação teológica de primeira grandeza: "no princípio", ou ainda "desde o princípio".

A elevação do Filho do Homem (Jo 8,28)

Na sequência da cena, João não poupa as ocasiões de mal-entendido. Jesus se refere mais uma vez ao Pai como "Aquele que me enviou" (Jo 8,26). O evangelista esclarece ao leitor: "Eles não compreenderam que lhes falava do Pai" (Jo 8,27). Quando parece falar de si próprio, Jesus na verdade está falando do Pai: ele se descreve em relação permanente e necessária, de amor e obediência, com o Pai que o enviou para transmitir a Boa-Nova (Jo 8,26-29). É nessa ocasião que ele evoca sua morte na cruz, por meio do verbo *hupsoun*, "elevar". Aqui, como ocorrera em Jo 3,13-17, João combina dois temas cristológicos: o do Filho do Homem (cf. Dn 7,13) e o do Enviado, novo Moisés.[22]A elevação sobre a cruz do Filho do Homem manifesta que ele é – *ego eimi*, eu, eu sou –, à imagem do Pai que o enviou.

Os beneficiários dessas palavras de autorrevelação são os *Ioudaioi* (Jo 8,22.28). Desde Jo 5,18, e principalmente desde o início da festa, eles querem a morte de Jesus; agora, parece que vão "chegar aos finalmente", pois

---

[21] Em Dn 8,1 (versão hebraica: "tive uma visão, eu, Daniel, depois daquela que já tivera anteriormente"), a Septuaginta traduziu *ten proten*, "a primeira (vez)", mas Teodócio emprega *ten archen*, "no início". Em Dn 9,21 (versão hebraica: "aquele homem que eu tinha notado antes, na visão"), é a Septuaginta que tem *ten archen*, mas Teodócio usa *te$_i$ arche$_i$*.

[22] Cf. Ex 3,7-15 (revelação do *ego eimi* na sarça ardente) e Nm 21,4-9 (elevação da serpente de bronze).

Jesus lhes atribui a elevação do Filho do Homem. Jesus seria capaz de afirmar que foram os *Ioudaioi*, ou mais exatamente os judeus, que mataram Jesus? Acreditou-se precipitadamente que sim, acusando-se assim João. Entretanto, essa elevação do Filho do Homem não implica nenhuma condenação definitiva dos *Ioudaioi*; ao contrário, é graças a ela que eles poderão conhecer a verdadeira identidade de Jesus: "Quando tiverdes elevado o Filho do Homem, então sabereis que eu, eu sou" (Jo 8,28). De igual maneira, João implicará os pagãos na morte de Jesus, na medida em que verá no golpe de lança do soldado a realização de um oráculo de Zc 12,10: "Olharão para aquele que traspassaram" (Jo 19,37). Assim sendo, ele não acusa nem judeus nem pagãos de terem desejado a morte de Jesus, fazendo de todos os seres humanos, judeus ou pagãos, os beneficiários da morte do Traspassado.

Ao falar dessa "elevação" do Filho do Homem, João dá à cruz de Jesus um significado teológico: o instrumento de suplício que, segundo a Torá, fazia do condenado um ser desprezível (Dt 21,23) se torna o lugar por excelência da revelação de Jesus como Enviado do Deus salvador. João vê nela o *signo* da salvação ofertada a todos e a realização do plano divino: "é necessário que seja levantado o Filho do Homem" (Jo 3,14). O tema da elevação do Filho do Homem voltará em Jo 12,34, onde os interlocutores de Jesus lhe perguntarão quem é esse Filho do Homem. Essa pergunta sobre a identidade nos remete mais uma vez àquela da origem, e a temática do Filho do Homem orienta nosso espírito para o mundo de Deus. No mesmo episódio, Jesus afirma que o Filho do Homem, depois de elevado da terra, atrairá a si "todos os homens" (Jo 12,32): a cruz de Jesus será "o sinal que se ergue para os povos", conforme profetizou Isaías ao falar da raiz de Jessé (Is 11,10.12; cf. Jo 12,33). A salvação oferecida em Jesus é universal.

O Enviado do Pai (Jo 8,30)

Os *ego eimi* de Jo 8,24.28 são amiúde interpretados como puras afirmações da divindade de Jesus. Atribuindo-lhe o Nome divino revelado a Moisés, João se mostraria mais interessado pela divindade que pela humanidade de Jesus. Nesse caso, então, o Jesus joanino seria um deus caído do céu, no controle de todos os acontecimentos e sabendo tudo de antemão? Sustentar isso seria uma atitude precipitada. Uma leitura atenta do Evangelho mostra que a realidade é mais complexa.

A luz e a liberdade   97

Ao longo de todo o livro, particularmente na seção da festa, João alterna os elementos que conferem a Jesus uma estatura excepcional, única, e aqueles que o situam exatamente em nossa condição humana: o cansaço (Jo 4,6), a sede (Jo 4,7; 19,28), a fuga diante da tentação (Jo 6,15), o risco de ser preso (Jo 7,1), a amizade e a tristeza (Jo 11,35-36). João certamente utiliza essas características humanas para melhor desenvolver sua elevada cristologia; entretanto, a leitura simbólica que ele faz do personagem Jesus se apoia sobre reminiscências precisas de sua vida, e não sobre mera ficção. Por outro lado, o caráter eminentemente teocêntrico da cristologia joanina desloca nossa atenção de Jesus, para orientá-la para alguém maior que ele, o Pai (cf. Jo 14,28). Jesus se reconhece enviado do Pai ao mundo dos homens, para reuni-los na mesma fé e fazer deles os filhos de Deus. Mesmo os solenes *ego eimi* do capítulo 8 não fogem a essa regra, manifestando Jesus como o Enviado do Pai. É em seu nome que ele fala como fala (cf. Jo 7,16-18; 12,50).

Essa pequena sequência desemboca no refrão que faz ribombar a ação: trata-se da fé de "muitos" (Jo 8,30). Durante a semana festiva, Jesus já havia chegado ao mesmo resultado junto à multidão (Jo 7,25-31), ali também desenvolvendo a cristologia do Enviado (Jo 7,28-29). Mas, no presente caso, essa cristologia é combinada com a do Filho do Homem (Jo 9,28-29), que reaparecerá no final do episódio do cego de nascença (Jo 9,35). A menção dessas pessoas prepara o versículo subsequente, que as designa como *Ioudaioi*: pode-se ver, portanto, que, para João, é possível que alguns *Ioudaioi* prestem atenção às palavras de Jesus, e creiam nele. Mas a continuação do capítulo desenvolverá esse ponto de maneira bastante inesperada.

Liberdade, verdade, paternidade (Jo 8,31-59)

A segunda parte do capítulo 8 poderia intitular-se "liberdade, verdade, paternidade": é o único lugar do Evangelho em que se fala de liberdade e paternidade. Alguns *Ioudaioi* se dispuseram a crer em Jesus (Jo 8, 30-31). Uma vez que o evangelista alterna as duas denominações, pode-se ver neles os fariseus de pós-70.[23] João hesita em mostrar lideranças judaicas atraídas pela mensagem de Jesus, o que é muito verossímil; mas é bem provável também que vários desses *Ioudaioi*, tentados pela experi-

---

[23] Fariseus (Jo 8,13; 9,13.15-16.40); *Ioudaioi* (Jo 8,22.31.48.52.57; 9,18.22).

ência cristã, tenham a certa altura vacilado em sua fé em Jesus, dando para trás; é desses que se trataria agora. Ora, a esses *Ioudaioi* que creram nele (cf. Jo 8,31), Jesus dirige as palavras mais duras do Evangelho! Ele chegará a afirmar que eles têm o *diabolos* mentiroso como pai (Jo 8,44).

Anteriormente, ele mesmo havia se apresentado a eles como o *Filho Libertador*, portador da *Verdade* (Jo 8,31.35-36), e essas palavras plenas de ousadia barram o progresso que eles poderiam fazer na fé, de modo que se mostram reticentes perante esse homem que afirma ser o único acesso a Deus, à verdade e à liberdade. Eles realmente ficaram interessados por ele, mas não foram capazes de depositar nele todas as suas esperanças de salvação. Assim, Abraão permanece a seus olhos uma figura incontornável, um exemplo certo; eles não aceitam que Jesus tenha a prevalência sobre o pai dos fiéis, que ele o supere, como logo dirá (Jo 8,58); assim, não acolhem plenamente sua palavra. A partir de então, o debate sobre a relação com Abraão, e a verdadeira paternidade, ocupará toda a pauta. Para esses *Ioudaioi*, a paternidade de Abraão é sinal da paternidade de Deus; o fato de terem uma origem carnal lhes garante o acesso à salvação. Para João, ao contrário, a verdadeira descendência de Abraão se revela pela imitação de suas obras, configurando uma filiação espiritual (Jo 8,39). A salvação jamais é dada de uma vez por todas, como uma marca indelével inscrita na carne; há que se guardar a Palavra de Jesus, e permanecer nela, para se chegar à verdadeira liberdade e à verdade (Jo 8,31-32.36-37).

O conflito se inflama, e Jesus repreende esses *Ioudaioi* por querer sua morte (Jo 8,37.40). Suas palavras não permanecem junto deles, pois vão muito além daquilo que estão aptos a ouvir; é por isso que João mais uma vez os apresenta como pessoas que querem a morte de Jesus. Não nos espantemos com isso. Quando não concordamos com a opinião de alguém sobre questões essenciais, procuramos todos os meios para afastá-la e chegamos às vezes a desejar que seu autor desapareça. A partir de tal atitude, no fim das contas bastante humana,[24] a Escritura construiu o papel literário do ímpio, inimigo do justo que buscam fazê-lo perecer. Aqui, João é herdeiro da Escritura e desenvolve o tema do justo perseguido em referência a Jesus.

---

[24] Na terrível declaração de Jesus acerca de Judas (Mt 26,24; Mc 14,21), houve quem tenha visto precipitadamente um julgamento de condenação, ou mesmo de danação: "ai daquele homem por quem o Filho do Homem for entregue! Melhor seria para aquele homem não ter nascido!". Sem dúvida nenhuma, ela reflete ainda melhor a opinião de discípulos bem humanos.

Contudo, para os *Ioudaioi* do capítulo 8 também, a polêmica é grande, pois se situa no plano teológico. Depois de tentarem apedrejar Jesus (Jo 8,59; 10,31), eles expõem o motivo de sua atitude disparatada: "Não te lapidamos por causa de uma boa obra, mas por blasfêmia, porque, sendo apenas homem, tu te fazes Deus" (Jo 10,33). A seus olhos, a audácia com a qual Jesus fala de sua relação com o Pai equivale à blasfêmia. João manifestamente exagerou na narrativa e apresentou as coisas em função do contexto de sua própria comunidade, em conflito teológico com os fariseus da sinagoga. Isso não quer dizer que, de um ponto de vista histórico, a atitude de Jesus não tenha espantado e incomodado seus contemporâneos.

Finalmente, os *Ioudaioi* reivindicam uma paternidade mais elevada que a de Abraão: "temos um só pai: Deus" (Jo 8,41). A resposta que eles dão evoca um refrão não muito frequente de Isaías: "Com efeito, tu és nosso Pai" (Is 63,16; 64,7). Mas ela também poderia fazer eco a um curioso rito da festa das Tendas. Dois sacerdotes estavam nos degraus diante da porta de Nicanor, a porta oriental do santuário; voltando-se para o oeste – logo, para o Santo dos Santos –, disseram: "Nós somos do Senhor, e é para ele que dirigimos nossos olhos".[25] Esse rito tomava a contramão da atitude idolátrica dos antigos israelitas, que, no tempo de Ezequiel, tinham virado as costas para o Templo, a fim de adorar o sol nascente: "eis, junto à entrada do santuário do Senhor [...] vinte e cinco homens com as costas voltadas para o santuário do Senhor e os seus rostos voltados para o oriente. Estavam prostrados para o oriente, diante do sol" (Ez 8,16).[26] Os *Ioudaioi* procuram viver, como Abraão, em absoluta fidelidade ao Deus único, cuja paternidade ora confessam.

Entre os *Ioudaioi* e Jesus, o conflito das paternidades não acabou. Jesus insiste agora sobre o vínculo especial que o une ao Pai: "Se Deus fosse vosso Pai, vós me amaríeis, porque saí de Deus e dele venho; não venho por mim mesmo, mas foi ele que me enviou" (Jo 8,42). A tensão não deixará de aumentar até o fim do capítulo. Mais uma vez ainda, não nos esqueçamos de que essas páginas evocam, por trás das conversas entre Jesus e seus contemporâneos, o conflito teológico que opôs cristãos joaninos e líderes fariseus do pós-70.

---

[25] Mixná *Sukka* 5,4. Cf. Sl 123,1-2: "A ti eu levanto meus olhos, a ti, que habitas no céu; sim, como os olhos dos escravos para a mão do seu Senhor [...], assim estão nossos olhos no Senhor nosso Deus, até que se compadeça de nós".

[26] No mesmo espírito de luta contra a idolatria, o rei Ezequias "reduziu a pedaços a serpente de bronze que Moisés havia feito, pois os israelitas até então lhe ofereciam incenso: chamavam-na Noestã" (2Rs 18,4).

A paternidade do *diabolos*

Os *Ioudaioi* primeiramente afirmaram ser de Abraão (Jo 8,33.39), depois diretamente de Deus (Jo 8,41). Ecoando diretamente essa última pretensão, certamente legítima, mas a ser corroborada por atos de testemunho, Jesus evoca outro tipo de filiação: "Vós sois do diabo, vosso pai" (Jo 8,44). Esse versículo extremamente duro foi com muita frequência interpretado de modo equivocado. Ao longo dos séculos, muitos cristãos fizeram uso dele para justificar a perseguição aos judeus. Foi assim que prepararam o caminho que levou aos horrores do século XX.[27] Há não muito tempo, judeus e cristãos divulgaram esse versículo para denunciar o antijudaísmo radical, e mesmo o antissemitismo, do quarto Evangelho. De fato, se quisermos nos dar o trabalho de entendê-lo bem, devemos manter a razão, não nos deixando levar pela emoção. Com efeito, a paternidade do *diabolos* sobre esses *Ioudaioi* não se situa, em absoluto, sobre o plano ontológico, como se eles proviessem geneticamente do Mal absoluto; não se deve ver nessas palavras duras do Jesus de João a denúncia do caráter pernicioso de um povo inteiro ou de uma religião. O que está em questão nesse instante específico é a influência sofrida pelos opositores de Jesus. Para melhor compreender o que está por trás dessa acusação, deve-se olhar de perto o contexto. Mas também se deve levar em consideração o papel da polêmica verbal na Antiguidade.

Com efeito, lida no contexto do Judaísmo antigo, essa declaração não constitui uma anomalia, um caso isolado. Os profetas bíblicos já vociferavam contra o povo infiel da Aliança, contra seus maus príncipes, e contra a Cidade Santa de Jerusalém, que traiu seu Deus. Pensemos em Isaías, que se refere aos israelitas como "chefes de Sodoma" e "povo de Gomorra" (Is 1,10), fazendo referência às cidades condenadas e consumidas pelo fogo da cólera divina (cf. Gn 18,20; 19,24-25). Isso não impedia os profetas de proclamar que Deus não quer a morte do pecador, mas sua conversão (Is 1,16-18; Ez 18,23). Posteriormente, a polêmica bíblica deu origem a uma polêmica interjudaica, que durou bem além da época do Novo Testamento. É assim que, nos *Testamentos dos doze patriarcas*, podemos ver judeus lançarem contra outros judeus a seguinte acusação: "vosso príncipe é Satanás" (*Testamento de Dã* 5,6).

---

[27] Durante o III Reich, os nazistas colocavam na entrada dos vilarejos alemães a seguinte inscrição: "O pai dos judeus é o diabo" – escandalosa deturpação de Jo 8,44!

A luz e a liberdade 101

Uma prática semelhante é atestada em Qumran, onde a fórmula "filho de Belial" designa os judeus infiéis à Torá.[28]

Por outro lado, o leitor do Evangelho não deve esquecer que sua percepção do conflito não é exata, pois ele só apresenta a voz do Novo Testamento e, de modo deturpado, a de seus adversários. Ora, não existe nenhum motivo para crer que esses tenham sido mais brandos com seus adversários teológicos. Num conflito, sempre há a tentação de pensar que o outro está desprovido de razão: suas declarações são tidas como mentira, loucura, blasfêmia ou impiedade. Os primeiros cristãos também fizeram experiência da violência verbal ou física de seus opositores. Aliás, pouco depois do versículo sobre a paternidade do *diabolos* a seu respeito, os *Ioudaioi* adotam o mesmo tom de polêmica contra Jesus, acusando-o de ter um demônio ou de ser um samaritano (Jo 8,48). Ora, Jesus nega formalmente ter um demônio, mas não reage à acusação de ser samaritano, como se aceitasse tal identificação.[29]

Em contrapartida, para os *Ioudaioi*, essa identificação samaritana equivale a uma acusação direta. Com efeito, os judeus consideram que os samaritanos não fazem (ou não fazem mais) parte do povo eleito; portanto, não constituem os "próximos" que a Torá manda amar (Lv 19,18).[30] É certo que os judeus, no fim do século I, viram em Jesus um *planos*, um "enganador"; este termo pertence à mais antiga polêmica anticristã, e o Evangelho de João apresenta um vestígio dela na seção da festa.[31] Um texto rabínico diz que Jesus foi crucificado na véspera da Páscoa por ter praticado feitiçaria e por ter levado à apostasia, mediante declarações teologicamente descabidas (Baraíta do Talmude da Babilônia, tratado *Sanhedrin* 43b). Ainda que um dos lados da disputa nos tenha escapado, não tendo a voz dos adversários de Jesus chegado diretamente a nós, é preciso constatar que a "demonização" não funcionou em sentido único.

Como os profetas bíblicos, Jesus adverte esses *Ioudaioi* que creram nele (cf. 8,30-31) contra o perigo de não levar a sério sua palavra, cuja

---

[28] 1QS ii,4-5; 4Q174, frag. I,i,21,2,8; *Jubileus* xv,33. No romance *José e Asenet*, o diabo é o pai dos deuses egípcios (12,7-10).

[29] Esse detalhe revela o interesse joanino pela tradição samaritana (cf. Jo 4).

[30] Os *Ioudaioi* invocam a paternidade de "nosso pai Abraão" (Jo 8,39.53) e a samaritana, de "nosso pai Jacó" (Jo 4,12). A hostilidade entre ambos os grupos é conhecida: ver Jo 9,4, como também Eclo 50,26b: "o povo estúpido que habita em Siquém [= samaritanos]".

[31] Cf. Jo 7,12: "ele engana o povo" (grego *plana*); Jo 7,47: "Também fostes enganados?" (grego *peplanesthe*).

origem está acima dele. Mas eles se negam a outorgar-lhe uma dignidade superior à de Abraão, não querendo mais ouvi-lo; por isso a alusão ao *diabolos*. Para João, negar-se a ouvir Jesus já consiste em apegar-se ao *diabolos* como pai, pois a atitude desse que é "agente de divisão" está em oposição à de Deus, de Jesus e de Abraão. Seu espírito de mentira assume a contramão da verdade divina, da qual Jesus se anuncia como o defensor e detentor; seu zelo pela morte do homem é o contrário do dom da vida que procede do Pai de Jesus. Entre os dois campos, não se pode hesitar, sendo necessário escolher;[32] ora, o Jesus de João se declara enviado por Deus para comunicar suas palavras de vida (Jo 8,26.42), para dar a conhecer a verdade (Jo 8,31.40.45-46) e para conceder a liberdade (Jo 8,32.36). Jo 8,44 ressoa como uma advertência por parte de Jesus: ao se comportar de tal maneira em relação a minha palavra libertadora, vocês estão fazendo o jogo do "agente de divisão", apresentando-se assim como os filhos do *diabolos*.[33] A polêmica se prolongará dentro do próprio grupo joanino: "Aquele que comete o pecado é do diabo. [...] Nisto são reconhecíveis os filhos de Deus e os *filhos do Diabo*: todo o que não pratica a justiça não é de Deus" (1Jo 3,8.10). O primeiro homicida, Caim, se torna o protótipo da submissão ao Mal, pois recusou-se a amar o próprio irmão (1Jo 3,12.15).

Os *Ioudaioi* de João são personagens reconstituídas, destinadas a representar um papel na narrativa. Entretanto, por trás deles, podem-se reconhecer seres de carne: os adversários de Jesus, sobretudo os sumos sacerdotes, mas principalmente os chefes dos fariseus contemporâneos à comunidade joanina, pois o evangelista funde o horizonte de Jesus e o dos primeiros cristãos. Desse modo, Jo 8,44 representa tanto um eco da polêmica entre judeus e cristãos no fim do século I quanto um testemunho da tensão entre Jesus e seus opositores. Ora, a comunidade joanina viveu a experiência dolorosa de ser discriminada pela sinagoga.[34]Já bastante abalados por essa provação, os cristãos joaninos ficaram ainda mais desconcertados pela defecção recente daqueles notáveis judeus que tinham sido atraídos por Jesus. A acusação de Jesus contra os *Ioudaioi* também é vestígio literário dessa frustração dos cristãos joaninos decorrente da derrota de sua missão junto aos judeus.

---

[32] Não é possível servir ao mesmo tempo ao Senhor e a Baal, como dizia o profeta Elias (1Rs 18,21). O Jesus dos Sinóticos, por sua vez, fala acerca de Deus e Mamon – o poder material ou dinheiro (Mt 6,24; Lc 16,13).

[33] Jesus definiu Judas como *diabolos* ("agente de divisão"; "diabo" [tradução da *Bíblia de Jerusalém* da Paulus]), pois ele fez o jogo da divisão, da recusa (Jo 6,70).

[34] Voltaremos a esse assunto no próximo capítulo, que será dedicado à cura do cego de nascença.

A luz e a liberdade

Para as primeiras gerações cristãs, a recusa maciça, se não total, da mensagem de Jesus por parte dos judeus constituiu uma dolorosa prova. Os diferentes escritos do Novo Testamento são prova disso, e João o expressa à sua maneira: "Apesar de ter realizado tantos sinais diante deles, não creram nele" (Jo 12,37). Os primeiros autores cristãos se voltaram então para as Escrituras a fim de tentar desvendar esse enigma. É nesse espírito que eles citam Is 6,9-10. Ora, esse oráculo sobre o cegamento dos olhos e o endurecimento do coração é difícil de traduzir e interpretar. Todavia, como os Atos dos Apóstolos, em que a cegueira de Israel se torna ocasião providencial de abertura da mensagem evangélica aos gentios (At 28, 26-28), João cita esse oráculo de modo a deixar em aberto uma possibilidade de cura: "Cegou-lhes os olhos e endureceu-lhes o coração, para que seus olhos não vejam, seu coração não compreenda e não se convertam: *mas eu os curarei*" (Jo 12,40). O último verbo, frequentemente interpretado como um subjuntivo – "e eu não os cure" (*iasômai*; cf. a *Bíblia de Jerusalém*) – é, ao contrário, um futuro: "mas eu os curarei" (*iasomai*). Portanto, em João, a vida pública de Jesus culmina em promessa de salvação, cuja fonte se encontra na Escritura. Entretanto, já antes, a seção da festa das Tendas terminará num reconhecimento de Jesus como Servo de Deus por certos *Ioudaioi*. Que belíssima mensagem de esperança!

A temática de Abraão

Jo 8,31-59 não se caracteriza somente pela insistência no conflito de paternidades, sendo também o único lugar do Evangelho em que Abraão é mencionado (onze vezes).[35] A relação do povo com o patriarca é marcada com a ajuda de diversas fórmulas, que pontuam a passagem: *sperma Abraam*, "descendência de Abraão" (Jo 8,33.37), *tekna tou Abraam*, "filhos de Abraão" (Jo 8,39) e *ho pater humon / hemon Abraam*, "vosso/nosso pai Abraão" (Jo 8,39.53.56).[36] Ora, João expressa seu interesse pela figura do patriarca nos mesmos termos que Isaías;[37] isso merece ser observado, pois João fez de Isaías seu livro de cabeceira. Por outro lado, em ambas as obras a noção de paternidade se desloca da figura de Abraão para a de

---

[35] Jo 8,33.37.39[3x].40.52.53.56.57.58.

[36] João utiliza outra vez *sperma*, em relação à "descendência de Davi" (Jo 7,42). O termo *tekna* designa ainda, em duas ocorrências, os "filhos de Deus" (Jo 1,12 e 11,52). O emprego da fórmula "nosso pai" acerca de Jacó (Jo 4,12) já foi observado.

[37] Is 29,22; 41,8 (descendência); 51,2 (vosso pai); 63,16.

Deus: "Olhai para Abraão, vosso pai" (Is 51,2) // "Abraão, nosso/vosso pai" (Jo 8,39.53.56); "Com efeito, tu és nosso pai [...]. Tu, Senhor, és nosso pai" (Is 63,16) // "temos só um pai: Deus" (Jo 8,41).

No livro de Isaías, só se encontram quatro referências ao pai dos fiéis: Is 29,22; 41,8; 51,2; 63,16. Ora, em Is 29,22, Deus se apresenta como aquele que "resgatou (libertou) Abraão". Na esteira de Lv 23,43, que justifica as cabanas festivas em referência ao Êxodo, o *targum* associa esse tema da libertação à festa das Tendas; portanto, não é por acaso que a figura de Abraão e o tema da libertação (Jo 8,32-36) aparecem aqui, no contexto da seção joanina da festa das Tendas. Somos, uma vez mais, encorajados a ler em sinopse o Evangelho de João e o *targum* de Isaías.

Este último exalta a figura de Abraão, para além do que se encontra no texto bíblico. Com tal finalidade, ele multiplica as menções de seu nome em alusão ao tema da libertação. Ele nem mesmo hesita em nomeá-lo onde o texto hebraico parece estar se referindo a Ciro:[38] "Aquele que a justiça chama para segui-la" (Is 41,2) // "Abraão, o Eleito da justiça" (*targum*); "o homem da minha escolha" (Is 46,11) // "Os filhos de Abraão meu Eleito" (*targum*); "Eu, eu é que lhe falei, sim, eu o chamei" (Is 48,15) // "Eu, eu, por minha Palavra, fiz uma aliança com Abraão vosso pai. Sim, eu o estabeleci e o fiz subir à região da Casa de minha *Shekinah*" (*targum*); "quando estas coisas aconteceram, eu estava lá" (Is 48,16) // "desde então, tomei Abraão para o meu serviço" (*targum*). Em vez do rei pagão Ciro, a quem Isaías atribui os títulos de "pastor" e, até mesmo, de "messias", pois Deus o suscitou para libertar seu povo,[39] é Abraão quem, no *targum*, se torna homem providencial vindo do Oriente; é por meio dele que Deus levará a libertação a seu povo.

O *targum* contém ainda outras adições em que Deus se apresenta como o "Libertador". Nele também encontramos a expressão "Abraão nosso pai". Is 43,11-12 pertence a uma passagem particularmente interessante para nós, pois João certamente se inspirou nela para criar seus *ego eimi*

---

[38] Em 538 a.C., foi esse rei persa quem tornou possível aos exilados da Babilônia regressar a Jerusalém e reconstruir o Templo. Isaías o cita duas vezes, evocando-o alhures com maior discrição; é nesse momento que o *targum* nomeia Abraão em seu lugar.

[39] "[Sou eu, o Senhor] que digo a Ciro: 'Meu pastor'" (Is 44,28); "Assim fala o Senhor ao seu ungido [= messias], a Ciro" (Is 45,1).

cristológicos.[40] Ora, aí também o *targum* faz a figura de Abraão intervir: "Eu, sou eu o Senhor e fora de mim não há nenhum Salvador. Fui eu que revelei (*targum*: "Eu, eu declarei a Abraão, vosso pai, o que ia acontecer"), que salvei (*targum*: "Eu vos libertei do Egito, como eu lhe havia jurado junto aos pedaços [de animais]") e falei, nenhum Deus houve jamais entre vós". A revelação e a salvação evocadas no texto hebraico são postas pelo *targum* em relação com Abraão. O patriarca se torna o beneficiário de anúncios divinos concernentes ao futuro. Em particular, Deus lhe revelou que ia libertar seu povo do Egito, e esse anúncio foi selado por um sacrifício de animais; reconhece-se aí uma alusão ao episódio em que Deus concluiu sua aliança com Abraão, ao passar "entre os animais divididos" (Gn 15,13-18a).

Mas essas variações targúmicas sobre a personagem Abraão não estão demasiado distantes do Evangelho de João, que não evoca nem o Egito nem o menor sacrifício de animais? É verdade. Não obstante, precisamos observar que Jo 8 reúne de modo excepcional, no contexto da festa das Tendas, o tema da libertação e a menção a Abraão. É sobretudo a única passagem do quarto Evangelho em que se encontram os termos *eleutheros*, "livre" (Jo 8,33.36), *eleutheroun,* "libertar" (Jo 8,32.36) e *douleuein*, "ser escravo de" (Jo 8,33). A resposta dos *Ioudaioi* a Jesus que lhes promete a liberdade (Jo 8,33) é ofensiva: "Somos a descendência de Abraão e jamais fomos escravos de alguém. Como podes dizer: 'Tornar-vos-ei livres'?". Invocando com orgulho a autoridade de Abraão para afirmar sua liberdade, os *Ioudaioi* se esquecem não somente da escravidão dos hebreus no Egito e sua libertação pelo Senhor (Êxodo), como também da libertação com que Abraão foi milagrosamente agraciado, segundo a Bíblia e, principalmente, segundo os *targumim*: "assim fala o Senhor [...], ele que resgatou Abraão" (Is 29,22). Logo, essa pequena controvérsia entre Jesus e os *Ioudaioi* é cheia de ironia.

Não obstante o *targum* de Isaías tenha sido escrito muito tempo depois do quarto Evangelho, ele bebe numa fonte antiga de tradições. Assim, o tema da "libertação de Abraão", já evocado discretamente em Is 29,22, é conhecido pela literatura peritestamentária. No primeiro capítulo deste livro, vimos a passagem do livro dos *Jubileus* em que Abraão "é liberto"

---

[40] Is 43,10.13. Para esses versículos, ver acima "A Luz do mundo (Jo 8,12)" e "O enigma de Jo 8,25", neste mesmo capítulo.

da fornalha por Deus, e onde ele celebra a primeira festa das Tendas.[41] Ora, no mesmo lugar consta que o nascimento de Isaac lhe causou grande alegria: "Abraão caiu com o rosto (por terra), rejubilou-se [...]. Nós (= os anjos) anunciamos a Sara tudo o que havíamos dito (a Abraão). Ambos se rejubilaram com imensa alegria. (Abraão) erigiu aí um altar para o Senhor que o havia libertado e lhe dado (essa) alegria.[42] Todos esses temas voltam a aparecer no capítulo 8 de João, na seção da festa das Tendas. Com efeito, Jo 8,32-36 evoca o patriarca e o tema da liberdade; quanto à alegria de Abraão por conta do nascimento de Isaac, Jo 8,56 alude a ela: "Abraão vosso pai exultou por ver o meu Dia. Ele o viu e encheu-se de alegria".

O Evangelho de João e o livro de *Jubileus* interpretam, cada um a seu modo, uma mesma tradição do Judaísmo palestino. A passagem do dia do nascimento de Isaac (*Jubileus*) para o Dia de Jesus (João) nos convida a estabelecer certa relação entre Isaac e Jesus. E, no entanto, o filho de Abraão nunca é nomeado em João, ao passo que este último evoca várias personagens bíblicas.[43] Mas a ausência de seu nome não significa que João o desconheça. Ao contrário, podemos perceber sua presença por trás da figura do "Cordeiro de Deus que tira o pecado do mundo" (Jo 1,29). Com efeito, a tradição judaica interpretou a cena do sacrifício de Isaac num sentido que identifica Isaac com o cordeiro: "É Deus quem proverá o cordeiro para o holocausto, e serás tu, meu filho" (cf. Gn 22,8). Isaac, o filho único e bem-amado (Gn 22,2: "Toma teu filho, teu único, que amas, Isaac"), também pode ser reconhecido por trás da figura do Filho enviado pelo Pai: "Deus amou tanto o mundo, que entregou o seu Filho único" (Jo 3,16). Essas duas passagens mostram que João conhece e desenvolve a temática de Jesus novo Isaac. O "Dia" de Jesus, portanto, pode ser lido como uma referência ao nascimento de Isaac (Jo 8,56).

O final de Jo 8

A declaração de Jesus sobre seu Dia suscita uma resposta de admiração, e que se pode considerar irritadiça, por parte dos *Ioudaioi* (Jo 8,57): "Não tens ainda cinquenta anos e viste Abraão!". Jesus responde com um

---

[41] A tradição rabínica estabelece que Deus salvou Abraão da fornalha na qual os idólatras queriam jogá-lo.

[42] *Jubileus* 17,17; 16,19-21 (*La Bible. Écrits intertestamentaires*, p. 700, 704-705). Ver, acima, capítulo 1, "As Pseudepígrafes".

[43] João menciona Abraão (Jo 8,31-59), Jacó (Jo 4,5-6), José (Jo 4,5), Moisés (muitas vezes), Davi (Jo 7,42), Salomão (Jo 10,23) e Isaías (Jo 1,23; 12,38-41).

último *ego eimi* absoluto, para afirmar sua prevalência sobre Abraão: "Em verdade, em verdade, eu vos digo: antes que Abraão existisse, eu sou" (Jo 8,58). O duplo *amen* introdutório reforça a solenidade dessa declaração, que escandaliza os *Ioudaioi*, a ponto de tentarem apedrejar seu autor (Jo 8,59). Eles são escandalizados primeiramente pela pretensão de Jesus de estar acima do pai dos patriarcas. Com efeito, Jesus responde positivamente à questão que lhe foi posta anteriormente (Jo 8,53): "És, porventura, maior que nosso pai Abraão, que morreu?". Entretanto, as palavras que João põe nos lábios de Jesus vão mais longe: sugerem uma relação especial entre ele e Deus, certa partilha das prerrogativas divinas.

Por sua escolha dos verbos, João estabelece um contraste entre Abraão ("existir") e Jesus ("ser"). Para existir, como Abraão, é preciso ter recebido a existência, ou seja, é necessário um começo. Em contrapartida, Jesus diz: "Eu, eu sou". Esse *ego eimi* evoca aqueles que já vimos, inspirados pelo Deutero-Isaías. Mas, por seu aspecto atemporal, ele também evoca um Salmo: "Antes que os montes tivessem nascido, e fossem gerados a terra e o mundo, desde sempre e para sempre tu és Deus" (Sl 89[LXX],2). O contraste entre os montes que vieram à existência e o Deus eterno "que é" desde sempre constitui um paralelo a Jo 8,58, em que a vinda à existência de Abraão não é nada se comparada ao *ego eimi* ("Eu, eu sou") de Jesus.[44] O capítulo 8 se encerra por uma afirmação da preexistência de Jesus, Filho do Pai e Verbo de Deus. Os cristãos desenvolverão significativamente esse ponto quando, a partir da cristologia, propagarem progressivamente sua teologia trinitária, da qual o Novo Testamento oferece apenas os primeiros elementos.

Entretanto, João não inovou totalmente ao enfatizar assim a preexistência do Filho. Com efeito, algumas tradições judaicas antigas conhecem formulações similares. No *Apocalipse de Abraão*, um escrito judeu mais ou menos contemporâneo ao quarto Evangelho, o anjo Yaoel se apresenta a Abraão – a ele ainda! – como um enviado especial de Deus: "Sou enviado a ti para te fortalecer e te abençoar em nome do Deus que amaste, o Criador do céu e da terra [...]. Sou uma potência graças ao nome inefável que está em mim" (*Ap. Abr.* 10,7-8). Esse escrito atribui ao anjo Yaoel um papel próximo ao do Jesus joanino: Yaoel é um enviado de Deus, um portador do nome inefável. Ao atribuir para si o nome divino, o Jesus joanino não toma o lugar de Deus; a reação violenta dos *Ioudaioi* não é causada por sua ofensa

---

[44] Lembremo-nos de Is 51,1-2: "Olhai para a rocha da qual fostes talhados [...]. Olhai para Abraão, vosso pai".

ao monoteísmo, como normalmente se pensa, mas Jesus os choca por sua pretensão de tornar Deus presente e próximo em sua humanidade pessoal: "[eu] um homem que vos disse a verdade que ouvi de Deus" (Jo 8,40).

Isso é demais para os *Ioudaioi*. Eles colocam a Jesus outra questão (Jo 8,53): "Quem pretendes ser?". Em português corrente, ela poderia ser traduzida por: "Quem você pensa que é?". Essa pergunta anuncia o clima da Paixão: já presente em Jo 5,18, ela voltará a aparecer em Jo 10,33 e 19,7.12. Os *Ioudaioi* não admitem essa nova interpretação da presença de Deus em Jesus, sustentada após a ressurreição pelos cristãos joaninos. É por isso que eles tentam apedrejar Jesus (Jo 8,59); mas não sabemos se eles de fato queriam acabar com ele, ou apenas intimidá-lo.[45] Entretanto, ficamos sabendo que Jesus reage ao se esconder e sair do Templo. Ele se livra por um motivo teológico, providencial, *porque sua hora ainda não havia chegado*? Não está claro, pois esse refrão, presente duas vezes na seção (Jo 7,30; 8,20), não aparece aqui.

A ênfase sobre a dimensão humana de Jesus é ainda maior: ele se esconde (*ekrube*), como ocorrera no início da festa (Jo 7,10: *en krupto*), e se coloca longe do perigo, como havia feito ao prolongar sua permanência na Galileia, "porque os *Ioudaioi* o queriam matar" (Jo 7,1). No seio da seção da festa, Jo 7–8 constitui certa unidade, marcada por uma inclusão. E, no entanto, ainda não chegamos ao fim da seção; com efeito, o último dia da festa (cf. 7,37) ainda não terminou. Depois das tensas controvérsias do capítulo 8, um novo episódio vai começar nesse grande dia: a cura do cego de nascença (Jo 9). Ele representa um papel essencial na seção, sobretudo por sua alusão a Siloé. A ele será dedicado o capítulo seguinte deste livro.

---

[45] Eles farão o mesmo gesto um pouco mais tarde (Jo 10,31).

Capítulo 5
JESUS E O CEGO DE NASCENÇA (JO 9)

"Ao passar, ele viu um homem, cego de nascença" (Jo 9,1). Um novo episódio se inicia por essas palavras. Relato magnífico: dos mais vivos e apaixonantes do quarto Evangelho.[1] Eu me atreveria inclusive a entregar-lhe a palma de ouro. Por muitos aspectos, a narrativa do cego de nascença evoca o procedimento batismal: a unção com barro misturado de saliva (Jo 9,6) lembra o gesto de Deus ao criar o ser humano (Gn 2,7) e anuncia uma nova criação. Jesus convida o cego a se lavar na piscina de Siloé / o Enviado (Jo 9,7), de modo que esse homem passará das trevas à luz; ora, em certas tradições orientais, o Batismo é chamado de "iluminação". Finalmente, o cego curado afinará sua percepção da identidade de Jesus, chegando a uma bela e rara profissão de fé no Filho do Homem (Jo 9,38).

O episódio em seu contexto

A passagem de Jo 8 a Jo 9 se faz em certa continuidade de lugar. O cego de nascença entra em cena logo que Jesus se retira do Templo; logo, não estamos mais no interior do Templo. Mas nada nos obriga a pensar que o encontro de ambos ocorreu longe do Templo. Ao contrário, um lugar próximo à porta pela qual Jesus passou é ideal para um mendigo (Jo 9,8), pois a saída do monumento mais sagrado da Cidade Santa é o melhor lugar para tirar proveito da generosidade dos peregrinos. Aliás, o encadeamento desses movimentos lembra o episódio lucano do pedinte da "Porta Formosa":

> Trouxeram então um homem que era aleijado de nascença, e que todos os dias era carregado à porta do Templo, chamada Formosa, para pedir esmola aos que entravam. Vendo Pedro e João, que iam entrar no Templo, implorou que lhe dessem uma esmola. Pedro, porém, fitando nele os olhos, junto a João, disse-lhe: "[...] em nome de Jesus Cristo, o Nazareu, põe-te a caminhar!" [...] de um salto, pôs-se em pé e começou a andar. E entrou com eles

---

[1] Na mesma linha temática desse episódio do cego de nascença, ver os relatos da Samaritana (Jo 4,1-42) e de Lázaro (Jo 11,1-44). Lidos durante no tempo da Quaresma, essas três passagens também servem à preparação dos catecúmenos ao Batismo.

no Templo, andando, saltando e louvando a Deus. [...] reconheciam-no, pois era ele quem esmolava, assentado junto à Porta Formosa do Templo (At 3,2-10).

O novo relato também é marcado por certa continuidade de tempo. Com efeito, não encontramos nele nenhuma indicação cronológica nova, nem mesmo em Jo 9,14: "era sábado o dia em que Jesus fizera lama e lhe abrira os olhos". A demora na comunicação dessa informação[2] permite à ação um novo desdobramento, dando margem para o suspense. O termo *sabbaton* geralmente se traduz por "sábado", mas também poderia designar qualquer outro dia de festa de guarda;[3] aliás, em Jo 9,14, João parece mais interessado em inserir o relato do cego de nascença no contexto da festa das Tendas do que em insistir, como os Sinóticos, no questionamento do sábado por Jesus. De qualquer maneira, esse *sabbaton* nada mais é do que o *último* dia da semana festiva, o *grande* dia de Jo 7,37.

Portanto, Jo 9 é ligado a Jo 7–8 por uma continuidade de lugar e de tempo, mas esse episódio introduz novas personagens. Observemos primeiramente o retorno dos discípulos de Jesus, não mais citados desde o episódio em solo galileu (Jo 6,70). Sua nova aparição é discreta e passageira, servindo simplesmente para dar início ao episódio e uma interpretação teológica dele (Jo 9,2). Com efeito, são eles que colocam a questão do vínculo entre o mal físico e o pecado: "Rabi, quem pecou, ele ou seus pais, para que nascesse cego?". Com exceção dessa breve intervenção, eles não aparecem mais durante a festa das Tendas.[4] Em contrapartida, no novo episódio, o papel do discípulo de Jesus será reservado ao cego curado, que o honrará com audácia e obstinação nunca vistas. Em torno dessa nova personagem, que praticamente não aparecerá mais depois dessa passagem,[5] outras representam papéis secundários: seus vizinhos e conhecidos (Jo 9,8), seus pais (Jo 9,18.20.22.23), e principalmente os opositores de sempre de Jesus – fariseus (Jo 9,13.15.16.40) e *Ioudaioi* (Jo 9,18.22).

---

[2] De igual maneira, a informação sobre o *sabbaton* de Jo 5,9b é apresentada com atraso, depois da cura do homem impossibilitado de caminhar.

[3] Em seu relato da Guerra Judaica, Flávio Josefo utiliza esse termo bíblico para evocar, um pouco como o versículo joanino, um chamado às armas durante um dia de feriado da festa das Tendas: *en gar de to* [...] *sabbaton* (*Guerra* ii,517) // *en de sabbaton* (Jo 9,14).

[4] O termo discípulo(s) tem ainda três ocorrências na seção da festa, mas sem designar o grupo habitual dos mais próximos de Jesus: de acordo com Jo 7,3, Jesus teria tido discípulos da Judeia; em Jo 8,31, os *Ioudaioi* que creram nele são convidados a se tornar seus discípulos; em Jo 9,27-28, seus seguidores são confrontados aos de Moisés.

[5] Jo 10,21 evoca a cura dos cegos; assim, o episódio de Jo 9 não é esquecido, mas ultrapassado por essa generalização. Entretanto, o caso particular de nosso cego de nascença é lembrado em Jo 11,37.

Do ponto de vista das personagens, a narrativa de Jo 9 contém ainda outra característica notável: de todo o Evangelho, é o episódio em que Jesus sai de cena pelo maior período de tempo, estando fisicamente ausente dos versículos 8 ao 35. Decerto, ele continua sendo o assunto principal de todas as discussões. Aqui, porém, é o curado milagrosamente que toma a frente e fala em nome de Jesus; é ele quem enfrenta os fariseus-*Ioudaioi*. O evangelista faz dele o protótipo do membro da comunidade joanina do fim do século I, em conflito teológico com as autoridades judaicas. Os destinos do mestre e do discípulo estão intimamente ligados, sendo necessariamente indissociáveis. Quando Jesus voltar, no fim do episódio, será para coroar o caminho de fé percorrido pelo cego curado, mas também para afrontar, mais uma vez, os fariseus: o conflito que os opôs nos capítulos 7–8 alcançará novo ápice (Jo 9,40-41).

Portanto, a passagem do cego de nascença dá boa continuidade à sequência precedente, mas sua relação com a sequência seguinte parece menos nítida. Com efeito, desde as primeiras palavras do capítulo 10, uma nova temática se desenvolve, em torno da imagem do pastor: o pastor e as ovelhas, os intrusos e o lobo, a doação da própria vida pelo pastor. Parece que se está tratando de outra coisa, embora alguns autores vejam na sequência do pastor (Jo 10,1-18) uma inserção artificial e posterior num conjunto consagrado à cura do cego. Ora, apesar da mudança temática de um capítulo a outro, não é possível encontrar em Jo 10 nenhum dado cronológico novo, nenhuma variação de lugar ou de público. Por outro lado, a fórmula introdutória "Em verdade, em verdade, eu vos digo" (Jo 10,1) serve muitas vezes para inflamar um debate já iniciado. Enfim, Jo 10,21 evoca a cura do cego de nascença. Todas essas observações explicam que, para outros autores, Jo 9,1–10,21 constitui um único relato, que faria alusão ao conflito entre crentes joaninos e judeus fariseus no fim do século I.

A vontade de colocar juntos os dois capítulos não deve ocultar os indícios que mostram que o capítulo 9 constitui uma unidade independente do capítulo 10. Determinadas correspondências ligam o início ao fim do capítulo, como o vínculo entre cegueira e pecado,[6] mesmo se entrementes passamos da cegueira física à cegueira espiritual. Que se pode concluir dessas diversas constatações, aparentemente contraditórias? O relato do cego de

---

[6] Jo 9,2: "Rabi, quem pecou, ele ou seus pais, para que nascesse cego?" // Jo 9,41: "Se fôsseis cegos, não teríeis pecado; mas dizeis: 'Nós vemos!' Vosso pecado permanece".

nascença possui ao mesmo tempo uma inegável especificidade e uma ótima inserção na trama do Evangelho, entre as controvérsias do capítulo 8 e a sequência do Bom Pastor. Isso corresponde a uma intenção clara do evangelista, de modo que se deve estudar essa passagem tanto como uma obra-prima que se basta a si mesma quanto como a chave-mestra da seção da festa das Tendas. Dando os mesmos títulos dela a meu longo estudo sobre a seção e ao presente livro – *A festa do Enviado* e *A saga de Siloé* –, procurei salientar a importância de Jo 9 na seção da festa das Tendas, pois é nesse capítulo que o evangelista evoca Siloé, "que quer dizer 'Enviado'" (Jo 9,7).

Crítica textual

O estudo sério de uma passagem bíblica não pode prescindir da crítica textual. Essa disciplina austera, que é ao mesmo tempo arte e ciência, consiste em avaliar as diferentes variantes textuais encontradas nos inúmeros manuscritos antigos, bem como tentar descobrir qual o exemplar original, que terá sido modificado pelos outros. Esses exemplares variantes foram obra dos copistas, podendo resultar de um simples erro humano – omissão, repetição ou modificação acidental de uma letra, de um termo, de um segmento de frase, ou mesmo de uma linha –, mas podem também ter sido resultado de uma vontade de aprimoramento estilístico ou teológico. A narrativa do cego de nascença contém várias variantes, sendo a maior parte delas de menor importância, de modo que não alteram em nada a compreensão do texto. Só dois casos, mais importantes, serão abordados aqui.

O primeiro diz respeito aos dois pronomes pessoais de Jo 9,4a, para os quais existem três exemplares concorrentes. É necessário que se adote o manuscrito largamente majoritário, que contém duas vezes o pronome no singular: "é-me necessário realizar as obras daquele que me enviou?". Não seria melhor dar preferência ao exemplo, atestado pelos dois papiros mais antigos que contêm João (P[66] e P[75]) e por outros importantes manuscritos, em que consta duas vezes o pronome no plural: "é-nos necessário [...] daquele que nos enviou"? Ou seria melhor escolher a ocorrência híbrida, testemunhada por versões antigas e outros manuscritos, que começa por um plural, mas continua com o singular: "é-nos necessário [...] daquele que me enviou"?[7] Essa última versão é preferível por mais de uma razão.

---

[7] A *Bíblia de Jerusalém* brasileira (traduzida a partir da edição original francesa) segue essa última versão: "**temos** de realizar as obras daquele que **me** enviou". (N.T.)

Em primeiro lugar, seu caráter híbrido faz dela uma *lectio difficilior*, ou seja, uma versão mais difícil que as outras; compreende-se então por que copistas tenham intentado corrigi-la, melhorá-la, harmonizando os dois pronomes de um modo ou de outro. Além disso, a opção por manter o singular no segundo grupo verbal dá à fórmula um registro tipicamente joanino; com muita frequência nesse Evangelho, e de modo particular na seção da festa, Jesus se refere ao Pai como "aquele que me enviou". A presença de um "nós" no início do versículo dá a entender que os discípulos participam da missão de Jesus, o único "enviado" do Pai; nisso se pode ver uma alusão à missão pós-pascal das comunidades cristãs.

O segundo problema que vamos examinar diz respeito ao último diálogo entre Jesus e o cego de nascença: "Exclamou ele: 'Creio, Senhor!' E prostrou-se diante dele" (Jo 9,38-39a). A ideia de "prostrar-se diante de Jesus" é estranha, pois João só utiliza noutro lugar o verbo *proskunein* em referência a Deus (Jo 4,20-24; 12,20). Ora, certos manuscritos antigos ignoram esses versículos, apresentando o seguinte texto: "Jesus ouviu dizer que o haviam expulsado. Encontrando-o, disse-lhe: 'Crês no Filho do Homem?' Respondeu ele: 'Quem é, Senhor, para que eu creia nele?'. Jesus lhe disse: 'Tu o vês, é quem fala contigo' [...] 'Para um discernimento é que vim a este mundo!'" (Jo 9,35-37.39b).

O episódio termina então sem reação do cego curado, o que corresponde a uma marca presente em outras passagens do mesmo Evangelho: Nicodemos desaparece em Jo 3,9, ao passo que Jesus ensina até Jo 3,21; em Jo 4,26 – um versículo próximo de Jo 9,3b –, a Samaritana se distancia logo depois da declaração de autorrevelação de Jesus; em Jo 5,14, o homem curado em Betesda sai de cena após a injunção de Jesus; o relato da "ressurreição" de Lázaro termina sem reação por parte deste, seja confissão de fé, seja agradecimento (Jo 11,41-43). Assim sendo, alguns autores presumiram que a narrativa de Jo 9 teria originalmente terminado com as palavras de Jesus (versículos 37.39b), sem reação do cego curado. Teria sido por razões litúrgicas que, no período patrístico, se teria introduzido sua resposta de fé e seu gesto, quando esse trecho passou a ser usado na catequese pré-batismal. Todavia, os testemunhos favoráveis à versão abreviada são mais raros, e a omissão poderia também ser perfeitamente interpretada como um desejo por unificar a pregação de Jesus.

Devo acrescentar ainda aqui um argumento por meio do qual me distancio do ponto de vista que assumi em *A festa do Enviado*.[8] Ao longo da passagem em questão, o cego curado passa de uma confissão modesta ("é um profeta", Jo 9,17) a uma confissão vigorosa, excepcional, onde o verbo *proskunein* se refere a Jesus: "'Creio, Senhor!'. E prostrou-se diante dele" (Jo 9,38). Ora, apesar de sua audácia, essa confissão não constitui um caso único no Evangelho. Comparemo-la à conclusão do episódio de Tomé (Jo 20,28), que também marca o final da primeira edição do Evangelho (sem o capítulo 21). Encontramos aí uma admirável confissão de fé do apóstolo advertido por Jesus: "Meu Senhor e meu Deus!". As duas confissões são verdadeiramente comparáveis, pois os dois homens chamam Jesus de *Senhor*, sendo que o primeiro se prostra diante dele como se estivesse em presença de Deus, ao passo que o outro o confessa como "meu Deus". Na medida em que a autenticidade de Jo 20,28 não é discutida, não existe razão válida para descartar os versículos 38-39a do episódio de nosso interesse. São eles que dão à trajetória de fé do cego curado seu coroamento.

Um episódio de história complexa

Com muita frequência se comparou o episódio do cego de nascença com o da cura do enfermo de Betesda (Jo 5,1-9a); em ambos os casos, Jesus efetua uma cura num *sabbaton*, perto de uma piscina de Jerusalém. Mas Jo 5 representa um papel insignificante ao lado de Jo 9! Ora, a cura de Jo 5 é lembrada em Jo 7,23, ou seja, durante a festa das Tendas; além do mais, certos manuscritos antigos a situam em Siloé, e não em Betesda, pelo que se pode pensar que, num primeiro momento, esse episódio teria sido situado em Siloé, durante essa festa das Tendas de Jo 7. O evangelista o teria posteriormente deslocado em seu texto, para situar sua ação perto de um santuário pagão dedicado a um deus curador, e mostrar que Jesus, por ser o Salvador do mundo,[9] pode curar "um homem todo" (Jo 7,23). Consequentemente, faltava à seção da festa das Tendas um relato de cura milagrosa que conseguisse ressaltar alguns de seus aspectos; ora, pelo simbolismo por ela veiculado – cegueira, luz, visão, como também piscina, água, Siloé –, a cura do cego de nascença corresponde perfeitamente ao contexto litúrgico da festa das Tendas, que dava grande importância a Siloé.

---

[8] *La fête de l'Envoyé*, p. 388-389.
[9] Ver meu artigo citado na introdução (nota 5).

O episódio atual é muito bem construído: do v. 1 ao v. 41 se estabelece uma bela unidade. Mas isso não quer dizer que ele foi redigido de uma só vez, aparecendo como resultado de uma longa e complexa pré-história. Consideremo-la por alguns instantes. Há boas razões para que esse longo relato se apoie sobre um relato tradicional muito mais breve, narrando uma cura de cego à maneira das narrativas sinóticas,[10] e mesmo dos autores antigos. A narração começa pelo particípio presente *passando* (Jo 9,1), excepcional em João, mas empregado pelos Sinóticos em relatos de vocação (Mc 1,16; Mc 2,14 // Mt 9,9) ou de cura de cegos (Mt 9,27; 20,30). Assim sendo, João pode ter conhecido, emprestado e reformulado tais tradições sinóticas ou, pelo menos, tradições orais similares; de qualquer maneira, é a ele que se deve a amplitude do relato atual, conforme um procedimento que se pode identificar em outras passagens de seu Evangelho.[11]

O relato original teria contido, *grosso modo*, os atuais versículos 1.6-7 (em tradução minha): *Ora, passando, Jesus viu um homem cego (de nascença). Cuspiu na terra, fez barro com a saliva, aplicou-lhe esse ungüento de barro sobre os olhos, e lhe disse: "Vai te lavar na piscina de Siloé". Ele foi e se lavou: ao voltar, estava vendo.*

Nesse texto original reconstituído, a presença da expressão "de nascença" não é certa – por isso os parênteses. Tendo sido em aramaico a tradição oral sobre a vida de Jesus, é difícil conceber como uma expressão tão grega pôde ter lugar, ainda mais porque os Atos dos Apóstolos conhecem a expressão semítica "desde o ventre (seio) de sua mãe" (At 3,2; 14,8), frequente no Antigo Testamento. João não a teria conhecido? E caso a tenha conhecido, por que não a encontramos em Jo 9,1, e por que há em seu lugar uma expressão grega? Três soluções são possíveis. Ou o texto original não assinalava a gravidade da cegueira do cego, que seria uma amplificação do evangelista; ou a cegueira já era expressa pela fórmula grega "de nascença", o que parece duvidoso; ou, enfim, ela era expressa pela fórmula semítica "desde o ventre de sua mãe", e João teria feito de tudo para não introduzir uma terceira menção de *koilia*, "ventre" ou "seio", a fim de reforçar o contraste entre o nascimento carnal do ventre materno (Jo 3,4) e o nascimento do Espírito que brota do seio de Jesus (Jo 7,38).

---

[10] Ver, sobretudo, a cura do cego de Betesda (Mc 8,22-26).
[11] Ver, por exemplo, o episódio do encontro de Jesus com a Samaritana (Jo 4).

116   A saga de Siloé

Consideremos agora o núcleo do relato atual (Jo 9,18-23). Há muito tempo, alguns autores viram nesses versículos, por vezes incluindo também o versículo 17, uma inserção posterior. Devemos reconhecer que determinados detalhes são problemáticos. Em primeiro lugar, as personagens que entram em cena no versículo 18 são os *Ioudaioi*. Ora, até esse versículo da passagem, eram os fariseus que conduziam a investigação: de onde vêm esses *Ioudaioi* e quem são? A resposta dos pais aos *Ioudaioi* sugere que essa sequência de versículos não foi composta de uma só vez. Com efeito, ela não corresponde exatamente às questões desses *Ioudaioi*. Estes últimos haviam feito duas perguntas (v. 19): 1) *Este é vosso filho, que dizeis ter nascido cego?* 2) *Como é que agora ele vê?* Os pais respondem à primeira declarando "saber" (v. 20) e à segunda, afirmando "não saber" (v. 21a); se eles conhecem bem o passado do filho, e consequentemente sua recente cura, não sabem nada ou não querem saber de nada. Mas eles também respondem a uma pergunta que os *Ioudaioi* não colocaram: "quem lhe abriu os olhos, não o sabemos" (v. 21b). Portanto, há um acréscimo na resposta deles: acréscimo que enfatiza ainda mais o quiasmo (estrutura invertida) ABCC'B'A' constituído pelos versículos 21c-22a:

A   Interrogai-o,
B   ele tem idade; ele mesmo se explicará...
C   Seus pais assim disseram
D   [...]
C'   Por isso, seus pais disseram:
B'   Ele já tem idade,
A'   interrogai-o.

Há aí o que se chama paralelismo invertido:[12] os elementos C'B'A', que repetem em sentido inverso o que já fora dito em ABC, chamam a atenção para D, cujo conteúdo é por hora substituído pelas reticências entre colchetes. O texto original só conteria os elementos ABC; depois de inserir a frase D, o redator teria dado continuidade a seu relato, voltando a apresentar os elementos ABC sob a forma A'B'C'. Mas o que esse versículo central D fornece? Ele estabelece que os pais falaram assim "por medo dos *Ioudaioi*, pois os *Ioudaioi* já tinham combinado que, se alguém reconhecesse Jesus como Cristo, seria excluído da sinagoga" (*Bíblia de Jerusalém* modificada). Ora, essa frase ocupa o núcleo, não apenas dos

---

[12] Em alemão exegético, fala-se em "Wiederaufnahme".

versículos 21-23, mas também do conjunto da narração do episódio, desempenhando nela papel fundamental. Além do mais, a teoria proposta há quarenta anos por Martyn, se lhe dermos crédito, lança luzes sobre todo o Evangelho. Consideremos agora essa hipótese.

A história da comunidade joanina

Um Evangelho não é um texto desencarnado, atemporal, caído do céu; pelo contrário, está enraizado numa história humana, qual seja, a da comunidade do evangelista que o escreveu, onde ele fez sua própria experiência de fé em Jesus. Com efeito, a dinâmica da fé cristã espera que as vidas dos discípulos e do Mestre se interpenetrem. São Paulo fala com frequência em "viver com Cristo", em "morrer com ele", "sofrer com ele": "Já não sou eu que vivo, mas é Cristo que vive em mim" (Gl 2,20). É por isso que o testemunho pessoal do evangelista transparece sempre, de um modo ou de outro, naquilo que ele ensina sobre Jesus. Ora, se o interrogamos sobre a história da comunidade joanina, a narração de Jo 9 se revela particularmente rica; em 1968, o biblista americano Martyn identificou nessa passagem vários indícios, a partir dos quais tentou reconstituir uma parte dessa história.[13]

Quer se tenha aderido às suas ideias, quer se tenha resolvido criticá-las, essa hipótese marcou fortemente a história da exegese joanina. É evidente que ela tem imperfeições, pois nenhuma hipótese da exegese moderna é totalmente segura. Assim, a visão que ela propõe do processo de separação entre judeus e cristãos, chamado pelos autores de expressão inglesa "the parting of the ways",[14] é reducionista; com efeito, Martyn o associa ao período que se seguiu à Primeira Guerra Judaica contra os romanos e à destruição do Templo (70), ao passo que o mesmo processo deve ter-se estendido até 135 (fim da Segunda Guerra Judaica). É consenso hoje que não convém mais fazer dos acontecimentos de 70 o "watershed" (*divisor de águas*), a virada decisiva nas relações entre cristãos e judeus. Apesar dessa objeção, a teoria de Martyn continua a ter pertinência e abrangência.

Ora, a análise de Jo 9,22 conduziu esse autor a ler o quarto Evangelho em dois níveis: o da história de Jesus de Nazaré e o da história da comunidade joanina. Esse versículo evoca a decisão tomada pelos *Ioudaioi* de

---

[13] Cf. J. L. Martyn, *History and Theology in the Fourth Gospel*, New York, Harper & Row, 1968.

[14] A ser compreendida como "separação dos caminhos", muito mais do que "cruzamento" deles. Costuma-se dizer também "the parting of the roads".

excluir da sinagoga os que reconhecessem em Jesus o Messias: "os *Ioudaioi* já tinham combinado que, se alguém reconhecesse Jesus como Cristo, seria excluído da sinagoga".[15] Ora, João emprega aqui o termo *aposunagogos*, "excluído da sinagoga", "excomungado". Com exceção de seus comentadores, como São João Crisóstomo, João é o único autor a utilizar esse termo: ele parece inclusive tê-lo criado, empregando-o três vezes (Jo 9,22; 12,42; 16,2). Mas essa decisão de exclusão não pode corresponder à época de Jesus, nem à época da primeira geração cristã. Com efeito, antes da ruína do Templo (70), havia mil modalidades de prática do Judaísmo; assim, era inconcebível excluir quem quer que fosse da sinagoga nessa época remota. Evidentemente ocorreu a Jesus e a Paulo serem abordados na saída da sinagoga, após uma pregação considerada demasiado audaciosa,[16] mas não se criou um neologismo para designar uma mudança de humor momentânea; além disso, a decisão narrada em Jo 9,22 foi amadurecida de antemão pelos *Ioudaioi*, de modo que não tem nada a ver com uma reação espontânea.

As coisas começaram a mudar a partir de 70. Sem o Templo, os mestres fariseus salvarão o Judaísmo concentrando-o na observação estrita da Torá. Consequentemente, os judeo-cristãos representavam uma ameaça ao equilíbrio desse "toracentrismo", pois, para eles, a referência última era a pessoa de Jesus; por isso, os conflitos entre dirigentes do Judaísmo sinagogal e comunidades judeo-cristãs, particularmente a comunidade joanina. Mas a exclusão da sinagoga referida por Jo 9,22 é ignorada pelos Evangelhos Sinóticos e Atos dos Apóstolos. Por outro lado, nessa época, os mestres fariseus não constituíam uma autoridade centralizada, que teria jurisdição sobre todas as sinagogas da Palestina e da Diáspora. Isso sugere que a decisão citada por João foi um caso isolado, limitado à sua comunidade ou a algumas da mesma jurisdição, pouco antes da redação do quarto Evangelho, no final do século I.[17]

Essa decisão certamente não tomou a forma de um decreto oficial, mas expressa o trauma dos cristãos joaninos que, depois de terem sido banidos do culto sinagogal pelas autoridades fariseias, se sentiram à margem da sociedade. Em Jo 9,22, os pais do cego curado se recusam a pronunciar-

---

[15] Tradução da *Bíblia de Jerusalém* modificada.

[16] Jesus foi expulso da sinagoga de Nazaré (Lc 4,28-29), e Paulo maltratado em Icônio e Listra (At 14,5.19). Mas em nenhum caso isso constitui uma rejeição definitiva pelas autoridades judaicas.

[17] A menos que se imagine que João tenha inventado essa história, em razão de seu suposto antissemitismo; essa hipótese absurda foi defendida por alguns autores!

-se sobre o autor da cura de seu filho, por medo de serem excluídos da sinagoga pelos *Ioudaioi*. João denuncia sua atitude covarde, como criticará posteriormente a dos notáveis que não ousam assumir publicamente seu interesse pela mensagem de Jesus, com vistas a manter sua posição na comunidade judaica (Jo 12,42). Assim, ele alerta os membros de sua comunidade contra toda defecção; para encorajá-los, ele faz do cego de nascença o protótipo do discípulo ousado e orgulhoso de sua fé em Jesus.

Martyn estabeleceu um elo entre a exclusão da sinagoga reportada por João e uma oração judaica, a *Birkat-ha-minim*. Essa "bênção dos hereges" (eufemismo) era uma fórmula de automaldição, que a tradição judaica atribui – pelo menos em parte – aos mestres fariseus reunidos entre 80 e 100 em Yavne (ao sul da atual Tel Aviv). Esse documento visava aos judeus considerados desviados pelos dirigentes fariseus; não se tratava de um decreto que determinava a exclusão dos *minim*, mas de uma oração que submetia quem a recitasse em público à maldição divina, caso ele fosse um deles. Essa medida bastante astuta tornou possível que se excluíssem da vida da sinagoga todos aqueles que não correspondessem ao perfil fariseu que se tornara norma em Yavne. Várias versões da *Birkat-ha-minim* ficaram conhecidas. A que foi elaborada em Yavne por Samuel, o Pequeno, dizia: "Para os apóstatas, que não haja esperança, e que o reino da arrogância seja logo extirpado em nosso tempo; e que os *minim* pereçam de uma vez por todas; que sejam apagados do livro da Vida, e não sejam inscritos com os justos; bendito sejas, Senhor, tu que submetes os arrogantes". O reino da arrogância designa Roma. Os apóstatas e outros *minim* (desviados) são os judeus que se desviam da norma fariseia: os judeo-cristãos, portanto, são visados, mas não os únicos.[18]

Jo 9 contém outros vestígios da história da comunidade joanina. A distinção entre os *discípulos de Moisés* e *os discípulos de Jesus* (Jo 9,27-28) só faz sentido depois de 70, pois a expressão *discípulos de Moisés* designa precisamente os fariseus. Por outro lado, a comparação entre Jo 9,22 e Jo 12,42 mostra que, na época da redação do Evangelho, os *Ioudaioi* e os fariseus designavam o mesmo grupo de autoridades judaicas:

---

[18] Posteriormente, o mais tardar no século IV, se acrescentará uma palavra: "Que os *notsrim* e os *minim* pereçam de uma vez por todas". Os *notsrim*, "nazoreus", são judeo-cristãos, distinguidos dos *minim* porque representavam um perigo maior para a fé judaica. Mas o perigo também existia em outro sentido, pois, como vimos no capítulo 1, João Crisóstomo denunciava a influência exercida pelas festas judaicas sobre os cristãos de Constantinopla.

Jo 9,22[19]	Jo 12,42[20]
Seus pais disseram isso,	Muitos entre os notáveis creram nele, mas,
pois tinham medo dos **Ioudaioi**;	por causa dos **fariseus**,
com efeito, os *Ioudaioi* já tinham combinado que, se alguém reconhecesse	
	não se declaravam,
Jesus como Messias,	para não serem
seria excluído da sinagoga.	**excluídos da sinagoga.**

De um lado, os *Ioudaioi*; de outro, os fariseus. Ora, esses dois grupos exercem o mesmo controle sobre os integrantes do Judaísmo, a ponto de decidir quem tem ou não o direito de participar do culto sinagogal; isso nos remete ao período posterior a 70, quando o Judaísmo será dominado pelos fariseus. Nessa época, ser judeu, ser um *Ioudaioi*, equivale a ser um fariseu; é por isso que João utiliza um e outro desses termos para se referir ao mesmo fenômeno. Aliás, se estivermos atentos aos detalhes do relato de Jo 9, perceberemos que os fariseus intervêm nos versículos 13-16 – e no versículo 40, alguns deles –, ao passo que, nos versículos 18 e 22, os *Ioudaioi* é que são nomeados: esses dois termos designam os dirigentes religiosos do Judaísmo no pós-70. Outros detalhes, situados em outras passagens do Evangelho,[21] também nos convidam a identificar os fariseus com os *Ioudaioi*. Essas personagens são amiúde apresentadas em conflito com Jesus; contudo, o evangelista salienta que elas continuam divididas em relação a ele. Há agora um cisma entre os fariseus (Jo 9,16); haverá outro entre os *Ioudaioi* no fim da seção da festa (Jo 10,19); por fim, o evangelista enfatizará nesse momento que alguns *Ioudaioi* passaram para o lado de Jesus (Jo 10,19-21).

---

[19] Texto da Bíblia de Jerusalém modificado, a fim de facilitar a comparação.

[20] Modifiquei o texto da Bíblia de Jerusalém para descartar a expressão "por medo de serem expulsos", pois o grego não utiliza aqui o termo "medo", ao contrário de Jo 9,22 ("ter medo").

[21] Na narrativa da Paixão, os *Ioudaioi* são identificados com os sumos sacerdotes e fariseus (comparar Jo 18,3 e 18,12) ou com os sumos sacerdotes apenas (comparar Jo 19,14 e 19,15). Estes atuam na história de Jesus, e não depois de 70.

Estrutura do relato

A leitura integral – ou escuta litúrgica – da passagem do cego de nascença nos permite tomar consciência de seu altíssimo nível literário. Seu autor soube criar de modo admirável uma história cheia de suspense, humor e ironia, e passar uma mensagem teológica fundamental. Mas ele não nos deixou um plano redacional, de modo que o leitor se vê em face de diversas sugestões de estrutura apresentadas pelos comentadores, correndo o risco de ficar um pouco desorientado.

Em nome de um costume comum em autores antigos, segundo o qual uma cena não poderia compreender mais que uma ou duas personagens ou grupos ativos, considerou-se que a passagem em questão compreendia oito cenas: 1) os discípulos questionam Jesus sobre cegueira e pecado (versículos 1-5); 2) o cego é curado por Jesus (versículos 6-7); 3) o cego curado e seus conhecidos (versículos 8-12); 4) o cego curado é interrogado pelos fariseus (versículos 13-17); 5) seus pais são interrogados pelos *Ioudaioi* (versículos 18-23); 6) novo interrogatório do cego curado (versículos 23-24); 7) encontro dele com Jesus (versículos 35-38); 8) breve discussão entre Jesus e os fariseus a respeito da relação entre cegueira e pecado (versículos 39-41). Esse esquema sublinha a inclusão que une as duas primeiras cenas às duas últimas: relação entre cegueira e pecado (cenas 1 e 8), e encontro entre Jesus e o (antigo) cego (cenas 2 e 7). Mas, nos pormenores, os adeptos dessa estrutura divergem muito, o que nos deixa de certo modo céticos sobre a validade dos resultados.

Outros se apoiam sobre os movimentos físicos dos atores (entrada ou saída), identificando assim seis cenas: 1) Jesus, os discípulos e o cego, questionamento sobre o pecado (versículos 1-7); 2) cura do cego diante de seus conhecidos (versículos 8-12); 3) interrogatório pelos fariseus (versículos 13-17); 4) interrogatório dos pais (versículos 18-23); 5) novo interrogatório do homem curado (versículos 24-34); 6) Jesus, o cego curado e os fariseus, novo questionamento sobre o pecado (versículos 35-41). Como o esquema em oito cenas, este segundo põe em evidência as cenas das extremidades (1 e 6), com sua reflexão sobre cegueira e pecado. Mas essa temática ainda intervém na narrativa (Jo 9,16.24.25.31), inclusive sob a forma do vínculo entre cegueira e pecado, pois a exclusão do cego curado (Jo 9,34) evoca o questionamento inicial dos discípulos (Jo 9,2): na condição de cego, "tu nasceste todo em pecados e nos ensinas?". Nessa estrutura em seis cenas, a primeira e última cenas são também muito complexas, com vários atores. Essa solução não é a melhor.

Outras estruturas ainda foram propostas. Quanto a mim, adoto uma estrutura em sete cenas. É evidente que ela também não é perfeita. No entanto, visto o interesse de João pelo número 7 e pelas séries de 7 elementos, parece-me que um texto com tamanha qualidade literária poderia perfeitamente se apoiar sobre este recorte em sete pontos:

1.	Jesus, os discípulos e o cego	1-7			
2.	O cego curado e seus conhecidos		8-12		
3.	**Os fariseus e o cego curado**			**13-17**	
4.	Os *Ioudaioi* e os pais				18-23
5.	**Os *Ioudaioi*-fariseus e o cego curado**			**24-34**	
6.	Jesus e o cego curado			35-38	
7.	Jesus e os fariseus		39-41		

Num relato de estrutura ímpar, deve-se prestar atenção às duas extremidades (1 e 7) e ao centro (4). Existe frequentemente uma dimensão concêntrica em tal texto, mas sem que este constitua um círculo fechado.[22] Assim, o final do Prólogo de João lembra o primeiro versículo, mas sem retorno ao ponto de partida: entre Jo 1,1 e Jo 1,18, o texto progrediu, novas ideias surgiram.[23] Aplicada ao relato do cego de nascença, essa estrutura estabelece um paralelismo entre a primeira e a sétima cenas, por causa da temática "cegueira e pecado"; mas, entre Jo 9,2 – "quem pecou [...] para que nascesse cego?" – e Jo 9,41 – "dizeis: 'Nós vemos!' Vosso pecado permanece" –, há progresso. Nas duas cenas 2 e 6, uma personagem se identifica: o cego curado afirma que era exatamente ele quem mendigava (Jo 9,9: *ego eimi*), e Jesus se apresenta como o Filho do Homem (Jo 9,37: "Tu o vês, é quem fala contigo" – *ekeinos estin*); como veremos logo mais, o paralelismo entre esses dois versículos poderia revelar-se mais interessante do que pareceria numa primeira abordagem. Observemos ainda que, nessas duas cenas, o cego curado é apresentado sob um olhar neutro ou

---

[22] A menos que se trate de puro artifício poético, cujo caso-limite seria o palíndromo (palavra ou grupo de palavras que se leem do mesmo modo tanto da esquerda para a direita como inversamente: *Esope reste ici et se repose*, "Esopo permanece aqui e repousa"). Como artifício literário, um escritor como Georges Perec escreveu uma novela em forma de palíndromo; mas a Bíblia não contém esse tipo de narrativa.

[23] Indico ao leitor meus artigos "Le prologue du quatrième évangile (Jn 1,1-18)", *La vie spirituelle* 750, 2004, p. 8-15; "Le sein du Père. La finale du prologue de Jean", *Revue biblique* 112, 2005, p. 63-79.

positivo; em contrapartida, nas cenas 3 e 5, em que é interrogado pelas autoridades, ele atua como acusado. Finalmente, a cena central (4) termina com uma alusão à confissão do messiado de Jesus (Jo 9,22).

Apesar de todo o interesse que pode conter, a leitura concêntrica não esgota o sentido de Jo 9; é preciso associar a ela uma leitura contínua, linear, ou seja, ler o texto do início ao fim. Priorizemos agora esse tipo de leitura, sem nos esquecer do contexto no qual está inserida a narrativa de nosso interesse: a seção da festa das Tendas. Após a cura e as primeiras reações que ela produz, a informação tardia referente ao *sabbaton* (Jo 9,14) cria um efeito de surpresa e chama mais uma vez a atenção para a ação em vias de realização. Consequentemente, a tensão entre as autoridades judaicas e os seguidores de Jesus, representados pelo cego curado, não deixará de aumentar. Durante esse tempo, este opera um verdadeiro caminho de descoberta da pessoa de Jesus.

A cura do cego de nascença

Quando Jesus depara com o cego de nascença, seus discípulos lhe fazem uma pergunta (Jo 9,2), que dará ao novo relato sua dimensão teológica: "Rabi, quem pecou, ele ou seus pais, para que nascesse cego?". Tal pergunta pode nos causar espanto, a nós, modernos, que bem sabemos que as doenças e enfermidades nem sempre têm como causa um erro humano, muito menos ainda o pecado.[24] Contudo, no contexto judaico do século I, ela é absolutamente compreensível. Acreditava-se realmente que a falta dos pais não podia permanecer impune e que, se eles mesmos não pagassem por ela, caberia a sua prole fazê-lo. Aliás, a própria Bíblia não está repleta de exemplos desse tipo? Leiamos Ex 34,7 para nos certificarmos disso: o Senhor se apresenta a Moisés como um Deus rico em misericórdia, mas que, entretanto, "a ninguém deixa impune e castiga a falta dos pais nos filhos e nos filhos dos seus filhos, até a terceira e a quarta geração". Não há fumaça sem fogo: deve haver um culpado para que uma criança nasça cega. Os discípulos acreditavam nisso, e os fariseus-*Ioudaioi* também recitarão a mesma ladainha: "Tu nasceste todo em pecados e nos ensinas?" – dirão ao cego recém-curado (Jo 9,34).

---

[24] Entretanto, reconheçamos honestamente que somos muitas vezes tentados a recorrer a essas velhas (e ultrapassadas) categorias: "Que foi que eu fiz para merecer isso?".

Séculos depois, os profetas combateram essa ideia primitiva (Jr 31,29; Ez 18,2): "Nesses dias já não se dirá: 'Os pais comeram uvas verdes e os dentes dos filhos se embotaram'". Mas pouco adiantou: a mentalidade popular continuaria a crer nesse gênero de justiça divina por muito tempo. Alguns textos rabínicos chegaram ao exagero de afirmar que mesmo o embrião pode pecar no ventre da mãe. A sorte do cego curado, portanto, parece selada, e dela ele não poderá escapar. A condenação que o espera, aliás, é anunciada no episódio da entrada de Davi em Jerusalém (2Sm 5,8): "Quanto aos aleijados e aos cegos, eles desgostam Davi. É por isso que se diz: 'Aleijado e cego não entrarão na Casa'". O santo rei Davi tem nojo dos enfermos, impedindo-os de entrar no Templo, a Casa de Deus. Narrando que Jesus curou um coxo, e depois um cego, nas imediações do Templo,[25] João não quis mostrá-lo como um Messias completamente diferente, uma espécie de anti-Davi (cf. Jo 7,42)? De qualquer maneira, seu Messias manifesta uma compaixão e abertura que o situam muito acima de seu pálido predecessor.

Ao questionamento de seus discípulos, Jesus responde em dois momentos. Ele começa negando toda relação direta entre qualquer doença que seja e um pecado individual (Jo 9,3a): "Nem ele nem seus pais pecaram". Em seguida, acrescenta um argumento de enorme pertinência teológica (Jo 9,3b): "É para que nele sejam manifestadas as obras de Deus". O versículo seguinte aprofundará a temática das obras de Deus: é possível compreender então que Jesus apresenta sua missão como uma sequência de obras a realizar. Outrossim, ao afirmar "temos de realizar as obras daquele que me enviou" (Jo 9,4a), ele agrega seus discípulos a sua missão. Consequentemente, a noite que ele evoca (Jo 9,4b) não designa o fim de sua missão terrena, mas sobretudo o término da história da humanidade. Enquanto for dia, enquanto Deus der vida a este mundo e aos seres humanos, os discípulos de Jesus devem tomar parte em sua missão: render glória a Deus devolvendo aos cegos a capacidade de enxergar.

O que vem em seguida mostra bem de que tipo de cegos João quer nos falar, pois Jesus lembra que ele é "a Luz do mundo" (Jo 9,5). Essa afirmação não é construída com um *ego eimi*, "Eu, eu sou", pois não faz mais do que retomar o que Jesus já disse no início do capítulo precedente (Jo 8,12): "Eu sou a luz do mundo. Quem me segue não andará nas trevas, mas terá a luz da

---

[25] João narra duas curas efetuadas em Jerusalém: a do coxo deitado pelo chão num santuário pagão perto do Templo (Jo 5,2-9) e a do cego de nascença que mendigava perto de uma das entradas do Templo (Jo 9,1-7).

Jesus e o cego de nascença

vida". A cura do cego de nascença é, de certa maneira, a ilustração concreta dessa afirmação de Jesus a seu respeito. Mas, inversamente, essa declaração solene nos convida a considerar além do caso da cegueira física, para pensar na cegueira do coração, do espírito ou da alma, no endurecimento ou obscurecimento denunciado pelos profetas. Ao se revelar como *Luz do mundo*, Jesus visa aos que estão impedidos de ver a luz de Deus, de acolher sua palavra como *lâmpada para os pés* e *luz para o caminho* (cf. Sl 119,105). A narrativa do cego de nascença assume então contornos de fábula sapiencial, onde aquele que se considerava punido é salvo, e os que julgavam os outros são condenados. É o feitiço que se volta contra o feiticeiro, o "vidente" declarado "cego", ou pecador – o que equivale à mesma coisa (Jo 9,41).

Vem em seguida a cura propriamente dita: dois versículos são suficientes para João descrever os ritos preparatórios e o resultado. Jesus começa ungindo os olhos do enfermo com lama feita de saliva (Jo 9,6). Na Antiguidade, a saliva era muitas vezes usada em rituais de cura, e é provável que certos povos ainda a utilizem para fins medicinais. No entanto, para os Padres da Igreja, que se preocupavam mais com teologia que com etnologia, o gesto de Jesus anuncia uma nova criação. No final do século II, Santo Irineu comentará assim esse versículo: "Ele não agiu desse modo sem razão ou por acaso, mas a fim de tornar conhecida a Mão de Deus que, no princípio, havia modelado o homem [...], conforme o que diz a Escritura: 'E Deus usou do limo da terra e modelou o homem' [Gn 2,2]. É por isso que o Senhor cuspiu na terra, fez lama e aplicou-a sobre os olhos do cego".[26] Pelo fato de a narrativa do cego de nascença ter sido utilizada durante muito tempo na preparação ao Batismo, tal interpretação do gesto de Jesus é perfeitamente compreensível para nós. Ao agir assim, ele cumpre o que acaba de anunciar: "é para que nele sejam manifestadas as obras de Deus" (Jo 9,3). Ele foi enviado pelo Pai para levar à perfeição a obra da criação, concedendo ao ser humano a plenitude da salvação, a *vida em abundância* (Jo 10,10): "E Deus viu que isso era bom", dizia o Gênesis.[27]

Depois dessa unção, Jesus pede ao cego que compareça em Siloé: "Vai a Siloé e lava-te" (Jo 9,11). Essa alusão a Siloé me parece ter um longo alcance, com muita frequência ignorado. Vimos no primeiro capítulo que a

---

[26] Irineu de Lyon, *Contra as heresias* V,15,2. Tradução francesa de A. Rousseau, *Irénée de Lyon, Contre les hérésies*, Paris, Éditions du Cerf, 2001, p. 614-615. [Ver *Contra as heresias*, São Paulo, Paulus, Coleção Patrística, vol. 4, 1997. (N.T.)]

[27] Esse refrão pontua o relato sacerdotal da criação, a partir da criação da luz: cf. Gn 1,4.10.12.18.21.25.31.

celebração da festa das Tendas comportava, na época de Jesus, uma procissão diária a Siloé (com exceção do dia de sábado). O envio do cego a Siloé no último dia da festa não pode não fazer alusão ao papel dessa piscina na liturgia de *Sukkot*, mesmo se Jesus primeiramente o envia para lavar-se em água de fonte. O evangelista dá ênfase ao significado do nome Siloé: *Enviado*. O relato de cura termina com uma descrição muito rápida da ação do cego. João utiliza quatro verbos, três no passado (aoristo) e um no particípio presente: "O cego foi, lavou-se e voltou vendo claro" (Jo 9,7). Poderíamos traduzir essa frase de modo mais incisivo da seguinte maneira: "Ele foi até lá e se lavou; ao voltar, estava vendo". A cura aconteceu. A brevidade com a qual a ação do enfermo é narrada subentende que ele acreditou sem hesitar na palavra de Jesus, e obedeceu-lhe: são seus primeiros passos como crente.

Reações dos que estavam por perto

Tal reação não poderia passar despercebida. O cego curado deverá então se deparar com o coro de seus amigos e conhecidos, cujas opiniões divergem entre si: esse detalhe o aproxima ainda mais de Jesus, que no início da seção havia sido submetido a um tiro cruzado de opiniões divergentes (Jo 7,12.40.44). Uns reconhecem nele o cego curado, mas outros não conseguem admitir sua cura, crendo ver nele um sósia do mendigo conhecido (Jo 9,9). O cego então precisa se apresentar: "Sou eu". O grego diz: *ego eimi*. Ora, esse é o único caso em todo o Evangelho no qual a expressão é utilizada por outro que não Jesus. Nos lábios de Jesus, essas palavras muitas vezes têm um sentido teológico: são provenientes do Antigo Testamento, em que constituem uma fórmula de autorrevelação divina (cf. Is 43,10).

O Jesus joanino se apresenta frequentemente dizendo "Eu, eu sou". Várias vezes essa fórmula é seguida de um predicado: *o Pão da Vida, a Luz do mundo, o Bom Pastor* etc. Em quatro ocasiões – como vimos do capítulo anterior –, ela ocorre de modo absoluto, como uma afirmação teológica forte (Jo 8,24.28.58; 13,19). No entanto, existem usos ambivalentes. Em Jo 4,26, Jesus diz à Samaritana: *ego eimi, ho lalon soi*: "Sou eu [o Messias], que falo contigo"; mas também poderia ser uma alusão ao episódio da Sarça Ardente, em que Deus fala com Moisés e se apresenta a ele como "Eu, eu sou" (Ex 3,14). No episódio da tempestade acalmada,[28]

---

[28] Sem excluir, aliás, Mt 14,27 e Mt 6,50.

Jesus tranquiliza seus discípulos dizendo: "Sou eu. Não temais" (Jo 6,20), o que também pode significar: "Eu, eu sou [aquele que tem domínio sobre as ondas do mar]". Enfim, quando Jesus se apresenta àqueles que vêm prendê-lo, diz *ego eimi*; o evangelista utiliza três vezes seguidas essa fórmula, e faz questão de salientar que, ao ouvir essas palavras, as pessoas recuam e caem por terra, como se fossem atingidas por uma manifestação divina (Jo 18,5.6.8).

Portanto, João atribui a Jesus o uso teológico forte da fórmula *ego eimi*, mas em certos casos ele sabe trabalhar com os dois níveis de sentido dessa fórmula: um primeiro nível elementar, ordinário, e um nível mais elevado, mais sutil, teológico. Ora, como alguns raros autores, penso que a mesma ambivalência exista nas palavras proferidas aqui pelo cego curado: *ego eimi* (Jo 9,9). Evidentemente, ele se apresenta: é exatamente aquele cego que mendigava na saída do Templo. Contudo, no contexto exato desse capítulo 9, parece legítimo atribuir a essas palavras um segundo significado, mais elevado. Determinados céticos não deixarão de fazer oposição: "Mas como o evangelista poderia dizer 'Sou eu' senão por meio do uso da fórmula *ego eimi*? Não se deve ver aqui um segundo significado teológico, pois o sentido banal se impõe". Até parece! Se nos debruçarmos sobre a dupla obra de Lucas,[29] Evangelho e Atos, observaremos que, ao se visar unicamente ao *sentido banal* da fórmula, basta acrescentar-lhe uma palavra ou breve proposição que erradica toda ambiguidade. Assim, quando se mostra aos discípulos incrédulos, o Cristo ressuscitado lhes diz: "Sou [mesmo] eu!" – em grego: *ego eimi autos*, literalmente "eu, eu sou ele / [o] mesmo [aquele que vocês conheceram]" (Jo 24,39). Pedro, por sua vez, diz aos homens enviados pelo centurião Cornélio: "Sou eu a quem procurais" – em grego, *ego eimi hon zeteite* (At 10,21).

Na passagem de nosso interesse, o cego curado utiliza um *ego eimi* absoluto, convidando a também lhe atribuir um segundo sentido mais elevado. Mas qual pode ser ao certo esse sentido, pois se trata aqui de um homem comum, e não do Filho enviado pelo Pai? Pelo gesto de unção de Jesus, ele foi recriado à sua imagem e passará a progredir na fé em Jesus, enfrentando a hostilidade e a perseguição por fidelidade a seu novo

---

[29] É certo que Lucas e João são dois autores diferentes, que trabalham de modo diferente a língua grega. Mas Lucas, conhecedor refinado do grego de seu tempo, mostra que se podia escrever com maior precisão.

Senhor;[30] quando pronuncia essas palavras ambivalentes, Jesus já deixou a cena, e é durante sua longa ausência (versículos 8-35) que o cego falará em seu nome, defendendo-o de seus adversários. O cego curado doravante forma um só coração com seu Mestre e pode emprestar dele a expressão que só cabe a ele por direito.

A investigação dos fariseus-*Ioudaioi*

Após sua declaração de identidade, o cego curado é conduzido para junto dos fariseus (Jo 9,13);[31] voltamos a encontrar, assim, nas três sequências seguintes, os adversários habituais de Jesus (Jo 9,13-17.18-23.24.34). Ao mesmo tempo em que interrogam o homem, os fariseus permanecem concentrados na pessoa e identidade de Jesus. Estão divididos a seu respeito, pois ele realiza sinais nunca vistos antes, rompendo a lei do *sabbaton* (Jo 9,16). No início da nova sequência (v. 18), aparecem subitamente os *Ioudaioi*, mas o que a sequência mostrará é que estes continuam sendo os fariseus, representantes do Judaísmo. Eles prosseguem na investigação, interrogando os pais do cego curado. É então que João evoca o risco de expulsão da sinagoga, que ameaçou os cristãos de sua comunidade judeo-cristã (Jo 9,22); os pais, por sua vez, não se pronunciam, "porque têm medo dos *Ioudaioi*".[32] João cita quatro vezes o medo causado pelas autoridades religiosas: aqui, com o verbo "ter medo", e três vezes com a expressão "por medo dos *Ioudaioi*" (Jo 7,13; 19,38; 20,19), sem dúvida nenhuma ironicamente emprestada da única obra antiga que a emprega, o livro de Ester (Est 8,17 LXX).[33] Depois dessa investigação infrutuosa junto aos pais do cego, João anuncia que eles "chamaram, então, uma segunda vez o homem que fora cego" (Jo 9,24). Mas quem são "eles"? Parece óbvio ver aí "os judeus (= *Ioudaioi*)", pois eles acabam de interrogar os pais, que por sua vez os mandam procurar o filho (Jo 9,23). Mas se diz que eles vão interrogar *uma segunda vez* o

---

[30] É evidente que, ao fazê-lo dizer *ego eimi* no início de seu relato (Jo 9,9), João antecipa algo sobre sua confissão explícita, que virá mais tarde. Mas esse recurso pode ser visto em outras passagens de seu Evangelho.

[31] Aqui está uma prova de que eles são autoridade em matéria religiosa, o que nos reconduz ao período posterior à destruição do Templo em 70.

[32] É evidente que *Ioudaioi* não designa todos os judeus, pois os pais judeus do cego de nascença têm medo dessas pessoas. [A tradução citada difere da encontrada na *Bíblia de Jerusalém*, onde consta a expressão "por medo dos judeus". (N.T.)]

[33] No que diz respeito aos detalhes sobre as semelhanças entre Esther e João, ver *La fête de l'Envoyé*, p. 244-267. Essa aproximação inesperada é camuflada pela maior parte dos comentadores.

cego curado (Jo 9,24); e este responderá *já* ter lhes explicado sua história, admirando-se de que queiram ouvi-la *novamente* (Jo 9,27); esses detalhes remetem a seu primeiro interrogatório, que tinha sido feito pelos fariseus (Jo 9,15-17). A maioria das Bíblias sentiu necessidade de definir a identidade desse "eles"; mas elas trazem tanto "os judeus", ou seja, os *Ioudaioi*, quanto "os fariseus"; mais uma prova, portanto, de que esses dois termos designam o mesmo grupo.

Os fariseus-*Ioudaioi* se dirigem então ao cego curado, ordenando-lhe que diga a verdade por meio de uma expressão bíblica consagrada: "Dá glória a Deus! Sabemos que esse homem [Jesus] é pecador" (Jo 9,24). A expressão "Dá glória a Deus" manda a pessoa que se interpela dizer a verdade, e não mais ofender a Deus por meio da mentira e desonestidade; podemos citar, nesse sentido, Js 7,19 e 1Sm 6,5. Entretanto, a semelhança da fórmula joanina com esses exemplos bíblicos é superficial e, no fim das contas, pouco esclarecedora. Em contrapartida, um oráculo de Jeremias (Jr 13,15-17) constituiria uma base ideal para essa passagem joanina:

> Escutai, prestai ouvidos, não sejais orgulhosos, porque o Senhor falou! *Dai glória ao Senhor vosso Deus*, antes que escureça, antes que vossos pés se choquem contra os montes do crepúsculo. Vós contais com a luz, mas ele fará dela escuridão, ele a transformará em sombra. Mas se não escutardes, eu chorarei em segredo pelo vosso orgulho; chorarão abundantemente e deixarão correr lágrimas os meus olhos, porque o rebanho do Senhor é conduzido para o exílio.

Até onde sei, esse oráculo de Jeremias nunca foi posto em paralelo com Jo 9,24; entretanto, a semelhança entre as duas situações é forte, e o próprio João poderia ter feito a associação. Com efeito, os fariseus--*Ioudaioi* de João lembram muito as autoridades *desse país*, denunciadas por Jeremias pouco antes do oráculo citado acima (Jr 13,13); o profeta os conjura a dizer a verdade, a *dar glória a Deus* (Jr 13,16), antes que seja tarde demais. Ora, em João, os fariseus-*Ioudaioi* pensam pretensiosamente que conseguem ver com nitidez (Jo 9,41); com Jeremias, poderíamos dizer que eles contam com a luz (Jr 13,16). Jesus denunciará seu pecado, sua cegueira, ao passo que Jeremias os via tomados pela escuridão, pela sombra espessa. Por sua cegueira, eles estão na iminência de levar todo o povo (Jr 13,17: *o rebanho do Senhor*) à perdição (cf. Jo 10,12-13). A passagem da imagem da luz para a imagem do rebanho, presente em Jo 9–10, já havia sido feita no oráculo de Jeremias.

Tanto em João quanto em Jeremias, o pretensioso saber das autoridades é denunciado. Os fariseus-*Ioudaioi sabem* que Jesus é pecador (Jo 9,24) e que Deus falou a Moisés (Jo 9,29a). Em contrapartida, eles declaram "não saber" de onde Jesus vem (Jo 9,29b). Esse desconhecimento surpreende o cego curado (Jo 9,30), que lembra o que os crentes precisam *saber* sobre Deus (Jo 9,31), ao passo que ele nasceu "todo em pecados";[34] essa insolência será causa de sua expulsão (Jo 9,34.35). A disputa de saberes chegará ao ápice da ironia quando os fariseus afirmarem: "Sabemos que Deus falou a Moisés, mas esse não sabemos quem é" (Jo 9,29). Com efeito, sua expressão de desprezo em relação a Jesus é uma reprodução exata do critério que, de acordo com a tradição do Messias escondido, permite designar o Messias. Alguns moradores de Jerusalém haviam dito: "Nós sabemos de onde esse é, ao passo que ninguém saberá de onde será o Messias, quando ele vier" (Jo 7,27). Sem saber, os fariseus-*Ioudaioi* confessam o messiado de Jesus.

No final do relato do cego de nascença, alguns fariseus negam que sejam portadores de cegueira espiritual (Jo 9,39-41).[35] Eles se assemelham àqueles que Jeremias denunciava: "todos os habitantes desta terra, os reis que estão sentados no trono de Davi, os sacerdotes, os profetas e todos os habitantes de Jerusalém" (Jr 13,13). Esse povo orgulhoso (Jr 13,9-10) afirmava *saber* (Jr 13,12: "Porventura não sabemos [...]?"). Por outro lado, o cego curado viu a luz graças a Jesus. João o retrata como homem corajoso, que não hesita em agir de modo bem-humorado, como comprovam suas tiradas cheias de ousadia e malícia (Jo 9,30-33); com efeito, o Deus de Jeremias e de Jesus derruba dos tronos os poderosos e exalta os humildes. No final de sua vida pública, Jesus convidará mais uma vez seus ouvintes – e leitores – a crer nele, a Luz, para não permanecerem nas trevas (Jo 12, 35-36); por baixo dessas fórmulas joaninas, em filigrana, podemos vislumbrar as imagens fortes do oráculo de Jeremias.

O cego curado pagará caro por sua audácia de ter enfrentado os fariseus-*Ioudaioi*, para quem ele não passa de um pecador; eles vão pô-lo para fora, *exebalon auto exo* (Jo 9,34). Essa expressão é reproduzida literalmente no versículo subsequente (Jo 9,35), sem necessidade aparente; tal insistência

---

[34] Jo 9,34. Rabbi Yehuda nega a um cego de nascença o direito de recitar a grande oração judaica do *Shema 'Yisrael* (*Mixná Megilla* 4,6c).

[35] Observemos que não se trata de todos os fariseus, mas dos que se achavam com ele (Jesus). João havia assinalado que eles estavam divididos a respeito dele (Jo 9,16). A porta da salvação permanece aberta.

poderia significar que o cego curado é o protótipo dos excluídos da sinagoga (cf. Jo 9,22). Mas esse homem será acolhido por Jesus (Jo 9,35-38). Ora, na sequência do Pão da Vida (Jo 6), Jesus havia dito: "quem vem a mim eu não o rejeitarei" – grego *ou me ekbalo exo* (Jo 6,37) –, revertendo assim o processo desencadeado pela expulsão do Paraíso: "[O Senhor Deus] baniu o homem e colocou, diante do jardim de Éden, os querubins e a chama da espada fulgurante para guardar o caminho da árvore da vida" (Gn 3,24). Com Jesus, Pão da Vida, o acesso à árvore da vida é reaberto.

Duas declarações solenes de Jesus marcam o fim do episódio. Ele volta ao tema do sentido de sua missão: "Para um discernimento é que vim a este mundo: para que os que não veem vejam, e os que veem tornem-se cegos" (Jo 9,39). Essa frase lembra o versículo de Isaías sobre o endurecimento (Is 6,9-10), que João citará posteriormente (Jo 12,40). Mas, quando Jesus a pronuncia, alguns fariseus estão por perto, provavelmente os que não haviam apreciado sua liberdade em relação ao *sabbaton* (Jo 9,16). Sentindo-se acusados de cegueira, eles o interpelam (Jo 9,40), e Jesus lhes responde de maneira incisiva: "Se fôsseis cegos, não teríeis pecado; mas dizeis: 'Nós vemos!' Vosso pecado permanece" (Jo 9,41). Atrás de Isaías, João utiliza o tema da cegueira física para falar de uma enfermidade mais grave: o endurecimento do coração, a recusa da novidade sempre admirável do Deus salvador.

Um percurso de fé

Se lermos de modo contínuo a narrativa do cego de nascença, interessando-nos pelas reações dessa personagem, perceberemos que ele realiza um verdadeiro percurso de fé. No início, de Jesus ele só sabia o nome: "O homem chamado Jesus" (Jo 9,11). No final de seu primeiro interrogatório pelos fariseus, ele afirma que Jesus "é profeta" (Jo 9,17). Depois, ele o considera digno de ter "discípulos" (Jo 9,27a), vendo nele um homem "religioso", que "faz a vontade de Deus" (Jo 9,31), e que não poderia realizar as obras maravilhosas que faz "se não viesse de Deus" (Jo 9,33). Finalmente, quando Jesus se apresenta como "o Filho do Homem" (Jo 9,35-37), o cego curado conclui seu percurso de fé declarando: "Creio, Senhor!", e prostrando-se diante dele (Jo 9,38). A leitura contínua do relato da cura do cego de nascença se adéqua bem a uma liturgia da Palavra, favorecendo uma interpretação batismal dela. Os catecúmenos podiam ouvir como, graças a Jesus, *Luz do mundo* (Jo 8,12; 9,5), esse homem havia passado da noite deste mundo à luz da fé.

A trajetória de fé realizada pelo cego curado é pontuada por evocações de sua cura, sempre formuladas com auxílio da expressão *abrir os olhos*. Esta aparece sete vezes nesse capítulo:[36] nos versículos 10, 14, 17, 21, 26, 30, 32. No Antigo Testamento, algumas curas ocorrem após a septúplice repetição de um mesmo ritual: Eliseu precisou se estender sete vezes sobre o corpo sem vida do filho da sunamita (2Rs 4,35, LXX)[37] – além disso, esse relato termina com *a abertura dos olhos* do menino; o general sírio Naamã entrará sete vezes no Jordão para ser curado da lepra (2Rs 5,10.14), assim como o cego deve se lavar na piscina de Siloé, mas uma só vez bastará. João aprecia o simbolismo dos números, principalmente o do número 7, que lhe serve para pontuar um texto com a ajuda de uma palavra-chave: vimos o caso da palavra *heorte*, "festa", em Jo 7.

Na passagem que estamos analisando, o tema da abertura dos olhos é dividido de modo desigual.[38] Todavia, ele sempre aparece vinculado com a pessoa de Jesus.[39] A quarta menção, particularmente, situada no centro do septenário, merece nossa maior atenção. Com efeito, ela se encontra no centro do capítulo, numa questão acrescentada pelos pais: "quem lhe abriu os olhos não o sabemos" (Jo 9,21b). Os *Ioudaioi* não haviam perguntado isso, mas a questão está ligada à anterior por um "ou [então]":

21a: Mas **como** agora ele vê
<u>não o sabemos;</u>
21b: ou [então] **quem** lhe abriu os olhos
<u>não o sabemos.</u>

É claro que essas duas questões formam apenas uma. Os pais do cego curado simplesmente foram até o fim da primeira, como se tivessem adivinhado que, por trás do "como?", se ocultava a questão mais fundamental

---

[36] Além de Jo 9, a expressão ainda pode ser lida em Jo 10,21, e em Jo 11,37.

[37] O texto grego diz: "Ele se estendeu sobre a criança, até sete vezes (*heos heptakis*): então a criança abriu os olhos" (v. 35). Mas, no texto hebraico, o menino espirra antes de abrir os olhos, e a expressão "até sete vezes" é complemento do verbo "espirrar".

[38] Assim, as sete menções da expressão não coincidem com as sete cenas estabelecidas na narrativa.

[39] Jo 9,10-11: "Como se abriram teus olhos? [...] O homem chamado Jesus fez lama [...]"; 14: "o dia em que Jesus [...] lhe abrira os olhos"; 17: "Que dizes de quem te abriu os olhos?"; 21: "quem lhe abriu os olhos não o sabemos"; 26: "Como te abriu os olhos?"; 30: "vós não sabeis de onde ele é e, no entanto, abriu-me os olhos"; 32-33: "Jamais se ouviu dizer que alguém tenha aberto os olhos de cego de nascença. Se esse homem não viesse de Deus, nada poderia fazer".

ainda da identidade: "quem?". Com efeito, todos os "como?" do Evangelho, sobretudo os que se referem aos sinais operados por Jesus, conduzem a um "quem?". Os pais não sabem como seu filho passou a enxergar, porque de fato não sabem – ou não querem saber, por medo? – quem é Jesus. Aqui também João nos convida a ir além do nível anedótico para nos colocar a verdadeira questão: a da identidade de Jesus. É assim que a cura do cego atuará plenamente no papel de "sinal" (cf. Jo 9,16; 10,21): quem é aquele que pode realizar tais sinais? Ora, o versículo seguinte propõe uma resposta, evocando o messiado de Jesus: "Se alguém reconhecesse Jesus como Messias" (Jo 9,22). Na seção da festa, esse versículo nos dá a última menção do termo grego *christos* – que traduzimos aqui por "Messias" para ficar num contexto judaico –, a última de um septenário cujo desenvolvimento pudemos reconstituir ao longo de nossa análise do capítulo 7. Esse detalhe nos mostra que, apesar de sua forte coesão interna, a narrativa de Jo 9 também deve ser lida no contexto maior da seção da festa das Tendas, bem como em relação com o conjunto do Evangelho.

Os leitores do Evangelho são convidados a imitar o cego de nascença, que permitiu a Jesus *abrir-lhe os olhos*. É da visão espiritual, que constitui um novo nascimento, que João deseja nos falar. Jesus devolveu a vista física àquele homem, mas com a condição de, em seguida, revelar-se a ele como o Filho do Homem: "Tu o vês, é quem fala contigo", ao que o homem responde: "Creio, Senhor!" (Jo 9,37-38). Ele fez a passagem de um "ver" com olhos físicos para um "ver" com olhos de fé. Para João, o verdadeiro "ver" é o "crer". A exemplo desse cego curado, os discípulos joaninos fazem a experiência do preço a ser pago por seguir Jesus e confessá-lo diante dos outros. A fé é uma escolha de risco.

O Mestre e o discípulo

No capítulo anterior, os *Ioudaioi* que creram em Jesus ficaram estarrecidos quando Jesus os convidou a progredir na fé: "Se permanecerdes na minha palavra, sereis verdadeiramente meus discípulos e conhecereis a verdade, e a verdade vos libertará" (Jo 8,31-32). Em contrapartida, quando Jesus lhe disse para *se lavar em Siloé* (Jo 9,7.11), o cego de nascença obedeceu a sua palavra, dando-lhe crédito, e se dirigiu à piscina. Consequentemente, sua vida mudou: "O cego foi, lavou-se e voltou vendo claro" (Jo 9,7). Durante a longa ausência de Jesus (Jo 9,8-34), o evangelista confia ao cego curado um papel de primeiro plano. Ele suscita o espanto e a incredulidade de seus vizinhos e conhecidos (Jo 9,8-12). Em seguida, ele afronta os fariseus-*Ioudaioi* (Jo 9,13-17.24-34). De fato, acaba sofrendo uma espécie de rejeição por parte de seus pais (Jo 9,18-23). Tal reação negativa das pessoas mais próximas, fato raríssimo nos Evangelhos,[40] era prevista pelo salmista que proclamava sua fidelidade a Deus: "Não me deixes, não me abandones, meu Deus salvador! Meu pai e minha mãe me abandonaram, mas o Senhor me acolhe" (Sl 27,9b-10). Observemos exatamente que, no caso dos pais do cego curado, o abandono não se deve a um ódio religioso ou a uma recusa ideológica, mas simplesmente ao medo: eles tinham "medo dos judeus" (Jo 9,22). Os discípulos de todos os tempos podem fazer a mesma experiência.

Para os membros da comunidade joanina, ameaçados de serem excluídos da sinagoga, talvez já definitivamente expulsos, o percurso do cego curado é reconfortante. Esse homem teve a mesma sorte de seu Mestre, formando com ele uma só alma e um só coração; é por isso que o capítulo 9 mistura as interrogações sobre sua identidade e sobre a identidade de Jesus. O leitor é convidado a conhecer-se naquele que, apesar das dificuldades do caminho, se tornou a testemunha fiel de Jesus: "Tu, sim, és seu discípulo", lhe dirão seus adversários, sem imaginar que na verdade o estarão elogiando (Jo 9,28). Pelo fato de ter acolhido a *Luz do mundo*, ele se tornou *filho da luz* (Jo 12,36). Em tais condições, não nos admiremos de João fazê-lo pronunciar a fórmula que, aliás, revela o vínculo indissociável entre Jesus e o Pai: *ego eimi*, "Eu, eu sou" (Jo 9,9). Ela expressa o programa oferecido a todo discípulo, chamado a viver na intimidade com seu Mestre: "Já não vos chamo servos, porque o servo não sabe o que seu senhor faz; mas vos chamo amigos, porque tudo o que ouvi de meu Pai vos dei a conhecer" (Jo 15,15). O quarto Evangelho quer ajudar seus leitores a crescer na fé em Jesus, para obter a vida dos filhos de Deus, a plena comunhão com o Pai (cf. Jo 17,3; 20,31).

---

[40] Jesus anuncia que as famílias ficarão divididas por sua causa: "Não penseis que vim trazer paz à terra. Não vim trazer paz, mas espada. Com efeito, vim contrapor o homem ao seu pai, a filha à sua mãe e a nora à sua sogra. Em suma, os inimigos do homem serão seus próprios familiares" (Mt 10,34-36; cf. Lc 12,51-53).

A Sabedoria que ilumina

Tanto quanto o conjunto do quarto Evangelho, o episódio do cego de nascença é cheio de alusões ao Antigo Testamento. Já pudemos identificar algumas delas, a começar pelo oráculo de Jeremias. Mas voltemos a Isaías, verdadeiro livro de cabeceira de João. Nas duas extremidades da primeira parte do Evangelho (Jo 1,19–12,50), João cita explicitamente Isaías. No início, João Batista cita Isaías para anunciar sua identidade (Jo 1,22.23): "Quem és, então? [...] Que dizes de ti mesmo? Disse ele: 'Eu sou uma voz que clama no deserto: *Endireitai o caminho do Senhor*, como disse o profeta Isaías'". No fim da primeira parte (Jo 12,38-41), João volta a Isaías, para explicar o malogro relativo da missão de Jesus:

> [...] a fim de se cumprir a palavra dita pelo profeta Isaías: "Senhor, quem creu em nossa palavra? E o braço do Senhor, a quem foi revelado?" Não podiam crer porque disse ainda Isaías: "Cegou-lhes os olhos e endureceu-lhes o coração, para que seus olhos não vejam, seu coração não compreenda e não se convertam e eu não os cure". Isaías disse essas palavras, porque contemplou a sua glória e falou a respeito dele.

Três ocorrências do nome de Isaías enquadram duas citações: uma, tirada do último poema do Servo Sofredor (Is 53,1), anuncia a Paixão que espera Jesus; a outra evoca a cegueira dos olhos e o endurecimento do coração (Is 6,10), à qual faz alusão o final do relato da cura do cego de nascença (Jo 9,39-41).[41]

Assim presente nas duas extremidades da narração da vida pública de Jesus, Isaías também é citado na seção da festa das Tendas (Jo 7–10). O tema da *Luz do mundo* (Jo 8,12; 9,5) remete ao do Servo, chamado a se tornar *Luz das nações* (cf. Is 42,6; 49,6)[42] e a *abrir os olhos aos cegos* (cf. Is 42,7). Isaías faz da abertura dos olhos dos cegos um dos sinais da missão do Servo. É por esse motivo que, ao reportar o evento da cura do cego de nascença, João diz ao leitor que Jesus é não somente o *Messias* (Jo 9,22), mas também o *Servo do Senhor, Luz das nações*. O final da seção sugerirá que alguns *Ioudaioi* viram em Jesus o Servo de Deus anunciado por Isaías (Jo 10,21).

---

[41] Depois dessa segunda citação, a alusão aos notáveis que não assumiram publicamente sua fé em Jesus, a fim de não serem excluídos da sinagoga pelos fariseus, nos remete a Jo 9 (Jo 12,42).

[42] Mas, para reforçar a universalidade da salvação trazida por Jesus, João preferiu o termo *kosmos* ao termo "nações" (povo nações em oposição às nações pagãs).

Mas o tema da cura dos cegos também tem conotação sapiencial, como aparece em Sl 146,8: com exceção do livro de Isaías, esse versículo de Salmo é o único texto da Bíblia hebraica que evoca esse tema.[43] Num clima incomum de bem-aventuranças, o salmista louva o Senhor por todos os benefícios operados em favor dos miseráveis. Entre eles estão os cegos, aos quais Deus promete a cura, o retorno à visão: "O Senhor abre os cegos, o Senhor endireita os curvados, o Senhor ama os justos" (Sl 146,8). Ao dizer "O Senhor abre os cegos",[44] o texto hebraico convida a não estagnar no plano da cura física. Não é apenas o olho enfermo, mas toda a pessoa que Deus quer "abrir"; esse Salmo evoca discretamente a cegueira espiritual. Um "Apocalipse messiânico", encontrado em Qumran (4Q521, fragmento 2ii+4), vai à mesma direção, enumerando as obras realizadas por Deus nos dias do Messias, combinando referências a Isaías com uma citação desse Salmo: "libertando os prisioneiros, devolvendo a visão aos cegos, endireitando os cur[vados]". Outro texto de Qumran (4Q434) também evoca os grandes feitos operados pelo Senhor: "Na abundância de sua misericórdia, ele tem piedade dos pobres, e abre seus olhos para verem seus caminhos". Aqui, os olhos é que são abertos, mas a sequência mostra que tal cura deve ser interpretada num sentido espiritual, pois o importante é que os pobres vejam *os caminhos* do Senhor. Encontramos aí um tema que atravessa o Saltério: "Mostra-me teus caminhos, Senhor, ensina-me tuas veredas" (Sl 25,4; cf. também Sl 1 e Sl 119).

Algumas versões gregas seguem o texto hebraico – "o Senhor abre os cegos" (Áquila); "o Senhor ilumina os cegos" (Quinta) –, e vários exemplares da tradição latina desenvolverão essa veia espiritualizante. Contudo, na Septuaginta, esse versículo é traduzido de modo inesperado: "O Senhor torna sábios os cegos" (grego: *kyrios sophoi typhlous*, LXX Sl 145,8). O verbo empregado parece ser uma criação do tradutor, na medida em que é desconhecido pelo resto da literatura grega. Ora, em seu comentário ao Salmo,[45] Jerônimo estabelece uma relação entre esse versículo e o episódio do cego de nascença, já que citará Jo 9,41:

> Se ele quisesse falar dos cegos físicos, deveria dizer: "O Senhor ilumina os cegos". Mas ele não diz isso; ao invés, o que ele diz, de acordo com a verdade hebraica e grega? "O Senhor

---

[43] Na Bíblia grega, o maravilhoso opúsculo de Tobias narra a cura de um santo homem cego (Tb 2,10; 6,9; 11,1-18).

[44] Esperaríamos preferentemente: "O Senhor abre os olhos dos cegos".

[45] Jerônimo, *Tractatus de Psalmo* CXLV, Corpus Christianorum, Series Latina 78, p. 327. A tradução aqui é minha.

torna sábios os cegos". [...] "Se vocês fossem cegos, diz, não teriam pecado [Jo 9,41]". Nosso coração é cegado pelas trevas de nossos pecados. A ausência de sabedoria e a loucura são trevas para nossos olhos. Portanto, pois que nós, os famintos, fomos restaurados, e nossos pés foram liberados de seus entraves, que o olho de nosso coração se ponha a enxergar a luz que um dia havia perdido, e tome posse da sabedoria!

Jerônimo compreendeu bem a dimensão simbólica do Salmo – "de acordo com a verdade hebraica e grega" –, assim como a do texto joanino. Contudo, na medida em que João utiliza com frequência a tradução da Septuaginta e aprecia a temática, cara a Isaías, da cura dos cegos, não seria possível que ele já tivesse pensado nesse versículo ao narrar a história do cego de nascença? Seja como for, ele faz desse homem curado por Jesus – com uma passagem por Siloé, a piscina do *Enviado* – o representante de todas as mulheres e homens iluminados pela Sabedoria divina, esses cegos do coração que se abriram à inteligência do mistério de Jesus. Para João, Jesus é a verdadeira Luz e o único Mestre de sabedoria, e seus discípulos são convidados a seguir seus passos nesse caminho de sabedoria. Na narrativa do cego de nascença, João traduziu isso em atos. É por isso que esse homem, depois de curado, profere as palavras legitimamente reservadas a Jesus, *ego eimi* (Jo 9,9)?

Conclusão

No fim de sua fulgurante trajetória de fé, o cego curado é reconhecido por seus adversários como um discípulo de Jesus (Jo 9,28). No entanto, nas páginas seguintes, ele desaparece; esse traço típico de João nos convida a ir além do nível imediato do episódio para compreender seu significado profundo e valor permanente. Esse cego curado pode ser qualquer leitor do Evangelho que se deixe tocar por Jesus e creia em sua palavra. A beleza e a vida que brotam dessa passagem sublime em nada diminuem seu lado polêmico, pois ela se constitui de uma história dolorosa, a dos cristãos joaninos vitimados – ou ameaçados – pela exclusão da sinagoga. O autor os encoraja a manter-se firmes, como seu Mestre, como o cego curado. Jesus, por sua vez, adverte os fariseus-*Ioudaioi* para o fato de ter vindo para um julgamento (Jo 9,39) de condenação (os salvos não são julgados, cf. Jo 5,24.29). Mas isso em hipótese alguma significa que todos os fariseus-*Ioudaioi* já estivessem definitivamente condenados. Ao contrário, o fim da seção da festa retratará alguns deles reconhecendo Jesus como o Servo enviado por Deus "para abrir os olhos dos cegos" (Jo 10,19-21).

Da história do cego de nascença, demos ênfase até aqui à temática da luz e da cegueira. Mas ela também evoca a piscina de Siloé. Ora, no contexto da festa das Tendas, essa menção não pode permanecer despercebida; é por isso que o próximo capítulo será dedicado ao que chamo *a saga de Siloé*.

Capítulo 6
JESUS E SILOÉ

No episódio do cego de nascença, a menção a Siloé atrai nosso olhar para a piscina em que Jesus pede ao cego para ir se lavar, a mesma a que o cortejo sacerdotal se dirigia diariamente pela manhã durante a festa das Tendas. Mas essa menção também serve ao objetivo cristológico do evangelista, que toma o cuidado de nos dar o significado desse topônimo: "Siloé – que quer dizer 'Enviado'" (Jo 9,7). Em grego, *apestalmenos*.[1] No contexto de um Evangelho efetivamente cristológico, em que Jesus se apresenta como enviado por alguém maior que ele (cf. Jo 14,28), a quem chama de "Pai", seria difícil não levar em consideração o elo claramente estabelecido entre Siloé e Jesus.

No final do capítulo anterior, salientei que a narrativa de Jo 9 nos convidava a descobrir a *saga de Siloé*. Com efeito, pode-se muito bem falar em *saga* a respeito dessa piscina. Esse termo, que designa primeiramente "um conjunto de contos e lendas em prosa, característicos das literaturas escandinavas", serve também para nomear uma "epopeia familiar quase lendária atravessando várias gerações", e ainda "uma obra romanesca relatando tal epopeia".[2] Ao afirmar a existência de uma "saga de Siloé", da qual o quarto Evangelho constituiria elemento-chave, estou personificando a famosa fonte: ora, é justamente o que João faz, de uma maneira ao mesmo tempo discreta e fulgurante, ao reconhecer em Jesus "o verdadeiro Siloé". Nas páginas subsequentes, vamos nos debruçar sobre a história de Siloé, e essa saga nos fará trilhar um longo caminho, da época bíblica à aurora do período contemporâneo, passando pelas tradições judaicas, cristãs e muçulmanas.

---

[1] Do verbo *apostello*, "enviar" – donde *apostolos*, "apóstolo".
[2] Essas três definições encontram-se em: *Le Petit Larousse illustré 2000*, p. 910.

A fonte de Jerusalém na Bíblia judaica

Por ocasião da festa das Tendas, um cortejo alegre comparecia todas as manhãs – exceto no sábado – na piscina de Siloé, para que um sacerdote retirasse água para a libação. Na época do Novo Testamento, acreditava-se que esse tanque represava a água de uma fonte local, chamada Siloé. De fato, há na cidade de Jerusalém somente uma fonte, a de Geon,[3] termo que significa "que brota", e se explica pelo efeito de sifão que faz brotar a água da fonte em intervalos. Mas a área do Geon, fora dos muros, era vulnerável (de acordo com uma leitura incerta de 2Sm 5,8, teria sido a partir dali que Davi tomou posse de Jerusalém). Por outro lado, pouco antes do ano 700, o rei Ezequias desviou as águas dali para o tanque de Siloé, com a ajuda de um túnel cavado na pedra.[4] Posteriormente, esses trabalhos ficaram um pouco esquecidos, apesar das raras alusões bíblicas, de modo que se acreditou que Siloé dizia respeito a uma fonte independente.

Comecemos reparando no que a Bíblia nos diz acerca desse Geon. A fonte de Jerusalém é mencionada três vezes no relato da unção de Salomão (1Rs 1,33-45).[5] Foi ali que o rei Davi organizou a sagração de seu filho:

> "Tomai convosco a guarda real, fazei montar na minha mula o meu filho Salomão e fazei-o descer até Geon.[6] Lá o sacerdote Sadoc e o profeta Natã o ungirão rei de Israel [...]" Fizeram Salomão montar na mula do rei Davi e o conduziram a Geon. O sacerdote Sadoc apanhou na Tenda o chifre de óleo e ungiu Salomão; soaram a trombeta e todo o povo gritou: "Viva o rei Salomão" (1Rs 1,33.38-39).

Quando Adonias, julgando-se desafortunado, ouviu esse clamor, Jônatas lhe disse: "De fato, o rei, nosso senhor, acaba de proclamar Salomão rei! [...] o sacerdote Sadoc e o profeta Natã o ungiram rei em Geon; voltaram de lá soltando gritos de alegria, e a cidade está alvoroçada; é esse o rumor que acabais de ouvir" (1Rs 1,43.45). Uma segunda alusão ao Geon de Jerusalém se encontra nas páginas do Segundo Livro de Crônicas dedicadas aos

---

[3] *Geon* é a única fonte da velha colina do Ofel. Outra fonte, 'Ein Rogel, se encontra muito mais ao sul da cidade.

[4] Ainda hoje é possível passar pelo túnel de Ezequias, mais infelizmente se tornou uma atividade turística paga.

[5] O *targum* menciona Siloé na área do Geon, talvez por causa de seu papel em *Sukkot* na Mixná. Ao contrário do que supus em *La fête de l'Envoyé*, p. 78, o autor do *targum* não pôde conhecer o túnel de Ezequias, redescoberto no fim do século XIX.

[6] Tomamos a permissão de padronizar a tradução de "Gihon", como ocorre no francês, para Geon. De fato, na *Bíblia de Jerusalém* (Paulus, 2002), esse toponímico aparece tanto como Geon (cf. Gn 2) quanto como Gion (cf. 1Rs 1). (N.T.)

reis Ezequias e Manassés. O primeiro mandou fazer um canal de derivação para represar as águas do Geon no novo reservatório de Siloé, situado mais ao sul e dentro dos muros da cidade: "Foi Ezequias que obstruiu a saída superior das águas do Geon e as canalizou para baixo, para o ocidente da Cidade de Davi" (2Cr 32,30).[7] O rei Manassés, por sua vez, um ímpio que teria se convertido subitamente, "restaurou a muralha externa da Cidade de Davi, a oeste do Geon, no vale, até a porta dos Peixes" (2Cr 33,14).

Mas, na Bíblia, o mesmo nome "Geon" designa também um dos quatro rios do Paraíso: "O segundo rio chama-se Geon: rodeia toda a terra de Cuch" (Gn 2,13). Desde a Antiguidade, a homonímia dos cursos de água do Paraíso e de Jerusalém foi posta em relevo pela tradição judaica;[8] entretanto, ela é muito pouco explorada, inclusive pelos autores contemporâneos.[9] De fato, o Geon de Jerusalém não é um rio, e Jerusalém se situa bem longe de Cuch; porém, na medida em que o relato da criação (Gn 2) define a presença divina como fonte de vida para o mundo inteiro, e a cidade de Jerusalém representa na Bíblia um papel simbólico, a interpretação teológica e simbólica da homonímia dos cursos d'água parece menos absurda. Com seu Templo, Jerusalém se tornará o umbigo do mundo na tradição judaica; os cristãos, por sua vez, farão memória da Páscoa que seu Senhor concretizou nessa cidade, para a salvação de todos os homens. O vínculo simbólico entre o Geon do Paraíso e o Geon de Jerusalém sinaliza que Deus é ao mesmo tempo criador e salvador do Universo.

Mas a versão grega do livro de Jeremias contém outra menção, bastante inesperada, do Geon (LXX, Jr 2,18): "Agora, pois, que te adiantará ir ao Egito para beber a água do *Geon*? Que te adiantará ir à Assíria beber a água dos rios?". Em vez do Geon, o hebraico se refere aqui ao Nilo, ou a um de seus braços. Flávio Josefo já conhecia essa identificação entre o rio edênico e o grande rio do Egito: "o *Geon*, que atravessa o Egito [...] os gregos o chamam de Nilo" (*Ant.* I,39). Tal identificação talvez se deva ao

---

[7] Ver também 2Rs 20,20: "O resto da história de Ezequias, todas as suas façanhas, e como construiu o reservatório e o aqueduto para levar água à cidade, não está tudo escrito no livro dos Anais dos reis de Judá?".

[8] "No primeiro dia da semana, Adão entrou nas águas do Geon superior, até que elas cobrissem seu pescoço, depois ele jejuou durante sete semanas (de dias), até que seu corpo fosse transformado numa espécie de peneira" (*Pirke de-Rabbi Eliezer*, séc. VII-IX, capítulo 20). Os elementos do Paraíso (Adão) são combinados com uma alusão a Jerusalém (Geon superior). Associações de mesma ordem podem ser lidas na Vida de Adão e Eva, mas não sem influência cristã.

[9] Zc 14,8 – "águas vivas sairão de Jerusalém" – parece fazer a associação entre os dois Geon; outras passagens bíblicas salientariam a dimensão paradisíaca de Jerusalém (Is 33,21; Ez 47; Jl 4,18; Sl 46,5; 65,10).

fato de que, no Gênesis, o Geon está associado a Cuch, que o grego traduz por "Etiópia": a Etiópia e o Egito são bem próximos, e o mesmo Nilo cruza os dois países. Mas o Geon de Jeremias poderia perfeitamente ser uma combinação entre o Geon do Paraíso e o Geon de Jerusalém.

Com efeito, Jeremias conhece outro rio do Paraíso, o Eufrates, nome que designa, em seu livro, não apenas o grande rio da Mesopotâmia, mas também uma pequena torrente do deserto de Judá, chamada em hebraico de *P'rat*, hoje *wadi Fara*. É a ele que diz respeito o episódio biográfico do cinto de Jeremias (Jr 13,4-7): "'Toma o cinto que compraste e que está sobre teus rins. Levanta-te, vai ao *Eufrates* e esconde-o lá na fenda de um rochedo'. E fui escondê-lo no Eufrates […] disse-me o Senhor: 'Levanta-te, vai ao *Eufrates* e retoma o cinto que te mandei esconder lá'. Fui ao *Eufrates*, procurei e apanhei o cinto do lugar onde o escondera. Eis que o cinto estava estragado, não servindo para mais nada". Esse Eufrates evidentemente não se situa na Mesopotâmia. Ora, o nome de um terceiro rio do Paraíso, também associado à Mesopotâmia, evoca outra torrente do deserto de Judá: com efeito, é tentador aproximar o Tigre do *wadi 'n-Nimr*, em árabe "torrente do leopardo". O resultado então seria, para três dos rios do Paraíso, um fenômeno de homonímia com fontes ou torrentes de Judá. Isso mostra a preocupação quase inconsciente de identificar a Cidade Santa e seus arredores com o jardim do Paraíso.[10]

A Septuaginta contém outra menção ao Geon, no livro do Eclesiástico (Eclo 24,23b-27): "A Lei que Moisés promulgou […] Como o Fison,[11] ela está cheia de sabedoria, como o Tigre na estação dos frutos. Como o Eufrates, ela está repleta de inteligência, como o Jordão no tempo da ceifa. Ela faz brilhar a disciplina como uma luz, como o Geon no tempo da vindima".

Essa passagem evoca os quatro rios do Paraíso: Fison, Tigre, Eufrates e Geon (Eclo 24,25-26a). A eles, ela associa o Jordão (v. 26b) e, se considerarmos a versão siríaca,[12] o Nilo (v. 27a). Contudo, ao lado dessas remissões ao Paraíso de Gênesis 2, também poderia haver uma alusão ao Geon de Jerusalém (cf. 3 Reinos 1 [=1 Reis 1] e 2Cr 32). Com efeito, Eclo 24

---

[10] Também se tentou, porém com menos sucesso, estabelecer um vínculo entre o último rio do Paraíso (Fison) e uma piscina de Jerusalém.

[11] Fison é a transcrição grega do hebraico *Pishon*.

[12] O texto grego é incoerente, pois nele a disciplina não é comparada a dois rios, como a sabedoria (Fison e Tigre) e a inteligência (Eufrates e Jordão), mas a uma luz e ao Geon. Ora, a versão siríaca menciona o Nilo ("Como o Nilo, ela faz correr a disciplina"), cujo nome está próximo da palavra "luz".

descreve a atividade da Sabedoria divina na Tenda santa (versículos 10a, 15) e no Templo (versículos 10b-11); ora, o Templo é obra do rei Salomão, sagrado em Geon. Além disso, Salomão é o amigo por excelência da Sabedoria, sendo aqui identificado com a Lei de Moisés (versículos 25-31). Por outro lado, o Eclesiástico conhece os trabalhos empreendidos por Ezequias em Jerusalém: "Ezequias fortificou a sua cidade e conduziu a água para o seu centro" (Eclo 48,17). Essa passagem evoca a piscina de Siloé, cuja importância durante a festa das Tendas já conhecemos, após a vindima: a estranha associação do Geon ao "tempo da vindima" (Eclo 24,27) poderia perfeitamente fazer alusão à libação de *Sukkot*. Nesse caso, a insistência da tradição rabínica sobre a libação, e sobre o elo entre o Templo e a fertilidade do solo, entre "Templo-centro do mundo" e águas do Paraíso, estaria fundada sobre tradições que poderiam remontar ao século II a.C.

É possível que o Eclesiástico esteja inscrito na tradição de Jeremias. Com efeito, numa passagem do original hebraico (texto não canônico de Eclo 48,18), o autor faz um jogo de palavras entre "esperança" e "fonte", duas palavras que se escrevem com as mesmas consoantes em hebraico (*mqwh*), só se diferenciando pela vocalização. Ora, certos oráculos de Jeremias aproximam esses dois termos, uma vez que Deus se apresenta como "a esperança de Israel" e a "fonte de água viva", e repreende seu povo por buscar água em cisternas furadas: "meu povo cometeu dois crimes: eles me abandonaram, a mim, fonte de água viva, para cavar para si cisternas, cisternas furadas, que não podem conter água" (Jr 2,13; ver também Jr 14,8; 17,13; 50,7). Deus é "a fonte de água viva", ao passo que os reis pagãos que atraem os governantes de Jerusalém – ora o Egito, ora a Assíria ou Babilônia – não passam de cisternas rachadas, que deixam a água se perder. A continuação (Jr 2,18) aprofunda em sentido simbólico a temática da sede: "Agora, pois, que te adiantará ir ao Egito, beber as águas do Nilo? Que te adiantará ir à Assíria, beber as águas do Rio?". Os israelitas são tentados a ir saciar sua sede junto aos pagãos, no Egito ou Assíria, quando na verdade têm a fonte perto de si, em seu meio!

Esse oráculo de Jeremias lembra o de Is 8,6-8, passagem que contém a única menção a Siloé no Antigo Testamento:[13]

---

[13] Para ser mais exato, Ne 3,15 também poderia evocar Siloé: "Selum [...] também refez o muro da cisterna de Shelah, ao lado do jardim do rei" (texto da *Bíblia de Jerusalém* modificado). O termo *Shelah* tem as mesmas consoantes de *Shiloah*, e certas versões gregas dão Siloé (2Esd 13,15).

Visto que este povo rejeitou as águas de Siloé que correm mansamente, apavorado diante de Rason e do filho Romelias, o Senhor trará contra ele as águas impetuosas e abundantes do rio, a saber, o rei da Assíria com todo o seu poderio. Ele encherá todos os seus leitos e transbordará por todas as suas ribanceiras; ele se espalhará por Judá; com a sua passagem inundará tudo e chegará até o pescoço, e as suas asas abertas cobrirão toda a largura da terra, ó Emanuel!

Esse trecho remete à época do rei Acaz (736-716 a.C.); logo, não evoca nem o túnel nem a piscina de Ezequias (716-687 a.C.), da qual Jo 9,7 tinha conhecimento. O nome "Siloé" designa então um simples canal: uma "conduta"[14] ou, segundo a etimologia popular referida por João, um *envio* de água. Aquele primeiro canal, cavado em área de colina, desembocava num reservatório destinado à irrigação dos jardins reais.

Nesse oráculo de Isaías, Deus se compara às águas calmas de Siloé e repreende seu povo por tê-lo desprezado, anunciando-lhe que sua queda terá como origem aquele de quem esperava salvação política: o rei da Assíria, que é representado por um grande rio, que vai inundar Judá. Assim, tanto Isaías como Jeremias utilizam a imagem da água para confrontar duas atitudes: a água calma de Geon-Siloé expressa a proteção e a paz que Deus concede a quem a ele se confia, e as grandes águas devastadoras (Isaías), ou a necessidade desenfreada de matar a sede fora (Jeremias), representam o perigo de distanciar-se de Deus. Embora o "Siloé" de Is 8,6 não seja idêntico ao de Ezequias e João, a presença desse topônimo na Escritura foi suficiente para conferir ao território que a ele está associado certa autoridade: o que não passava de um simples *envio* de água se tornará símbolo da bênção divina. Antes de passar pelo túnel de Ezequias, a água brota de uma rocha bastante dura; esse fato, atestado mais tarde por São Jerônimo, evocará a *força* e a *generosidade* do Deus vivo. Fazendo então memória dos prodígios do Êxodo, em que Deus havia saciado seu povo depois de Moisés ferir a rocha (Ex 17,6), os crentes confessarão o Deus de Israel como a verdadeira Rocha, o Deus que ama a ponto de doar a vida e a *envia* misteriosamente. Tal aura se manifesta nesse lugar, onde a benevolência divina praticamente se deixa apalpar, pelo que se torna fácil compreender a utilização que se fará dele durante *Sukkot*.[15] E, como veremos, essa reputação de Siloé ultrapassou substancialmente o contexto da festa judaica.

---

[14] De acordo com o Dicionário Houaiss da língua portuguesa, a nona acepção da palavra "conduta" é um sinônimo de "conduto", qual seja algo que serve para conduzir, levar água de um lugar para outro. (N.T.)

[15] Para alguns autores, a reputação de Siloé vem de seu papel no ritual de *Sukkot*: o Templo – ou o altar sobre o qual se derramava a água de Siloé – seria a verdadeira fonte de santidade, de fertilidade e de vida, e é por isso que Siloé teria se tornado célebre. Mas a interpretação inversa me parece melhor.

O Siloé joanino

Depois da referência que Isaías faz das "águas de Siloé" (Is 8,6), o Evangelho de João nos contempla com a segunda menção bíblica a Siloé (Jo 9,7.11). Todavia, o leitor do Evangelho estaria equivocado se limitasse sua investigação ao relato do cego de nascença. Com efeito, a presença de Siloé já pode ser percebida, como que em filigrana, no anúncio dos rios de água viva (Jo 7,38). Mas a alusão ao rito de libação foi fortemente remodelada pelo evangelista em função de seu projeto cristológico, uma vez que Jesus não convida seus ouvintes a ir em busca da água de Siloé, como se costumava fazer durante a semana festiva, mas a ir até ele para se dessedentar. Isso sugere que João quis apresentar Jesus como o verdadeiro Siloé, a verdadeira fonte.

O recurso à crítica textual nos permite ainda identificar uma terceira alusão joanina a Siloé. João é o único autor do Novo Testamento a associar eventos de cura a um reservatório de água: a cura do paralítico[16] se realizou junto à piscina de Betesda (Jo 5,2.7), e a do cego de nascença resultou de sua imersão em Siloé (Jo 9,7). Ora, a localização da primeira cura em Betesda é motivo de interrogação. Nesse local, perto da atual basílica de Santa Ana, custodiada pelos Padres Brancos,[17] interessantes escavações tornaram possível descobrir dois grandes tanques. Esses reservatórios eram destinados a recolher as águas pluviais para abastecimento do Templo; contudo, na época evangélica, eles já haviam sido substituídos por um novo reservatório, situado mais próximo do Templo. Além disso, não existe nessa área nenhuma fonte, e nada permite explicar o borbulhar de água esperado pelos enfermos, como mostra o Evangelho, de modo que alguns comentaristas imaginam que João inventou esse detalhe para dar mais vida a seu relato (Jo 5,3b-4.7).

Em contrapartida, o túnel de Ezequias transfere para Siloé o efeito de sifão da fonte do Geon; ora, esse fenômeno, que devia parecer milagroso na Antiguidade, ofereceria uma boa explicação ao borbulhar de água que o texto atual situa em Betesda. Mas essa interpretação dá a entender que

---

[16] Não se sabe exatamente se esse homem era paralítico. Algumas versões da Bíblia, como a Edição Pastoral em subtítulo (Paulus, 1990), dão como certo que sim. Na *Bíblia de Jerusalém*, consta que se tratava de "um homem, doente havia trinta e oito anos", o qual Jesus encontra "deitado" (Jo 5,5-6). (N.T.)

[17] A Sociedade dos Missionários da África é uma sociedade de vida apostólica da Igreja Católica Apostólica Romana fundada em 1868, por Dom Charles Lavigerie, arcebispo de Argel. Seu nome latino é Missionarii Africæ, o que determina sua sigla (M Afr). São também chamados Padres Brancos (*Patres Albi*). (N.T.)

a cura do enfermo ocorreu em Siloé, e não em Betesda. É possível? Sim: algumas tradições de leitura corroboram essa suposição. Alguns manuscritos da *Velha* versão *latina* [*Vetus latina*] da Bíblia – anterior à Vulgata de São Jerônimo – situam o episódio de Jo 5 *in inferiore(m) parte(m)* "na parte inferior"; pois bem, essa fórmula elíptica provavelmente designa a parte inferior *da cidade*, o que corresponde à localização da piscina de Siloé. O poeta latino Prudêncio, cujo testemunho integral teremos a oportunidade de ler logo mais, confirma indiretamente a existência da redação "Siloé" no lugar de "Betesda" em Jo 5,2. Com efeito, a uma evocação de Siloé, a respeito de Jo 9, ele acresce uma descrição da multidão de enfermos impacientes, que vem de Jo 5,3-7: "Uma multidão de doentes espreita com ávida impaciência a fonte avara [...] eles aguardam [...] os borbulhamentos roucos da água". De igual maneira, um texto de Irineu de Lyon, conhecido não apenas por suas traduções latina e armênia, mas também por um curto fragmento grego, combina uma nítida alusão a Jo 9 com uma descrição correspondente a Jo 5. Outros manuscritos antigos, sobretudo na tradição siríaca, colocam explicitamente o episódio de Jo 5 em Siloé. Efrém o faz numa homilia sobre a Epifania; uma homilia de Tiago de Sarug tem a mesma redação, assim como um comentário de Isho'dad. Logo, parece que a escola exegética da Síria, ancorada numa tradição semítica que pôde conservar elementos antigos, situou o episódio de Jo 5 em Siloé. O primeiro testemunho seria de Efrém, a menos que ele mesmo não tenha retirado esse indício do original siríaco do *Diatessarão*.[18]

O problema do borbulhamento da água (Jo 5,3-4.7) e a menção em diversos manuscritos de Siloé no lugar de Betesda (Jo 5,2) permitem pensar que, numa primeira edição do Evangelho, o episódio do paralítico poderia ter se situado em Siloé. Entretanto, no estado atual do Evangelho, a piscina de Siloé só é mencionada numa passagem (Jo 9,7.11); ora, apesar desse fato evidente, muitos comentadores deixam de interpretar o relato do cego de nascença em função da festa das Tendas.

---

[18] Os vocábulos gregos *dia tessaron* ("por intermédio de quatro") designam uma combinação dos quatro Evangelhos em apenas um, que teria sido composta por Taciano por volta de 170-175. Ver o importante artigo de C. Malzoni, "L'ancienne tradition syriaque des évangiles, sa place et sa signification, em J.-M. Poffet (org.), *L'autorité de l'Écriture* (Lectio divina, fora de série), Paris, Éd. du Cerf, 2002, p. 95-112 (p. 100).

Siloé na tradição judaica

O historiador judeu Flávio Josefo, contemporâneo exato do quarto Evangelho, cita várias vezes o nome de Siloé, designando por esse nome o bairro ou a fonte que nele se encontra.[19] Para ele, Siloé, antes de qualquer coisa, é uma nascente de água, ou uma fonte;[20] ele terminantemente desconhecia que sua água era proveniente de Geon. Ele salienta que essa "fonte" era conhecida por sua qualidade e sua abundância: "[...] até Siloé. Pois era assim que chamávamos a fonte [de água] doce e abundante" (*Guerra* V,140). Posteriormente, Siloé é posta pela Mixná em relação com a festa das Tendas (tratado *Sukka*). Mas outros textos da tradição rabínica a evocam, atribuindo-lhe um poder curativo, purificador ou expiatório. Assim, é possível ler no tratado *Para* da Mixná (§ 3,2) que o ritual de purificação deve ser feito com as cinzas de uma novilha vermelha (cf. Nm 19,1-10), misturadas à água de Siloé. Já pudemos ver que alguns acréscimos à Mixná comparam "as águas de Siloé às águas do Princípio".[21] O poder medicinal de Siloé era tão bem reputado que não se hesitava em compará-lo às míticas águas primordiais, assim como o Geon de Jerusalém evocava o Geon do Éden.

Segundo a obra rabínica *Abot de Rabbi Natan*, Deus havia agraciado os habitantes de Jerusalém com uma série de milagres, dentre os quais o mais simpático exalta a virtude digestiva das águas de Siloé: "Quando comiam muito da carne dos sacrifícios, eles bebiam da água de Siloé, e [a carne] era digerida em seu ventre como é digerida a comida [normal]" (§ 35). O sujeito não é definido com exatidão; para alguns, trata-se dos habitantes de Jerusalém, mas pelo contexto seria muito mais sugestivo ver aí os sacerdotes, o que tornaria a anedota ainda mais picante! A reputação terapêutica de Siloé lança luz sobre um trecho do Talmude de Jerusalém (tratado *Hagiga* 1,1), que situa a fonte no próprio centro da terra de Israel: "A partir de onde se devem fazer as medições? A partir da muralha ou das casas? Samuel respondeu: 'A partir de Siloé. Pois Siloé se encontra no meio do país'".

---

[19] *Guerra* II,340; V,140.145.252.410.505; VI,363.401.
[20] Aqui, "fonte" no sentido de chafariz. (N.T.)
[21] Cf. no capítulo 3, "Os rios de água viva e a água de Siloé".

Siloé na tradição cristã

A reputação de Siloé provém exatamente de seu enraizamento no mundo judaico, na história de Jerusalém e na fé bíblica no Deus vivo. Entretanto, na sucessão dos tempos, peregrinos e autores cristãos da época bizantina reacenderão a chama. Iniciemos com uma citação de Jerônimo, extraída de seu comentário a Isaías. A explicação que vamos ler diz respeito a Is 8,6, ou seja, ao "Siloé" anterior a Ezequias. Mas Jerônimo não se compromete com essa questão histórica, passando do texto de Isaías ao lugar que teve a chance de conhecer durante sua permanência na Palestina: "Que a fonte de Siloé, ao pé do monte Sião, é essa nascente que brota com intermitência a certas horas e em determinados dias, fazendo barulho ao chegar por cavernas subterrâneas de pedra muito dura: disso não podemos duvidar, sobretudo nós que moramos nesta província".[22] O padre Abel, dominicano da École biblique [Escola bíblica], preferia o conhecimento de campo de Jerônimo ao conhecimento puramente livresco de Cirilo de Alexandria, que acreditava que a descrição de Is 8,6 correspondia à realidade: "Retratar Siloé como uma água que corre sem causar barulho nenhum, como fazem alguns, é prova de uma tentativa de se adaptar à reflexão de Isaías 8,6, ao invés de se mostrar como testemunha ocular. Muito mais viva e real se caracteriza a observação de São Jerônimo sobre essa fonte intermitente".[23] Muitos autores medievais que não viveram na Terra Santa reproduzirão a descrição de Jerônimo, enfatizando também o caráter de intermitência da fonte: Petrus Comestor, Zacarias de Besançon, Ludolfo de Saxe. Mas voltemo-nos agora para os peregrinos que visitaram a Terra Santa na época bizantina. Alguns deles nos legaram um relato de suas peregrinações; outros publicaram algo como um guia da Terra Santa, descrição para uso dos crentes, peregrinos ou não.[24] O peregrino de Bordeaux escreveu o relato de uma peregrinação que realizou em 333: "Mais para baixo no vale, há ao lado da muralha uma piscina chamada Siloé. Ela tem quatro pórticos e uma segunda piscina grande do lado de fora. Essa fonte jorra água durante seis dias e seis noites, mas o sétimo dia é o sábado, e ela não jorra mais, nem de dia nem à noite". Notemos a divertida precisão

---

[22] Essa tradução é de F.-M. Abel e se encontra em "Mélanges", *Revue biblique* 13, 1916, p. 223.

[23] F.-M. Abel, "Mélanges", *Revue biblique* 31, 1922, p. 419.

[24] Com exceção da tradução dos versos 679 a 688 da Apoteose de Prudêncio, traduzida por M. Lavarenne (Prudêncio, *Apotheosis. Traité de la nature de Dieu*, Paris, Les Belles Lettres, 1945 [1962, 2. edição]), as traduções francesas foram extraídas de P. Maraval, *Récits des premiers pélerins chrétiens au Proche-Orient (IVe-VIIe siècle)*, Paris, Éditions du Cerf, 1996.

acrescentada por essa testemunha a respeito do movimento irregular da água, que respeitaria o repouso sabático! Essa lenda piedosa provavelmente se deve à fusão entre o fato observado da movimentação intermitente de água e a lembrança mais vaga da cura realizada por Jesus num dia de sábado (Jo 9,4).

O poeta latino Prudêncio (348-c.410) pôde visitar a Terra Santa e sua estadia no país de Jesus lhe inspirou os seguintes versos:

> A fonte Siloé produz ondas por intermitência; é apenas a intervalos que seu açude recebe seus jatos abundantes. Uma multidão de doentes espreita com ávida impaciência a fonte avara, na qual põem a esperança, para que sumam as chagas de seus membros ao mergulhar em sua água purificadora. Rivalizando entre si, apoiando-se com uma das mãos na borda seca, eles esperam sobre a rocha molhada os fluxos roucos da água.

Pouco depois de 444, Euquério, bispo de Lyon que jamais esteve na Palestina, combinou anotações de leitura com lembranças transmitidas oralmente por peregrinos: "Na encosta do monte Sião, cujos rochedos escarpados estão apontados para a região do Leste, brota a fonte de Siloé, dentro dos muros e na parte baixa da colina. Ela corre para o Sul por fluxos irregulares".

O *Abrégé de Jérusalém* [*Breviário de Jerusalém*] data do início do século VI. Trata-se de um pequeno guia para uso dos peregrinos, delineando a disposição dos diferentes lugares santos ao longo de um itinerário e apresentando para cada um deles o motivo de seu interesse. É curioso constatar nesse texto que só se associa Siloé com a "paixão" de Jeremias (cf. Jr 38,6), e nenhuma lembrança há relativa ao ministério de Jesus: "Quando desceres a Siloé, ali encontrarás a cisterna onde foi jogado Jeremias". Numa obra composta depois de 518, mas que permaneceu inacabada, Teodósio reuniu inúmeras informações sobre a Terra Santa. Também ele afirma que a piscina de Siloé está (no interior da muralha construída por Eudóxia entre 444 e 450) "a cem passos da fonte de água onde foi jogado o profeta Jeremias".

Um peregrino anônimo originário de Placência (Itália, planície do Pó) redigiu, em torno de 560-570, um *Itinerário* da Terra Santa. Ele diz que Siloé constitui o único acesso à água viva na cidade, e pontua discretamente ("a certas horas") o fluxo de água irregular: "Nesses tanques, a certas horas, a fonte deixa jorrar muita água". Ele também lembra o episódio da paixão de Jeremias: "Nesse lugar se encontram as águas pútridas em que Jeremias foi jogado". Ele reporta em seguida que Eudóxia mandou ampliar

150 A saga de Siloé

a muralha ao Sul da cidade, para incluir Siloé dentro de seus limites, mas descreve sobretudo a basílica fundada por ela e na qual se realizam novos milagres: "Em Siloé se encontra uma basílica com abóbada, embaixo dela nasce Siloé. Duas piscinas foram feitas por mãos humanas [...]. Nessas águas, muitos milagres se manifestam, sendo leprosos, particularmente, purificados". Mas o *Itinerário* desse peregrino mistura o real ao maravilhoso; de fato, ele afirma que chega água a Siloé proveniente do Gólgota! Essa lenda original poderia ser fruto de uma releitura de determinadas passagens do quarto Evangelho.[25] Seja como for, ela parece constituir a versão cristã da relação firmada pela tradição judaica entre Siloé e o Templo.

Um século depois, o monge anglo-saxão Beda, o Venerável (672-735), se inspirará em Jerônimo e Euquério de Lyon em sua descrição dos lugares santos. Na esteira desses dois, ele relata que Siloé "corre para o Sul com fluxos de água certamente irregulares, ou seja, a fonte nasce em águas não permanentes, mas a certas horas e em determinados dias, e chega com grande barulho por cavernas subterrâneas de uma rocha muito dura".

É curioso observar que, quando exaltam as propriedades terapêuticas da "fonte" de Siloé, esses autores cristãos jamais evocam a cura do cego de nascença (Jo 9). Contudo, a imperatriz Eudóxia mandou erigir a basílica de Siloé para celebrar o dito episódio evangélico. Talvez se deva concluir que esses relatos cristãos contêm o eco de uma reputação das águas de Siloé *anterior* a Jesus. Uma reputação provavelmente ligada ao caráter enigmático dessa fonte intermitente. Não seria pela mesma razão que, já antes da época evangélica, se introduziu na liturgia de *Sukkot* um rito para retirar água em Siloé? A leitura desses relatos revela outra surpresa: parece que os autores cristãos esqueceram, ou ignoraram, a relação entre Siloé e Isaías. Entretanto, esse profeta é o único autor bíblico a nomear Siloé (Is 8,6), e a *Vida de Isaías* transmitida nas *Vitae Prophetarum* – uma antiga coleção de lendas concernentes aos profetas bíblicos – explicará essa relação.[26] O silêncio dessas testemunhas acerca de Isaías contrasta com seu interesse pela história de Jeremias, o profeta atirado num poço lamacento que a tradição mostrava perto de Siloé.

---

[25] Com efeito, a promessa da água viva (Jo 7,38), que tem certa relação com Siloé (Jo 9,7), se cumprirá quando sangue e água jorrarem do lado ferido pela lança a Jesus crucificado (Jo 19,34).
[26] Na sequência deste capítulo, estudaremos essa *Vida de Isaías*.

Uma fonte bendita

Como toda fonte bendita, portadora de poder sobrenatural, considera-va-se Siloé capaz de curar pessoas justas, humildes e de boa-fé. Todavia, se um ímpio se aproximasse dela, o milagre se manifestava por meio de uma interrupção súbita e mais ou menos prolongada do fluxo de água. O historiador Flávio Josefo relatou que, quando Deus queria castigar seu povo infiel, ele deixava a fonte secar por algum tempo, como ocorreu em certa ocasião durante a guerra contra os romanos:

> Quanto a Tito, efetivamente, fontes até então ressequidas para vós [= os judeus] passaram a jorrar para ele em maior abundância. Em todo caso, vós sabeis bem que, antes de sua chegada, a fonte de Siloé havia secado, assim como todas as que estão fora da cidade, tornando-se necessário comprar ânforas de água; na medida em que são, nas atuais circunstâncias, em tamanha abundância para vossos inimigos, são também suficientes para prover às suas necessidades, bem como às do rebanho e dos jardins.[27]

O mesmo fenômeno teria ocorrido entre 572 e 587, sob o império de Justino II, pelo menos se dermos crédito ao cronista medieval Miguel, o Sírio:[28] "No sétimo ano de seu reinado, o escoamento das águas de Siloé, que se encontra do lado direito de Jerusalém, cessou por quinze anos". Há alguns anos, ainda foi possível observar a interrupção temporária do fluxo de água: os peregrinos e turistas que passavam pelo túnel de Ezequias não corriam mais o risco de serem surpreendidos pela subida da água, de qualquer maneira inofensiva. Contudo, como das vezes anteriores, esse novo ressecamento não determinou a morte definitiva da fonte.

Pelo impacto que o caráter intermitente de seu fluxo de água causou nas diferentes testemunhas, podemos ver bem que a reputação de Siloé não dependia de seu papel durante a liturgia judaica das Tendas. Posteriormente, essa reputação encontraria um eco na tradição muçulmana, da Idade Média aos dias atuais. Em sua história de Jerusalém, o historiador árabe Moudjîr ed-Din, que nasceu e morreu nessa cidade (1456-1522), reproduz o discurso de um antigo, de acordo com o qual "quem se encontrar em Jerusalém deve ir [...] se banhar na água de Siloé, pois ela vem do Paraíso".[29]

---

[27] *La Guerre des Juifs* [*Guerra Judaica*] V,409b-410. Tradução francesa de A. Pelletier, in: Fl. Josèphe [Flávio Josefo], *Guerre des Juifs*, tomo II, Paris, Belles Lettres, 1982, p. 169.

[28] Segundo tradução de J.-B. Chabot, *Chronique de Michel le Syrien, patriarche jacobite d'Antioche (1166-1199)*, Paris, Ernest Leroux, 1899-1910, t. II, p. 179.

[29] Ver F.-M. Abel e L.-H. Vincent, "Jérusalem nouvelle", in *Jérusalem. Recherches de topographie, d'archéologie et d'histoire*, Paris, Gabalda, 1926, p. 864.

Podemos ver que esse dito da tradição muçulmana associa a Siloé o tema do Paraíso, já observado na tradição judaica.

No início do século XX, no vilarejo muçulmano de Silwan – ou seja, Siloé –, os habitantes tinham costume de descer em procissão até Siloé, repetindo sem saber os gestos dos judeus da Antiguidade, que para lá se dirigiam a fim de buscar água durante a festa das Tendas. Um observador relatou uma tradição que prova que o antigo vínculo entre Siloé e oração por chuva existia entre os muçulmanos.[30] Os habitantes de Silwan conheciam os três pontos de água de Jerusalém: o Geon, que eles designavam como "a fonte dos Degraus", e que era de fato a única verdadeira fonte da cidade; depois, a "fonte" de Siloé e, por fim, "a fonte de Jó" – em árabe o *Bir Ayyub* –, ou seja, a antiga *'Ein Rogel*. Cada uma dessas fontes era envolvida por uma aura de santidade. Quando a carestia os ameaçava por muito tempo, eles organizavam um cortejo que unia as três fontes. Uma senhora idosa, sentada sobre um asno, trazia nas mãos um galo que ela fazia gritar batendo nele. Rodeada pelos aldeões, ela ia da fonte dos Degraus a Siloé, e de Siloé à fonte de Jó.

No ritmo das palmas, cantava-se durante esse tempo: "Ó minha Senhora Bedrije [na fonte dos Degraus], refresca a semente que cresce em nossos campos! Ó minha senhora, tu, ó fonte de Siloé, refresca a semente que está com sede! Ó meu Senhor, tu, ó fonte de Jó [ao Bir Ayyud], fala em nosso favor ao Enviado [de Alá]!". Essa tradição muçulmana está inscrita na linha direta do ritual para retirar água durante a festa judaica de *Sukkot*, que acontecia no momento em que se esperavam as primeiras chuvas, depois de um longo verão seco. No entanto, a essa reprodução inconsciente de um velho rito de água, ela misturou estranhas práticas populares, como o percurso dessa senhora idosa em lombo de burro e a atitude de bater no galo. Além do mais, a versão muçulmana do ritual concerne aos três pontos de água, e não apenas a Siloé. Finalmente, dentre as três, é a *'Ein Rogel* que cabe a melhor posição; essa fonte situada mais ao sul é a última parada da procissão e está associada à figura de Maomé, o Enviado de Alá. Devemos ver nesse fato a reprise islamizada, provavelmente inconsciente, daquilo que o Evangelho de João diz acerca de Siloé ("Siloé – que quer dizer 'Enviado'" [Jo 9,7]), designando Jesus como o verdadeiro Enviado do Pai?

---

[30] Ver P. Kahle, "Die moslemischen Heiligtümer in und bei Jerusalem", *Palästinajahrbuch* (1910), 63-101 (ici, p. 94).

Jesus, o verdadeiro Siloé

Os exemplos que acabamos de ver mostram que as águas de Siloé tinham fama de possuir uma virtude milagrosa. Com o passar do tempo, essa fama foi transmitida de uma tradição a outra: ao primeiro momento bíblico, bastante discreto (Is 8,6), sucedeu uma linha constante de interpretação no Judaísmo antigo; os cristãos deram continuidade com o relato joanino do cego de nascença (Jo 9) e, posteriormente, na época bizantina; por fim, uma tradição muçulmana subsistiu até início do século XX e estava ligada à vida do bairro popular de Silwan – tradição ainda atestada pela presença de uma mesquita próxima aos vestígios da piscina.

No contexto solene do último dia da festa das Tendas, o episódio do cego de nascença põe em evidência a passagem das trevas para a luz (cf. Jo 8,12; 9,5), assim como o chamado de Jesus propõe aos que têm sede saciar-se na fonte divina (Jo 7,38-39). O próprio Jesus era essa fonte de água viva evocada por vários oráculos, sobretudo por Is 12,3, que se cantava durante a procissão a Siloé: "Com alegria tirareis água das fontes da salvação". Ao designar-se como a luz e curar o cego, ele evoca um versículo do Salmo cantado durante a subida de volta para o Templo: "O Senhor é Deus: ele nos ilumina" (Sl 118,27). Assim, cada elemento do ritual convidava os fiéis a voltar o coração para Deus, única fonte de vida e de luz, de alegria e de bênção. Portanto, é importante que leiamos o episódio do cego de nascença sobre esse pano de fundo litúrgico, que lhe dá sua força cristológica; doravante, não é mais nem a água de Siloé nem a luz do Templo que conta, mas Deus, que realiza suas obras por meio de seu enviado Jesus (Jo 9,4).

Siloé: uma leitura messiânica

A menção de Siloé, elemento-chave do relato da cura do cego, não deve nos orientar somente a considerações topográficas. Com efeito, Siloé é muito mais que um ponto de água; é um símbolo, um signo de força. Essa afirmação pode ser desenvolvida em duas direções. Consideremos primeiramente uma antiga tradição judaica, relativa a uma palavra enigmática do texto hebraico de Gn 49,10: "O cetro não se afastará de Judá, nem o bastão de chefe de entre seus pés, *até que venha Shiloh e os profetas o obedeçam*". A palavra *Shiloh* aparece apenas uma vez em toda a Bíblia. A Septuaginta a decompôs em *She* (quem) – *l* (a) – *oh* (ele), e interpretou "quem é para ele", donde esta tradução grega: "Não faltará chefe proveniente de Judá [...] até que venha aquele que lhe está reservado, aquele que é a esperança das nações" (Gn 49,10 LXX). Essa leitura grega foi interpretada em chave messiânica, mas certos manuscritos hebraicos ou aramaicos são mais precisos. Assim, um manuscrito de Qumran diz: "até que venha o Messias de justiça Germe de Davi"; e o *targum* Neofiti comenta: "até que venha o Rei Messias". Na Idade Média, ainda, alguns judeus lerão Gn 49,10 em chave davídica (ibn Ezra) ou messiânica (Rashi, Nahmanide, Abravanel).

Desde o século II, com São Justino, os cristãos farão uma leitura messiânica de Gn 49,10; nesse caso, é mais apropriado falar numa leitura cristológica. Com efeito, eles utilizarão esse versículo em suas controvérsias com os judeus, para provar que Jesus é o Messias anunciado pela Escritura. A interpretação judaica ou cristã da palavra *Shiloh* foi possibilitada pelo contexto imediato no qual a palavra se encontra: a bênção de Jacó àquele que supera os outros irmãos, Judá (Gn 49,8-12). Ora, certos autores contemporâneos, considerando que algumas tradições judaicas iam nessa mesma direção, aproximaram o termo *Shiloh* do topônimo *Shiloah*, "Siloé". A passagem de um termo a outro não é tão simples quanto parece, quando lidos em transcrição latina; com efeito, em escrita semítica, eles têm uma consoante final diferente, um *hê* para *Shiloh* e um *het* para *Shiloah* (escrito, normalmente, com um *h* pontuado). Essa sutil diferença não exclui a possibilidade de um jogo entre as duas palavras; todavia, a hipótese permanece incerta.

Admitamos por ora que, na Antiguidade, se tenha feito tal jogo de palavras; teríamos então um *Shiloh* que também seria *Siloé*, ou seja, um enviado (de Deus). Ora, na tradição bíblica, é Moisés quem é enviado, assim como seu sucessor prometido por Deus. O Evangelho de João apresenta com frequência Jesus como o novo Moisés;[31] ele faz alusão particular a isso ao explicar o nome da piscina: "Siloé – que quer dizer 'Enviado'" (Jo 9,7). Portanto, se o vínculo entre *Shiloh* e *Siloé* é antigo, teríamos aqui uma combinação do tema messiânico – *Shiloh* (cf. o *Christos* de Jo 9,22) – com o do novo Moisés – *Enviado*. É possível, mas não certo, mesmo porque as temáticas do Enviado e do Messias não são idênticas.

---

[31] Moisés é descrito como enviado por Deus, particularmente no episódio da sarça (Ex 3,10.12.13.14.15; ver também Nm 16,28). Para o novo Moisés prometido por Deus, ver Dt 18,15.18; Jo 8,42; 9,4 (e passim), assim como At 3,22; 7,37.

Admitamos agora que a interpretação do *Shiloh* por *Shiloah* não se sustente. Nesse caso, devemos excluir Gn 49,10 da investigação sobre Jo 9, de modo que a menção a Siloé (Jo 9,7.11) precisa ser explicada de outro modo. Ora, ao contrário do que o evangelista dá a entender, o termo "Siloé" não pode significar "enviado", mas sua forma não corresponde exatamente à de um particípio passivo, de modo que se deve ver na explicação dada por João uma etimologia popular. No início, como pudemos ver, o nome "Siloé" designava simplesmente a "conduta" de água; posteriormente, o caráter enigmático do fluxo intermitente incitou a pensar que essa água era "enviada" por Deus. Ora, João gosta de ler as realidades em dois níveis: primeiramente num sentido banal, depois num sentido simbólico. Não seria isso que ele fez para Siloé? Um texto antigo, reproduzido pela tradição cristã, mas que considero de origem judaica, vai confirmar essa pista.

Siloé na *Vida de Isaías*

Com efeito, a fórmula pela qual João explica o nome de Siloé (Jo 9,7) se encontra integralmente no opúsculo intitulado *Vitae Prophetarum*, "As vidas dos profetas" (VP).[32] Essa coletânea contém breves relatos biográficos relativos aos profetas do Antigo Testamento, que narram em forma de lenda certos aspectos de suas vidas não conhecidos pela Bíblia, de modo particular a morte – geralmente um martírio – e o sepultamento. É na *Vida de Isaías* (VP 1,2) que se pode ler a fórmula paralela a Jo 9,7: *Siloam ho hermeneuetai apestalmenos*, "Siloé, que quer dizer: Enviado". Para compreendê-la melhor, leiamos essa fórmula em seu contexto imediato, os versículos 1-5 da *Vida de Isaías*:[33]

> Isaías, oriundo de Jerusalém, morreu serrado ao meio por ordem de Manassés, e foi posto sob o carvalho de Rogel, perto do percurso das águas que Ezequias destruiu ao mandar aterrar.[34] E Deus realizou o sinal de Siloé por causa do profeta. Com efeito, antes de morrer, tendo desmaiado, ele pediu água para beber. E logo lhe foi enviado dele [de Siloé]. *É por isso que ele foi chamado de Siloé, que quer dizer: "enviado".* E no tempo de Ezequias, antes que se fizessem as cisternas e as piscinas, ao pedido de Isaías um pouco de água saiu. Com efeito, o povo estava cercado por estrangeiros, e não podia ser que a cidade perecesse por falta de água. Pois os inimigos se perguntavam: "De onde eles poderão beber?" E, para dominar a

---

[32] A existência dessa coletânea é amiúde desconhecida, ou também negligenciada, pelos exegetas de João.

[33] Modifico a tradução literal que fiz em *La fête de l'Envoyé* (p. 444), a fim de torná-la mais fluente. A continuação da *Vida de Isaías* (os versículos 6-9) não nos interessa.

[34] Trata-se do antigo canal em declive de colina (2Cr 32,3.4.30).

cidade, eles se posicionavam perto de Siloé. Assim, se os judeus viessem, saía água; mas se eram os estrangeiros, não. Eis o motivo pelo qual, até hoje, ela sai subitamente, de modo que o mistério seja mostrado. E porque isso ocorreu por intermédio de Isaías, para honrar sua memória o povo o sepultou bem perto dali, com cuidado e gloriosamente, a fim de que, por suas orações, mesmo após sua morte, eles possam fazer bom proveito da água. Pois um oráculo lhes foi dado a seu respeito [a água].

Foi a tradição cristã que preservou os relatos das *Vitae Prophetarum* e que os transmitiu mediante inúmeras versões, integral ou parcialmente. São conhecidos os exemplares em latim e siríaco, em armênio e etíope, em georgiano e em árabe, em eslavo, em irlandês arcaico, e mesmo – para Isaías, Ezequiel e Daniel – em hebraico medieval. A diversidade e a abundância de manuscritos das *Vitae Prophetarum* mostram o grande interesse dos cristãos por essa obra, e contrastam com o surpreendente silêncio da tradição judaica em relação a ela. Assim sendo, podemos entender por que muitos especialistas tendem a ver nela uma obra essencialmente cristã, ou então largamente contaminada por ideias cristãs. De fato, vários comentadores de João descartam o paralelo de VP 1,2, por verem aí uma interpolação cristã num texto de origem judaica, sob influência de Jo 9,7.

Que haja em alguns desses textos interpolações cristãs é evidente. Assim, a *Vida de Jeremias* fala em *se prostrar* diante de uma *virgem* e um *recém-nascido* deitado numa *manjedoura* (VP 2,8), gesto que as *nações* repetirão diante de um *madeiro* no dia de "sua" parúsia (VP 2,10). Na *Vida de Daniel*, o curso da jornada diária é marcado pelo ritmo da oração monástica: uma hora depois da outra. Mas não há nada parecido na *Vida de Isaías*: a menor alusão à narrativa de Jo 9, nem a Cristo como novo Isaías ou como *Siloé*-Enviado. Tudo é para melhor glória do santo profeta. É verdade que o texto contém duas palavras de grande importância teológica, *semeion* ("sinal") e *musterion* ("mistério"), e que João gosta muito da primeira; no entanto, ele mesmo não fala de um *sinal de Siloé*; o termo *musterion*, por sua vez, quando tem um valor teológico nas *Vitae Prophetarum*, o que nem sempre é o caso, nunca é num sentido cristológico. De qualquer maneira, esses termos já eram empregados por autores judeus bem antes da época dos Evangelhos; sua presença no texto da *Vida de Isaías* não prova em absoluto que eles sejam fruto de uma intervenção cristã.

Houve quem quisesse também comparar o relato das *Vitae Prophetarum* sobre Siloé com textos da época bizantina que narram a descoberta de uma fonte milagrosa após a oração de um santo, como, por exemplo, na *Vida de*

Caritão 24 (3) ou no *Pratum Spirituale* [Prados espirituais] de João Mosco. Nesses textos, um santo intervém a favor de seus fiéis, mesmo depois de sua morte, como a VP nos sugere em relação a Isaías. Todavia, os relatos das VP são bem mais breves e mais simples que os escritos biográficos da época bizantina; contudo, depois de abstraídas suas interpolações cristãs, eles aparecem marcados por um caráter judaico bastante pronunciado. Por outro lado, se a publicação sobre Isaías datasse do século V, provavelmente encontraríamos outros traços bizantinos de uma relação entre Isaías e Siloé. Ora, vimos que não é esse o caso. Em 333, o Peregrino de Bordeaux se refere à sepultura de Isaías, situando-a mais para o Leste no vale do Cedron, ou seja, sem relação com Siloé. O santuário de Siloé, construído no século V por Eudóxia, celebra a cura do cego de nascença, e em hipótese alguma a santidade de Isaías. Além do mais, observamos que, quando os peregrinos da época bizantina estabelecem uma relação entre Siloé e um profeta, eles pensam em Jeremias, e não em Isaías. Tudo isso corrobora uma datação mais antiga da *Vida de Isaías*, num contexto judaico.

O silêncio do Judaísmo rabínico sobre as *Vitae Prophetarum* poderia ser interpretado como uma reação de seus representantes diante da utilização ideológica da Bíblia pelos cristãos, mas também por sua falta de interesse pelos livros proféticos e por túmulos. Ora, tal reticência em relação a túmulos, supostamente marcante em autores judeus, não é muito antiga, pois o Antigo Testamento evoca os túmulos dos patriarcas, e os Evangelhos mencionam os dos profetas. A própria Bíblia judaica narra um caso de milagre atribuído ao túmulo do santo profeta Eliseu: "Eliseu morreu e foi sepultado. Bandos de moabitas faziam incursões na terra todo ano. Aconteceu que, enquanto alguns homens estavam sepultando um morto, avistaram um desses bandos; jogaram o corpo dentro do túmulo de Eliseu e partiram. O corpo tocou nos ossos de Eliseu, recobrou vida e pôs-se de pé" (2Rs 13,20-21). Esse episódio parece estar no pano de fundo da informação de Eclo 48,13-14 sobre Eliseu: "Nada era muito difícil para ele: até morto profetizou. Em vida fez prodígios; morto, ações maravilhosas". Assim, mesmo a evocação da sepultura do profeta sugere um pano de fundo judaico antigo para a *Vida de Isaías*.

Por outro lado, como se poderia esquecer que Is 8,6 é a única menção de Siloé na Bíblia judaica, e que Siloé representa um papel importante durante a festa das Tendas? A reflexão sobre o envio dessa água misteriosa é anterior à era cristã e à reflexão cristológica. Um último argumento concluirá a tentativa de situar o conjunto da *Vida de Isaías* no contexto do Judaísmo antigo. No versículo paralelo a Jo 9,7 (VP 1,2), o termo "enviado" está associado ao "Siloé" do início, e a frase significa: "é por isso que esse lugar conhecido como Siloé recebeu esse nome, porque Siloé quer dizer 'enviado'". Temos aí o que se pode chamar de argumento etiológico – uma justificação do nome da fonte pela lembrança de um episódio maior relativo a esse lugar: a expressão "é por isso" que abre a explicação, e que não se encontra em Jo 9,7, é um bom sinal disso. Ora, a Bíblia hebraica conhece tais relatos etiológicos, como o que se encontra em Gn 22,14: "A este lugar Abraão deu o nome de 'O Senhor proverá', de sorte que se diz hoje: 'Sobre a montanha, o Senhor proverá'". O mesmo acontece em 2Sm 6,8, em relação à morte súbita de Oza durante o traslado da Arca: "Davi se inflamou, porque o Senhor tinha feito uma brecha [hebraico: *peretz*], atacando Oza, e chamou-se aquele lugar pelo nome de Farés-Oza, que permanece até agora" (2Sm 6,8).

Com VP 1,2, não estamos longe de certas tradições bíblicas bastante antigas. Consequentemente, nada nos obriga a atribuir a *Vida de Isaías* a uma época recente. Assim, com vários autores, dentre os quais Anna Maria Schwemer, que publicou uma edição crítica do texto, da *Vida do Isaías* do século I de nossa era, e sobretudo da primeira metade desse século.[35] Foi por causa de seu interesse pela *cristologia do envio* que João tirou daí sua explicação popular do nome de Siloé. A interpretação que proponho aqui não é completamente nova, e certos autores já a tinham sustentado; mas, infelizmente, eles não justificaram sua escolha.[36] É por isso que me pareceu indispensável apresentar um conjunto de argumentos que permitem explicar a influência da *Vida de Isaías* sobre o Evangelho de João.

A gramática joanina do envio

Como acabamos de ver, foi um motivo cristológico que levou João a emprestar a etimologia de Siloé da *Vida de Isaías*. Ao longo de seu Evangelho, e especialmente da seção da festa das Tendas, ele quer mostrar em Jesus o verdadeiro Siloé, de onde flui a água viva (cf. Jo 7,38). Em seu espírito,

---

[35] Cf. A. M. Schwemer, *Studien zu den frühjüdischen Prophetenlegenden. Vitae Prophetarum*, Bd. I, Tübingen, J.C.B. Mohr, 1995. Schwemer atribui o opúsculo a um doutor da Lei de tendência farisaica.

[36] Ver, por exemplo, C. Koester, *Simbolism in the Fourth Gospel: Meaning, Mystery, Community*, Minneapolis, Fortress Press, 1995, p. 102-103. Esse autor afirma que João retirou a fórmula das *Vitae Prophetarum*, mas não apresenta o menor argumento nesse sentido.

Jesus certamente é o Enviado definitivo do Pai. No entanto, se o próprio João tivesse forjado essa explicação do nome "Siloé" numa intenção cristológica, ele sem dúvida não o teria feito a partir do particípio *apestalmenos*, "enviado". Com efeito, João evoca o envio de Jesus pelo Pai por meio dos dois verbos gregos disponíveis – *pempein* e *apostellein* –,[37] mas nunca utiliza nesse sentido a forma *apestalmenos*, que ele, contudo, não ignora.

Entretanto, João gosta de se repetir, chegando a dizer a mesma coisa com palavras diferentes. E exemplo mais bonito desse interesse pela variação estilística é o breve diálogo entre Jesus e Pedro às margens do lago (Jo 21,15-17). Em três versículos, podemos contar não menos do que quatro pares de "quase sinônimos": dois verbos para "amar" (*agapan* e *philein*), dois verbos para "dar pastagem" (*boskein* e *poimainein*), duas palavras para "ovelhas" ou "cordeiros" (*arnia* e *probata*) e, enfim, dois verbos para "saber" (*eidenai* e *ginoskein*). Considerado por si mesmo, cada elemento desses pares tem nuança própria. Mas o acúmulo de variações torna vã a tentativa de detectar aqui um matiz comum entre as diversas formulações escolhidas pelo autor. Trata-se muito mais de uma opção estética e estilística de João pela variação.

No que diz respeito aos verbos de envio *pempein* e *apostellein*, um percurso através da literatura grega mostra que não se deve dar à menor sutileza que os diferencia uma proporção exagerada. Isso já vale para a literatura clássica e para a Septuaginta, mas também é pertinente, como poderemos ver, para o quarto Evangelho. Os exemplos de uso concomitante dos dois verbos de envio estão espalhados por todo o Evangelho. Em seu interrogatório pelos representantes das autoridades de Jerusalém, João Batista utiliza tanto *apostellein* (Jo 1,19.24) quanto *pempein* (Jo 1,22). A aproximação é ainda mais marcante em Jo 7,28-29, pois o que está em questão é o envio do Filho pelo Pai; ora, a fórmula "aquele que me enviou" (*ho pempsas me*) é posta em paralelo com "e foi ele quem me enviou" (*kakeinos me apesteilen*): "é verdadeiro aquele que me enviou [...]. Eu, porém, o conheço, porque venho de junto dele, e foi ele quem me enviou". Em João 13,16, o único uso joanino do termo *apostolos*, aparentado do verbo *apostellein* e utilizado em sentido banal de "enviado", é associado ao outro verbo de envio: "o servo não é maior do que o seu senhor, nem

---

[37] Vários autores insistem sobre o fato de que esses dois verbos não são sinônimos. É verdade, mas simplesmente porque não existem verdadeiros sinônimos: cada termo mantém a própria particularidade, mais ou menos sutil.

o enviado (*ho apostolos*) maior do que quem *o enviou* (*tou pempsantos auton*)". Em Jo 20,21, os dois verbos são unidos pela conjunção *kathos*, que, em João, expressa uma espécie de continuidade de intensidade, e não uma simples comparação exterior: "Como o Pai me *enviou* (*apestalken*) [= na sequência lógica de meu envio pelo Pai...], também eu vos *envio* (*pempo*)". Retornemos, finalmente, ao episódio do cego de nascença, onde a temática do envio está presente em dois versículos, uma vez com a expressão consagrada *ho pempsas me* (Jo 9,4), e outra com *apestalmenos*, para a etimologia de Siloé (Jo 9,7).

Mas o uso dos dois verbos de envio em paralelo não é o único' traço característico de João. Uma análise mais aprofundada de seu Evangelho mostra que ele utiliza os dois verbos de formas diferentes, em expressões mais ou menos estanques. De acordo com um uso popular já estabelecido, João parece escolher a forma gramatical mais adaptada ao que deseja dizer. É assim que a expressão *ho pempsas me* intervém sobretudo nos capítulos 5–12, onde o conflito entre Jesus e as autoridades religiosas surge e se intensifica. Mas o uso cristológico da forma *apestalmenos* (leitura no segundo grau de Jo 9,7) permanece uma exceção: suas três outras ocorrências no Evangelho designam João Batista (Jo 1,6; 3,28) e os fariseus enviados pelas autoridades de Jerusalém (Jo 1,24, no plural). Sua presença em Jo 9,7 é incomum, e o melhor parece explicá-la como um empréstimo da etimologia popular reportada pelas *Vitae Prophetarum*.

A cristologia joanina do envio

Pode-se dizer que há uma teologia joanina do envio, ou mesmo 'uma cristologia joanina do envio; contudo, as constatações precedentes nos convidam a dizer que não seria apropriado identificar, em João, uma "cristologia do Enviado", pois, em seu Evangelho, Jesus nunca é chamado de "o Enviado". Nunca, a não ser que se dê ao "Siloé-Enviado" de Jo 9,7 uma interpretação cristológica. Ora, estejamos certos de que isso corresponde bem à intenção do evangelista. Entretanto, de modo geral, a cristologia do Enviado se constrói em João não no passivo, a partir de Jesus, mas no ativo, a partir de Deus: João fala do Pai que envia o Filho. A relação estreita que une o Enviado àquele que o envia é bem demonstrada por uma declaração de Jesus pronunciada durante a festa das Tendas: "Eu, porém, o conheço, porque venho de junto dele, e foi ele quem me enviou" (Jo 7,29).

O Jesus joanino é mais que um simples encarregado de comunicar mensagens divinas: ele é a própria mensagem em pessoa. No entanto, a fórmula recorrente "Aquele que me enviou", ou ainda "o Pai que me enviou", manifesta plenamente sua dependência de Filho em relação ao Pai, bem como o caráter único de sua missão, na medida em que nunca é empregada por outro que não Jesus.[38]

A cristologia joanina é uma polifonia riquíssima. Vários temas se entrecruzam. O do Filho enviado pelo Pai é inspirado pela Bíblia e pela tradição judaica, mas também se relaciona com o tema do profeta escatológico, novo Moisés, com a angelologia judaica (o *Mal^eakh Yhwh*, "o Anjo [Enviado] do Senhor") e o direito judaico do *shaliah*, enviado plenipotenciário que porta o título de "filho da casa" (cf. Jo 8,35-36). Outro tema importante é o do Filho do Homem (Dn 7,13). Finalmente, há a dimensão messiânico-davídica, ligada à temática do Filho (Jo 7,41-42; 9,22; 20,31). A cristologia joanina se inspira em todas essas vertentes, mas também as supera, fazendo de Jesus o único representante definitivo de Deus. Na continuidade da missão específica do Filho, a comunidade joanina se reconhece enviada ao mundo: "Como o Pai me enviou, assim eu também vos envio" (Jo 20,21); "Como tu me enviaste ao mundo, também eu os enviei ao mundo" (Jo 17,18). Essa missão é de testemunhar a fé em Jesus, enviado pelo Pai (Jo 17,10-21): "Não rogo somente por eles, mas pelos que, por meio de sua palavra, crerão em mim: a fim de que todos sejam um. Como tu, Pai, estás em mim e eu em ti, que eles estejam em nós, para que o mundo creia que tu me enviaste".

Conclusão

A etimologia do nome de Siloé não corresponde ao modo joanino de se referir ao envio de Jesus. Portanto, não se pode atribuí-lo ao evangelista. Ele se inspirou na tradição sobre Isaías, encontrada nas *Vitae Prophetarum*. De fato, a lenda de Isaías não poderia deixar de atrair João. Verificamos seu interesse pelo livro canônico de Isaías, que se tornou seu livro de cabeceira, e seu interesse pela temática das águas da salvação simbolizadas por Siloé, também conhecida pela narrativa apócrifa. Não obstante, entre

---

[38] Em Jo 1,33, a fórmula diz respeito a João Batista, mas o acréscimo de um verbo no infinitivo determina e limita seu sentido e seu alcance: "Aquele que me enviou para batizar com água". Portanto, não se trata da mesma expressão. Diferentemente da missão de João Batista, a de Jesus não tem limites.

as duas obras a diferença é grande. Ao passo que as *Vitae Prophetarum* fazem de Isaías o santo protetor da fonte de Siloé, João confia a ele a posição supereminente de testemunha privilegiada de Cristo, pois o cita várias vezes em seu Evangelho, atribuindo-lhe inclusive uma visão da glória de Jesus (Jo 12,41).

Os recentes trabalhos dedicados à festa das Tendas insistem sobre a relação entre essa festa e o Templo. É certo que as tradições rabínicas criarão um verdadeiro mito do Templo, fonte vivificante para o Universo. Que o Templo seja exaltado como o "umbigo do mundo", lugar por excelência da regeneração espiritual, nada de mais lógico no âmbito do Judaísmo – o que se compreende ainda melhor a partir do momento em que o Templo será destruído. O santo lugar não existe mais, somente seu imponente muro de sustentação se mostra ainda hoje à veneração dos fiéis; mas sua ausência levará à sua idealização e a atribuir-lhe todas as virtudes possíveis e imagináveis. Ora, a polarização sobre o Templo levou ao desconhecimento da *saga de Siloé*, atestada pela lenda apócrifa de Isaías, na medida em que a reativação do ciclo da vida pela liturgia do Templo só podia ser feita com a água extraída de Siloé, para a libação de *Sukkot*. A lenda sobre Isaías nos ensina que essa água foi "enviada" por Deus ao profeta em seu leito de morte, depois ao povo, e que ela era dotada de uma propriedade milagrosa. Para nós que lemos, no capítulo anterior, a maravilhosa história do cego de nascença, valeria a pena redescobrir essa lenda. João converteu a etimologia tradicional de Siloé num argumento cristológico de primeira grandeza: belo exemplo de reutilização de um elemento legendário em benefício do Evangelho.

Capítulo 7
O PASTOR QUE DÁ A PRÓPRIA VIDA

Eis que finalmente chegamos ao capítulo 10 do Evangelho, última etapa de nosso percurso em busca dos vestígios do Jesus joanino durante sua peregrinação a Jerusalém. O último dia de *Sukkot*, anunciado em Jo 7,37, terá seu desfecho em Jo 10,21. A partir do versículo seguinte, o cenário já não é mais o mesmo: o outono dá lugar ao inverno e, pela festa da Dedicação, Jesus se encontra no coração do Templo (Jo 10,22-23). Trata-se de uma cesura bem real. Mas ela só ocorre sobre o plano cronológico, e não sobre o plano da topografia ou da temática; com efeito, Jesus continua em Jerusalém, retomando a imagética pastoral que havia introduzido no início do capítulo 10. Além disso, a festa da Dedicação se desenvolve de acordo com um ritual inspirado no da festa das Tendas, de modo que às vezes é chamada de "festa das Tendas do mês de Casleu" (cf. 2Mc 1,9). Jo 10,22-39 poderia ser lido em relação com o que vem antes.[1] Entretanto, é melhor respeitar o quadro estrito da festa das Tendas, tal como o Evangelho definiu; é por isso que interromperemos nossa leitura do Evangelho em Jo 10,21.

Segundo o costume de João, a última personagem introduzida – o cego curado – deixa a cena: nada ficaremos sabendo de sua nova vida de discípulo de Jesus. Somos convidados a deixar o nível da história circunstancial para extrair um ensinamento teológico desse relato. Esse homem é um modelo de discípulo: é nossa vez de nos deixar iluminar por aquele que o Pai enviou, suportando com coragem a adversidade. O relato de sua cura, física e espiritual, teve como coroamento uma reprimenda severa de Jesus a certos fariseus (Jo 9,41), os que tinham se recusado a ver nele um enviado de Deus (Jo 9,16a): "Se fôsseis cegos, não teríeis pecado; mas dizeis: 'Nós vemos!' Vosso pecado permanece".

---

[1] No final do capítulo 10, a clivagem é mais nítida (versículos 40-42): um pequeno sumário salienta que, pela primeira vez desde o início da festa das Tendas, Jesus deixa Jerusalém. Quanto ao capítulo seguinte (Jo 11), a temática é completamente diferente.

164

Mas Jesus prossegue seu discurso sem a menor pausa, e a solene expressão "Em verdade, em verdade eu vos digo", que abre o capítulo seguinte (Jo 10,1), não faz mais do que apontar uma nova etapa na comunicação. Depois de um relato centrado nos temas da cegueira, do pecado e da luz, vem uma sequência marcada pelo tema pastoral (Jo 10,1-18). Essa mudança de temática não é de surpreender muito, e os dois temas são frequentemente associados em textos religiosos.[2] No fim do capítulo 9, os ouvintes de Jesus eram fariseus; discretamente evocados no capítulo seguinte (Jo 10,6: "eles"), eles serão finalmente apresentados como *Ioudaioi* (Jo 10,19): mais um indício que favorece a identificação dos *Ioudaioi* com os chefes fariseus do tempo da comunidade joanina. Além disso, o último versículo da seção da festa voltará ao tema da cura dos cegos (Jo 10,21). Isso tudo nos convida a relacionar o "discurso misterioso" de Jesus (Jo 10,6) ao episódio anterior.

A *paroimia* do pastor

Diante desses fariseus cuja cegueira havia denunciado (Jo 9,41), Jesus profere uma *paroimia* (Jo 10,6), um "discurso misterioso" de teor pastoral (Jo 10,1-5): ele lhes fala de ovelhas e pastor, de ladrões e assaltantes, de lobo, de mercenário e estranhos. Na esteira de alguns autores, parece-me possível ver nessa *paroimia* a combinação de duas pequenas parábolas, que anteriormente eram independentes e agora estão unidas por um simples *e*. De uma parábola à outra, a oposição entre as personagens muda de objeto, e a língua francesa permite que se expresse essa diferença com o auxílio de uma combinação de palavras. Com efeito, os versículos 1b-3a estabelecem uma distinção entre as diversas *vias* de acesso ao redil das ovelhas, ao passo que os versículos 3b-5 salientam o discernimento das *vozes* que chamam:

---

[2] No início do século XVIII antes de nossa era, um hino a Shamash – divindade mesopotâmia – já relacionava os dois temas, relação essa conhecida pela Bíblia (Jr 13,16-17) e pelos escritos peritestamentários.

O pastor que dá a própria vida 165

Quem não entra pela *porta* no redil das ovelhas, mas sobe por *outro lugar*, é ladrão e assaltante; o que entra pela *porta* é o pastor das ovelhas. A este o *porteiro* abre	Jo 10,1b-3a **Questão de caminho**
	e^3
Jo 10,3b-5 **Questão de voz**	as ovelhas ouvem sua *voz* e ele chama suas ovelhas uma por uma e as conduz para fora. Tendo feito sair todas as que são suas, caminha à frente delas e as ovelhas o seguem, pois conhecem a sua *voz*. Elas não seguirão um estranho, mas fugirão dele, porque não conhecem a *voz* dos estranhos.

Nas duas pequenas parábolas, as únicas personagens estáveis são o pastor e as ovelhas. Elas constituem o essencial da imagem pastoral, e serão encontradas tal qual na sequência, não apenas durante a festa das Tendas (Jo 10,11-16), mas também durante a Dedicação (Jo 10,26-28).

Jesus fala inicialmente do modo de acesso ao redil das ovelhas. O verdadeiro pastor entra pela porta, pela porta principal, sendo reconhecido pelo porteiro. O intruso, porém, quer evitar o contato com o porteiro, que não o conhece; por isso ele penetra por arrombamento, subindo por outro lugar (pelas laterais ou pelo teto). Essa primeira parábola tem uma tonalidade mais polêmica e, em seguida, Jesus fará uma distinção entre ele (o verdadeiro pastor) e "todos os que vieram antes [dele]" (Jo 10,8). Isso se enquadra bem no contexto da seção da festa, em que o tom sobe entre Jesus e os *Ioudaioi*.

A segunda parábola lembra que as ovelhas não reagem da mesma maneira ao ouvir a voz do pastor e a voz dos estranhos. Assim, ela salienta a relação que existe entre o verdadeiro pastor e suas ovelhas. Ora, esse tema da voz, que voltará a aparecer na sequência da Dedicação (Jo 10,27a: "as minhas ovelhas escutam a minha voz"), já estava presente num discurso anterior, em que Jesus

---

[3] Na *Bíblia de Jerusalém* (São Paulo: Paulus, 2002), essa conjunção não existe, mas foi traduzida por dois pontos. (N.T.)

anuncia a ressurreição dos mortos (Jo 5,25.28: *a voz do Filho, Filho de Deus e Filho do Homem*). João novamente lançará mão dele na cena do encontro entre Jesus ressuscitado e Maria de Magdala, que reconhece seu Mestre quando ele a chama pelo nome (Jo 20,16; cf. 10,3: "ele chama suas ovelhas uma por uma", ou "cada uma pelo nome", grego *kat'onoma*).

Na continuação do capítulo, Jesus reproduz certos elementos de sua *paroimia*, mas os modifica e os combina de maneira curiosa. Assim, ele se apresenta ao mesmo tempo como "a porta" (Jo 10,7.9) e "o pastor" (Jo 10,11-14). Depois de ter se definido como a porta, mas antes de introduzir o tema do pastor, ele anuncia ter vindo "para que tenham a vida e a tenham em abundância", diferenciando-se assim do ladrão, que vem para pilhar (Jo 10,10). A temática do ladrão e do assaltante também é retomada, mas no plural (Jo 10,8); além disso, esse tema da primeira parábola (Jo 10,1) é associado ao da recusa de ouvir o ladrão, qual seja o da segunda (Jo 10,5). Essas divergências são a marca de um longo trabalho redacional, fruto da evolução das preocupações catequéticas? Provavelmente. Mas o último redator do Evangelho não achou que convinha harmonizá-las melhor. E devia ter boas razões para tanto.

Não estaria ele querendo nos dizer que não poderíamos identificar Jesus pura e simplesmente com determinada imagem, por mais bela que seja, como por exemplo a figura do pastor? O Jesus que João nos apresenta é um ser de múltiplas facetas. Mesmo imagens aparentemente contraditórias têm algo a nos dizer dele: ele é ao mesmo tempo o *pastor* e a *porta* das ovelhas, o *caminho* que leva ao Pai (Jo 14,6) e a *luz* no caminho (Jo 8,12), o *pão* da vida (Jo 6,35) e a fonte de *água* viva (Jo 7,38). Nenhuma dessas imagens, coletadas do Antigo Testamento, pode dizer a totalidade sobre a pessoa de Jesus. João nos convida a não nos deixar encerrar num esquema de pensamento unívoco, mas, pelo contrário, a praticar uma leitura multifacetada do Evangelho. A pessoa de Jesus permanece um mistério inesgotável.

A *paroimia* do pastor é rica em materiais extraídos do Antigo Testamento. Mesmo a imagem da porta, bastante rara na Bíblia, se encontra em Sl 118,20, um Salmo que se cantava durante a festa das Tendas: "Esta é a porta do Senhor: os justos por ela entrarão". Outros elementos da *paroimia* evocam algumas passagens proféticas. Assim, Isaías coloca nos lábios de Deus: "Não temas, porque eu te resgatei, chamei-te pelo teu nome; tu és meu". Por fim, Jesus, o Bom Pastor, dá a vida por suas ovelhas (Jo 10,11-18), como o Servo do Senhor aceita morrer em benefício de muitos (Is 53,12). Colocando, por sua vez, as vestes do pastor, que vem para dar vida em abundância, em prejuízo da própria vida, o Jesus joanino manifesta a solicitude de Deus pelos homens.

Mas é exatamente o tema do pastor que está mais enraizado na Escritura. Nela, a figura do pastor designa antes de tudo o Deus de Israel: somente ele pode chamar seu povo pelo nome, lhe dar a vida e reuni-lo após a dispersão. De acordo com o que é sugerido pela segunda pequena parábola joanina, o povo de Deus precisa responder a esse amor de Deus ouvindo sua voz, como um rebanho que reconhece seu pastor. Conhecemos a importância do tema da escuta na Bíblia: ainda hoje, a recitação do *Shema' Israel* ocupa lugar de destaque na oração judaica: "Escuta, Israel! O Senhor nosso Deus é o único Senhor" (Dt 6,4).

Mas as grandes personagens bíblicas também são chamadas a exercer uma função pastoral. Aliás, elas foram pastores de pequeno rebanho antes de poder conduzir o povo: Abraão (Gn 13,2), Moisés (Ex 3,1; com Aarão, Sl 77,21) e Davi (1Sm 16,11; Sl 78,70-72). Depois de Davi, os reis de Judá serão ungidos para representar o Senhor no meio do povo e também receberão o título de pastor. Mas, finalmente, a experiência de realeza será curta, tanto em Israel (Samaria) quanto em Judá (Jerusalém), pois poucos reis se mostrarão à altura de sua missão. Deus então virá anunciar que será ele, doravante, quem cuidará de seu rebanho. Esse tema é ricamente explorado em Ez 34, capítulo essencial para uma boa compreensão de Jo 10. Com efeito, a polêmica contra os maus pastores deixou marcas na atualização que Jesus fez da *paroimia* do pastor.

O conflito entre Jesus e as autoridades

Em Jo 10,8, Jesus evoca sem maior precisão "todos os que vieram antes de mim". Podemos nos perguntar apropriadamente a que será que isso se refere. Quem precedeu Jesus para enganar as ovelhas? Um ponto é certo: essa fórmula não diz respeito a João Batista, nem a todas as santas personagens do Antigo Testamento, patriarcas e profetas. A resposta provavelmente se encontra no contexto da história da comunidade joanina. No momento em que o Evangelho foi redigido, por volta do fim do século I, a comunidade joanina sofreu a hostilidade dos chefes fariseus do pós-70: a expressão "antes de mim" poderia fazer alusão a alguns deles, aos quais membros da comunidade joanina estavam ligados antes de se converter à fé em Jesus.

Assim, no capítulo precedente, os fariseus-*Ioudaioi* tinham acusado o cego de nascença de ser discípulo de Jesus, ao mesmo tempo em que alegavam ser "discípulos de Moisés"; depois disso, eles o excluíram (Jo 9,28.34-35).

Ora, ao compor seu capítulo 10, João se inspirou no capítulo 34 de Ezequiel, que, ao denunciar os maus pastores que "apascentam a si mesmos" (Ez 34,2), apresenta Deus como o pastor das ovelhas, com um novo Davi para representá-lo:

> Não devem os pastores apascentar o seu rebanho? [...] não apascentais o rebanho. Não restaurastes o vigor das ovelhas abatidas, não curastes a que está doente, não tratastes a ferida da que sofreu fratura, não reconduzistes a desgarrada, não buscastes a perdida, mas dominastes sobre elas com dureza e violência. Por falta de pastor, elas dispersaram-se e acabaram por servir de presa para todos os animais do campo [...]. Assim fala o Senhor: Certamente eu mesmo cuidarei do meu rebanho e dele me ocuparei. Como o pastor cuida do seu rebanho, quando está no meio das suas ovelhas dispersas, assim cuidarei das minhas ovelhas e as recolherei de todos os lugares por onde se dispersaram em dia de nuvem e escuridão [...]. Suscitarei para eles um pastor que os apascentará, a saber, Davi: ele os apascentará, ele lhes servirá de pastor (Ez 34,3-5.11-12.23).

Em outra passagem, Ezequiel repreende de modo semelhante os chefes de Jerusalém, não mais com a imagem das ovelhas, mas com a do lobo que devora: "Os chefes (grego *hoi archontes autes*), no meio dela, são como lobos que despedaçam a presa, derramando sangue e destruindo vidas, a fim de obterem lucro" (Ez 22,27). Sofonias faz o mesmo: "Seus príncipes (grego *hoi archontes autes*), em seu seio, são leões que rugem; seus juízes são lobos da tarde, que não guardam nada para amanhã" (Sf 3,3).

Em João, a imagem do lobo que surpreende as ovelhas e as dispersa (Jo 10,12) dá continuidade à do ladrão e do assaltante, que não vêm senão para "roubar, matar e destruir" (Jo 10,10); como acabamos de ver, todas essas expressões já podiam ser lidas em Ezequiel e Sofonias. Esses dois profetas denunciaram os dirigentes, chefes e príncipes (grego *hoi archontes*) que abusavam de sua posição para oprimir o povo. Em João, o mesmo termo designa as autoridades (Jo 7,26), líderes religiosos do tempo de Jesus e, principalmente, da época do evangelista. Isso nos convida a ver em "todos os que vieram antes de mim" (Jo 10,8) determinados líderes fariseus em conflito com os cristãos joaninos. No capítulo anterior, ficamos conhecendo um oráculo de Jeremias que utiliza o tema da cegueira (Jr 13,16); ora, ele termina com uma alusão à triste sorte que aguarda o rebanho do Senhor. Assim sendo, esse oráculo poderia estar no segundo

O pastor que dá a própria vida

plano, não apenas de Jo 9, mas também de Jo 10. Esse tipo de comparação bate de frente com as representações um pouco enfadonhas e pálidas que se costuma dar à simbologia pastoral joanina, a qual se caracteriza por um tom polêmico, pois Jesus – ou a comunidade de seus discípulos – está em conflito com as autoridades judaicas de seu tempo.

Outro detalhe do texto parece confirmar a pista de uma polêmica entre cristãos e judeus. No início e no fim da sequência do Bom Pastor, João evoca o redil das ovelhas (Jo 10,1.16). No início, ele utiliza o termo *aule*, que não é o termo habitual para designar um redil; esperaríamos ler, ao contrário, *epaulis*, formado sobre a mesma raiz *aul-*. Ora, na Bíblia, o termo *aule* é frequente (aparece 177 vezes) e designa o pátio de uma casa, uma residência; mas ele é empregado (115 vezes) sobretudo para designar o recinto, a esplanada sagrada que se situa diante da Tenda da Reunião (Ex 27,9-19), ou o Templo de Jerusalém (2Cr 6,13). É ele que aparece no relato da Dedicação do Templo por Salomão, evento que teve lugar durante uma festa das Tendas (1Rs 8,64; 2Cr 7,7). Em João, a *paroimia* do pastor está inserida na seção dessa festa, e o tema pastoral volta a aparecer um pouco depois, na breve sequência da Dedicação (Jo 10,22.26-27). Além disso, a Bíblia utiliza a temática das ovelhas para evocar o povo de Deus: "ele nos fez e a ele pertencemos, somos seu povo, o rebanho do seu pasto" (Sl 100,3). Isso nos convida a levar a sério a escolha pouco comum do termo *aule* para designar o aprisco das ovelhas; podemos ver aí uma alusão discreta ao recinto sagrado para o Judaísmo, no Templo de Jerusalém, que Jesus deixara havia pouco (Jo 8,59).

Existe na *paroimia* do pastor uma omissão que talvez não tenha sido por acaso. Jesus afirma que os intrusos entram por arrombamento "no redil das ovelhas" (Jo 10,1), mas se limita a dizer, em relação ao verdadeiro pastor, que ele entra "pela porta", sem especificar o lugar onde ele entra. De acordo com o estilo joanino, essa omissão pode ser interpretada de duas maneiras. Ao restituir o termo que falta, pode-se compreender primeiro, evidentemente, que o pastor entra pela porta "no redil". Ora, na medida em que Jesus é o verdadeiro pastor (Jo 10,11.14) e o redil designa o Templo, João dá a entender que Jesus entra livremente no Templo, que é para ele "a casa de meu Pai" (Jo 2,16); com efeito, "o filho aí permanece para sempre" (Jo 8,35). Essa leitura nos incita a não declarar de modo precipitado que o Evangelho de João anuncia o fim do Templo; ele afirma que "a salvação vem dos judeus" (Jo 4,22), pois "de Sião sairá a Lei, e de Jerusalém, a palavra do Senhor" (Is 2,3 // Mq 4,2). É verdade, entretanto, que Jesus anuncia uma "hora em que nem nesta montanha nem em Jerusalém adorareis o Pai" (Jo 4,21-22).

Mas a segunda interpretação da omissão do lugar em que o pastor entra (qual seja, o *aule*) é mais sutil, levando em conta a inserção dessa declaração de Jesus no contexto polêmico da festa das Tendas. Essa omissão poderia constituir um elemento discreto, mas real, dessa polêmica. Nesse mesmo espírito, havíamos observado a omissão da palavra "templo" no oráculo de Zc 14,8 ("naquele dia, sairá água viva de Jerusalém"), que rompe com o que se lê em Ez 47,1 ("A água escorria de sob o lado direito do Templo, do sul do altar") e Jl 4,18 ("Da casa do Senhor sairá uma fonte"). A omissão do termo "redil" em relação ao pastor concorda com o que vem em seguida: "ele chama suas ovelhas uma por uma e as conduz para fora" (Jo 10,3). Assim, Jesus deixou o Templo para não ser apedrejado (Jo 8,59); ele volta ao Templo para a festa da Dedicação (Jo 10,23), mas o deixará novamente para escapar de outra tentativa de apedrejamento (Jo 10,31-39). Jesus deixa o recinto sagrado do Judaísmo, e leva consigo suas ovelhas.

Mas seria possível defender ao mesmo tempo as duas interpretações para a omissão da palavra "redil" (Jo 10,2)? Outro detalhe do texto permite responder que sim. Quando Jesus evita a primeira ameaça de apedrejamento, o texto deixa claro que ele havia saído do Templo (Jo 8,59); na segunda vez, porém, o texto diz que "ele saiu da mão deles" (Jo 10,39, tradução literal).[4] A comparação entre essas duas fórmulas construídas sobre um esquema específico[5] mostra de que Jesus foge: não do Templo enquanto tal, "a casa de [seu] Pai", mas do grupo de líderes do Judaísmo oficial, aqui simbolizado pelo Templo; portanto, é das *mãos* dos *Ioudaioi* hostis que Jesus procura escapar. Sob a aparência de uma metáfora pastoral algo bucólica, se esconde uma terrível alusão de Jesus ao futuro que espera por seus discípulos: como ele, eles também terão de se retirar do Templo (ou da sinagoga), para esquivar-se ao poder dos *Ioudaioi*. O contexto exatamente anterior já tinha legitimado essa leitura polêmica, pois os *Ioudaioi*-fariseus tinham colocado "para fora" o cego curado (Jo 9,34-35), prefigurando a sorte reservada aos discípulos de Jesus (*aposu-*

---

[4]   O uso inesperado da palavra "mão" no singular forma um contraste com a "mão do Pai" (e a de Jesus), que tem poder sobre tudo (Jo 10,28-29). [Na edição brasileira da *Bíblia de Jerusalém*: "ele lhes escapou das mãos". (N.T.)]

[5]   São os únicos dois casos no quarto Evangelho em que se tem a seguinte sequência: *evocação* de um ato violento contra Jesus + *verbo* "sair" no aoristo + complemento introduzido pela preposição *ek*.

nagogos, Jo 9,22). Do mesmo modo, o capítulo 10 está repleto de verbos que expressam a ideia de sair de um lugar para outro: "e as conduz para fora" (v. 3), "tendo feito sair todas as que são suas" (v. 4), sem esquecer o "devo conduzi--las também" que Jesus diz a respeito das outras ovelhas (v. 16). João parece estar trabalhando com o duplo sentido do verbo *ekballein*: em Jo 9,34, o cego curado é *lançado fora* pelos fariseus, mas em Jo 10,3 o mesmo verbo expressa a atitude de Jesus em relação a seus discípulos-ovelhas, que ele "conduz para fora" do *aule*, fora do curral do Judaísmo.

Depois de dois capítulos em que a tensão entre Jesus e os líderes religiosos aumenta, por causa de suas declarações e de sua atitude de liberdade em relação às tradições (Jo 7–8), a seção da festa das Tendas ainda nos dá um capítulo e meio em que o conflito atinge também os discípulos: o cego de nascença, "discípulo deste homem" (Jo 9,28), depois o grupo de ovelhas que saíram do redil, os cristãos de origem judaica. Por trás de todos esses episódios, podemos descobrir como em filigrana a lembrança do acontecimento que traumatizou a comunidade joanina: sua progressiva marginalização e estigmatização no Judaísmo de observância farisaica.[6] Mas o evangelista não para na evocação velada dessa ferida profunda, de modo que tira dela uma lição teológica: enquanto novo Moisés e Messias Filho de Davi (cf. Ez 34,23), Jesus é o Pastor enviado por Deus, sendo ele quem toma a iniciativa dessa partida, pois a salvação está fora do redil.

O Messias-Pastor que dá vida e liberdade

Como todo o Evangelho de João, o capítulo 10 é fortemente cristológico. Mas sua temática própria, a cristologia do Bom Pastor, tem harmonias diversas, sobre o plano da escatologia e da eclesiologia. Assim, com o verbo *poreuesthai*, usado na *paroimia* pastoral referente ao pastor que "caminha" (Jo 10,4), Jesus expressa sua partida para o Pai (Jo 14,12.28; 16,28). É possível perfeitamente identificar aqui uma conotação escatológica, pois a temática da pastagem/pastoreio aparece com esse mesmo sentido na Bíblia: "O Senhor é meu pastor [...]. Em verdes pastagens me faz repousar" (Sl 23,1-2). Aliás, Jesus também se designa como a porta que conduz à pastagem da salvação (Jo 10,9). De igual maneira, o verbo *agagein* sig-

---

[6] Sobre a relação entre alta cristologia (*ego eimi*) e "estigmatização" dos fiéis joaninos, ver C. Cebuli, *Ich bin es. Studien zur Identitätsbildung im Johannesevangelium* (SBB 44), Stuttgart, Verlag Katholisches Bibelwerk GmbH, 2000.

nifica "conduzir", mas expressa aqui a ideia de uma reunião de pessoas diversas (Jo 10,6); há, portanto, alusão à dimensão universal da salvação trazida por Jesus, como em Jo 11,52. Quanto à interpretação das "outras ovelhas que não são deste redil" (Jo 10,16), podemos apontá-la como controversa: alguns as veem como judeo-cristãos que se dispersaram, outros salientam que a comunidade joanina está aberta a acolher outros discípulos de Jesus. A interpretação mais comum ainda me parece a melhor: se o redil representa o Templo israelita, as novas ovelhas são provenientes de outro horizonte, ou seja, trata-se dos crentes que saíram do paganismo ou dos samaritanos que aderiram à fé em Jesus.

A cristologia do capítulo 10 se baseia, como vimos, numa releitura do tema pastoral de Ez 34. Ora, em Ez 34,27, a versão grega introduz um *ego eimi* sem equivalente no hebraico: "e saberão que eu, eu sou o Senhor". João faz o mesmo no capítulo 10, pois associa fórmulas com *ego eimi* a alusões messiânicas (davídicas). Ao fazer Jesus proclamar quem ele é, João quer incitar seus leitores a construir sua identidade a partir da identidade de seu Pastor. Assim, na condição de verdadeiro Pastor, Jesus conduz um novo rebanho, constituído de ovelhas oriundas do redil *e* de fora. Deve-se observar que Jesus passa a não mais falar de redil: ele anuncia a constituição de "um só rebanho" (Jo 10,16), mas não de um só *aprisco*, que evidentemente seria a Igreja! A Igreja de Jesus não poderia, pura e simplesmente, substituir o Templo de Jerusalém. A história da Igreja mostra – infelizmente! – que nem sempre se observou esse sadio ponto de vista, tamanha a tentação de se constituir um povo que se poderia moldar e padronizar homogeneamente.

Mas o Evangelho de João não favorece tal concepção de Igreja. Para ele, aqueles que ouvem a voz do verdadeiro Pastor (Jo 10,3-4.27) encontrarão a liberdade, pois acolhem a palavra da verdade que torna verdadeiramente livre (Jo 8,31-32). Por isso Jesus diz que suas ovelhas poderão "entrar e sair" (Jo 10,9). "Entrar e sair": mais uma expressão imagética que vem do Antigo Testamento e que pode ser encontrada, sobretudo, na passagem em que Moisés anuncia que Josué será posto à frente do povo: "Que o Senhor [...] estabeleça sobre esta comunidade um homem que saia e entre à frente dela e que a faça sair e entrar, para que a comunidade do Senhor não seja como um rebanho sem pastor" (Nm 27,16-17). Como o povo hebreu pôde *entrar e sair* com Josué, também os discípulos que ouvem a voz de Jesus, o seu Pastor, entrarão na vida e na liberdade (Jo 10,16.27-28). Ora, Josué e Jesus são duas

O pastor que dá a própria vida

formas do mesmo nome hebraico e grego; sabendo disso, os Padres da Igreja viram com frequência em Jesus o novo Josué encarregado de introduzir o povo na verdadeira Terra Prometida, a "casa do Pai" (Jo 14,2.6). É mais do que provável que essa homonímia não passou despercebida por João.

Mediante a figura do Bom Pastor que está pronto a dar a vida pela salvação das ovelhas (Jo 10,11), o evangelista nos legou uma reflexão sobre o significado da morte de Jesus. O próprio Jesus se compara ao pastor, e reproduz, na primeira pessoa do singular, o que havia dito anteriormente acerca dele: "Eu dou minha vida por minhas ovelhas" (Jo 10,15; cf. v. 11). Jesus afirma ter sido enviado pelo Pai para dar a vida aos que estão dispostos a acolhê-lo, e "vida em abundância" (Jo 10,10). Jesus se apresenta como o "Bom" Pastor. De fato, em grego se diz *ho kalos*, "o belo". Muitos compreenderam o que isso significa: o *verdadeiro* pastor, o único a merecer esse título; ou ainda, o *bom* pastor, como quando se diz "ter feito uma boa escolha". Entretanto, de acordo com a retórica antiga da "morte nobre",[7] essa fórmula significaria também que Jesus integra a linhagem dos homens de atitude nobre, que puseram a vida e a morte a serviço do bem comum.

Contudo, alguns versículos atribuem à morte de Jesus muito mais que um caráter "nobre": dela se extrai uma espécie de dimensão sacrifical, mas sem que a palavra "pecado" seja pronunciada. Assim, Jesus emprega várias vezes a expressão "dar a vida", que significa "entregar a vida" (versículos 11.15.17-18). Encontraremos a mesma expressão em suas últimas conversas com seus discípulos: "Ninguém tem maior amor do que aquele que dá a vida por seus amigos" (Jo 15,13). O gesto concreto de "entregar" a vida é como que antecipado, representado no episódio do lava-pés, em que Jesus "entrega" as roupas antes de lavar os pés de seus discípulos, como simples servo (Jo 13,4). Depois de concluir esse gesto inesperado, Jesus volta a pôr suas roupas e recupera seu lugar à mesa, num movimento inverso àquele pelo qual havia começado (Jo 13,12).

O fim da sequência do Bom Pastor é marcado por esse mesmo duplo movimento: "Ninguém a tira de mim, mas eu a dou livremente. Tenho poder de entregá-la e poder de retomá-la; esse é o mandamento que recebi de meu Pai" (Jo 10,18). Para expressar a dinâmica dessa vida que é dada, Jesus lança mão da expressão *exousian echein*, "ter poder" em

---

[7] Cf. J. H. Neyrey, "The 'Noble Shepherd' in John 10: Cultural and Rhetorical Background", *Journal of Biblical Literature* 120, 2001, p. 267-291.

grego: ele "tem poder" de entregar a vida, como também "tem poder" de retomá-la. Essa expressão pode ser lida em outras passagens do Evangelho, como no diálogo entre Pilatos e Jesus (Jo 19,10ab.11), onde ocorre três vezes seguidas: "'Não me respondes? Não sabes que tenho poder para te libertar e [que tenho] poder para te crucificar?' Respondeu-lhe Jesus: 'Não terias poder algum sobre mim se não te fosse dado do alto'." A resposta de Jesus a Pilatos mostra que a expressão pode ser entendida em dois níveis: Pilatos invoca sua posição na hierarquia romana, mas Jesus remonta a Deus, fonte de toda vida humana e, portanto, em última instância, de todo poder humano.

Ora, no início da seção da festa (Jo 17,1), adotamos a variante que, por meio dessa expressão, põe em relevo a humanidade de Jesus: "Jesus não tinha poder (grego *ou gar eichen exousian*) de circular pela Judeia, porque os *Ioudaioi* o queriam matar". A mesma expressão pode ser lida novamente em Jo 10,18, mas sem a negativa, para passar uma mensagem teológica. Entrementes, ao longo da seção, Jesus revela pouco a pouco sua condição de Filho. Ele primeiramente se manifesta como um homem comum, que age com prudência e não se aproxima da toca do lobo, mas foge dos inimigos e se esconde. Depois ele enfrenta o perigo e chega a Jerusalém, lugar do confronto com as autoridades religiosas (Jo 7,10). O Evangelho em seguida o apresenta ensinando publicamente no Templo (Jo 7,14). Finalmente, no último dia da festa, ele se dirige a transeuntes e peregrinos, apresentando-se como a fonte de água viva; e agora, no fim da seção, ele assevera ter recebido de seu Pai, que o ama (Jo 10,17), o poder de entregar a vida e retomá-la: anúncio apenas velado de sua morte e ressurreição. Levando em conta que João gosta de leituras de dupla perspectiva – uma banal e outra mais sutil –, podemos ver no contraste entre Jo 7,1 e Jo 10,18 – únicos versículos em que a expressão "ter poder" se refere a Jesus e estão dispostos nas duas extremidades da seção – um efeito calculado e surpreendente.

Doravante, sua trajetória está bem delimitada, e logo ele retornará a Jerusalém, para grande espanto de seus discípulos (Jo 11,8): "Rabi, há pouco os judeus procuravam apedrejar-te e vais outra vez para lá?".[8] Mas Jesus precisa continuar seu caminho, até ser preso, pois sua hora se aproxima. O evangelista Lucas, que dá grande ênfase a esse percurso rumo a Jeru-

---

[8] Cf. Jo 8,59; 10,31.19.

salém, afirma com uma expressão semítica que Jesus "enrijeceu o rosto" e "tomou resolutamente o caminho" da cidade de sua Paixão.[9] Como o de Lucas, o Evangelho de João não ignora a humanidade de Jesus: trata-se exatamente do "homem chamado Jesus" (Jo 9,11), que o Pai enviou, que dele procede e que fala em seu nome. Ao balizar assim a trajetória de Jesus, João nos permite compreender que o desígnio de Deus se desdobrará ao longo da vida humana de Jesus, sem que nada o impeça. A semana da festa das Tendas é delimitada por várias tentativas de prender Jesus, mas todas elas acabam falhando até que sua "Hora" realmente tenha chegado. Jesus compreenderá que sua hora chegou quando alguns gregos (primícias das nações e antecipação literária do ingresso de cristãos de origem pagã na comunidade joanina) subirem "para adorar, durante a festa" (Jo 12,20.23). Esse episódio, que só aparece em João, se situa pouco antes da Páscoa, mas parece responder ao grande sonho de uma festa das Tendas universal, imaginada por Zc 14,16, alguns séculos antes de nossa era.

O fim da seção

A seção da festa das Tendas termina num pequeno sumário (Jo 10, 19-21), onde se informa que o grupo dos *Ioudaioi* está dividido a respeito de Jesus: "Houve novamente uma cisão entre os judeus, por causa dessas palavras. Muitos diziam: 'Ele tem um demônio! Está delirando! Por que o escutais?' Outros diziam: 'Não são de endemoninhado essas palavras; porventura o demônio pode abrir os olhos de um cego?'". Essa é a terceira e última vez que o evangelista aponta uma *cisão* (grego *schisma*) entre os ouvintes de Jesus: depois da multidão (Jo 7,47), os fariseus se mostraram divididos em relação a ele (Jo 9,16); agora, porém, os mesmos são chamados *Ioudaioi* (Jo 10,19).

Alguns dentre eles se negam a ouvir Jesus porque, a seus olhos, ele perdeu a razão. A reação que têm nos remete ao Jesus histórico: com efeito, uma tradição comum aos quatro Evangelhos mostra que Jesus deparou com a incompreensão dos líderes religiosos, mas também de sua parentela. Assim, o Evangelho de Marcos amarra esses dois breves motivos (Mc 3,21-22.30), cujo teor prenuncia o sumário joanino que ci-

---

[9] Lc 9,51. Ver também Lc 9,52-57; 10,38; 13,22; 14,25; 17,11; 18,31; 19,28.41. Para a expressão "enrijecer o rosto", ver Is 50,7: "O Senhor virá em meu socorro, eis por que não me sinto humilhado, eis por que fiz do meu rosto uma pederneira e tenho a certeza de que não ficarei confuso".

tamos há pouco: "E quando os seus tomaram conhecimento disso, saíram para detê-lo, porque diziam: 'Enlouqueceu!' E os escribas que haviam descido de Jerusalém diziam: 'Está possuído por Beelzebu', e também: 'É pelo príncipe dos demônios que expulsa os demônios'. [...] 'Ele está possuído por um espírito impuro'".

Mas as últimas palavras da seção mostram que alguns dos *Ioudaioi* são sensíveis às palavras de Jesus. Eles afirmam que "não são de endemoninhado essas palavras". Depois, colocam uma questão hipotética, cuja forma grega pressupõe uma resposta negativa: "porventura o demônio pode abrir os olhos de um cego?", o que se poderia entender do seguinte modo: "Seria possível que assim fosse? É claro que não!". Mas esses *Ioudaoi* não se contentam com meias palavras, de modo que não colocam uma pseudoquestão para elucidar melhor o problema da identidade de Jesus. Muito pelo contrário, suas últimas palavras, que também são as três últimas da seção, se revelam extremamente importantes: "(Porventura pode um demônio) *abrir os olhos de um cego?*". Em grego: *tuphlon ophthalmous anoixai* ("dos-cegos os-olhos abrir"). A questão por eles formulada implica que um demônio não pode abrir os olhos dos cegos, mas também subentende uma segunda questão, a única que realmente conta: "Sendo assim, quem pode, então, segundo a Escritura, *abrir os olhos dos cegos?*".

E a resposta se encontra em Is 42,6-7: "Eu, o Senhor, te chamei para o serviço da justiça, tomei-te pela mão e te modelei, eu te constituí como aliança do povo, como luz das nações, a fim de abrires os olhos dos cegos, a fim de soltares do cárcere os presos, e da prisão os que habitam nas trevas". A questão joanina reproduz literalmente a expressão de Isaías, mas inverte a ordem das três palavras gregas: *dos cegos os olhos abrir.* Portanto, a pergunta que esses *Ioudaioi* fazem dá a entender que Jesus é exatamente o Servo do Senhor anunciado por Isaías, incumbido de ser a luz das nações – cf. a "Luz do mundo" (Jo 8,12; 9,5) – que abrirá os olhos dos cegos.

O vínculo entre Jo 10,21 e Is 42,7 é confirmado por uma particularidade do texto grego de João. Ele não se refere a abrir os olhos de "um só servo", como se tivéssemos aqui uma simples remissão ao episódio do cego de nascença (Jo 9),[10] mas exatamente a abrir *[os] olhos [dos] cegos* (grego *tuphlon ophtalmous*), no plural, como no oráculo de Isaías. Esse de-

---

[10] Qual será o caso quando outros *Ioudaioi* disserem, próximo à sepultura de Lázaro (Jo 11,37): "Esse que abriu os olhos do cego (grego *tous ophtalmous tou tuphlou*), não poderia ter feito com que ele não morresse?".

O pastor que dá a própria vida

talhe passou despercebido por grande número de comentadores, inclusive tradutores, que leem Jo 10,21 no singular.[11] Na verdade, esse versículo ultrapassa o caso isolado do pedinte cego, ao mesmo tempo em que salienta seu caráter exemplar, pois o cego curado se tornou o símbolo daqueles que se deixaram transformar pela palavra luminosa de Jesus. Ora, os *Ioudaioi* de Jo 10,21 fazem parte desses! Portanto, podemos ver que, para João, a sorte dos *Ioudaioi* não é determinada de antemão; ele não os encerra numa condenação global e irrevogável, de modo que a salvação trazida por Jesus também lhes concerne. A seção termina numa bela nota de esperança e de fé em Jesus, Aliança do povo (judeu) e Luz das nações.

Para João, o Servo do Senhor que abre os olhos dos cegos também é aquele que recebeu a unção para levar a Boa-Nova aos pobres, como anunciado pelo oráculo de Is 61,1-2: "O Espírito do Senhor Deus está sobre mim, porque o Senhor me ungiu; enviou-me a anunciar a Boa-Nova aos pobres, a curar os quebrantados de coração e proclamar a liberdade aos cativos, a libertação aos que estão presos, a proclamar um ano aceitável [um ano de graça] ao Senhor e um dia de vingança do nosso Deus, a fim de consolar todos os enlutados". Ora, onde o hebraico anuncia "a liberdade aos cativos", a versão grega da Septuaginta interpretou: "ele me enviou anunciar [...] aos cegos o restabelecimento da visão".[12] A história do cego de nascença se tornou paradigmática porque, de acordo com a interpretação judaica da Escritura (Septuaginta e *targum*), a cura dos cegos significa a libertação dos cativos. Com efeito, Jesus é o Filho libertador; a luz por ele trazida é a da verdade que liberta (cf. Jo 8,12.32).

Conclusão

Ao longo da seção, a tensão foi aumentando. Ela se desdobrará nos seguintes episódios, até que o milagre da ressuscitação de Lázaro determine a morte de Jesus, após uma decisão longamente ruminada pelas autoridades religiosas (Jo 11,53-57): "Então, a partir desse dia, resolveram matá-lo. Jesus, por isso, não andava em público entre os judeus [...]. Ora, a Páscoa dos judeus estava próxima [...]. Os chefes dos sacerdotes e os fariseus, porém, tinham ordenado: se alguém soubesse

---

[11] É o caso da tradução brasileira da *Bíblia de Jerusalém* (Paulus, 2002). (N.T.)

[12] A relação entre cativeiro e escuridão é aprofundada pelo *targum* de Isaías. A tradição sinótica faz da cura dos cegos um dos sinais da vinda do Messias (Mt 11,4-5 // Lc 7,22).

onde ele estava, o indicasse, para que o prendessem". Mas a seção terminou com uma questão que apresenta um triplo interesse. Primeiramente, como vimos, sob a falsa solução de um demônio capaz de abrir os olhos dos cegos, se esconde uma alusão ao Servo de Deus (Is 42,7), que está destinado por Deus a ser a "Luz das nações"; como fez com o cego de nascença, ele quer conduzir os cegos deste mundo à luz da verdade, "tornando-os sábios" ao fazê-los partícipes da Sabedoria divina (cf. Sl 145,8 LXX). O segundo interesse desse final reside na identidade daqueles que levantam a questão: são *Ioudaioi*! Portanto, não se pode dizer que o Jesus joanino os condenou de uma vez por todas. Enquanto o mundo existir, a salvação trazida por Jesus permanece aberta a todos e à disposição de todos. A esperança tem a última palavra.

De fato, esse final audacioso assume a forma literária de uma pergunta, o que não é por acaso. O Evangelho de João contém muitas perguntas, que são amiúde mais pertinentes do que possam parecer numa primeira leitura. Assim, o primeiro diálogo entre Jesus e dois discípulos de João Batista é uma permuta de questões (Jo 1,38): "Que procurais? – Rabi, onde moras?". Assim também, num momento crítico (Jo 6,67), Jesus se volta para os Doze e os interpela nestes termos: "Não quereis vós também partir?". Como Jesus, nenhum deles cai na armadilha da sedução: o Mestre e Senhor, que não obstante escolheu seus discípulos (Jo 6,70), respeita completamente sua liberdade. Ora, a última frase da seção da festa das Tendas é uma pergunta. Logo, esse texto não se fecha sobre si, mas permanece aberto. Essa pergunta vem ao nosso encontro, leitores do século XXI, como um convite pressuroso a não cessar de nos questionar: o que diz a Escritura acerca da salvação? Acerca do Servo enviado por Deus? Como o testemunho do Evangelho sobre Jesus nos toca? Quem é cego, e de onde vem a luz? A cada leitor cabe responder, tendo à disposição toda a vida para fazê-lo.

CONCLUSÃO

A leitura dos capítulos 7-10 que propusemos nas páginas anteriores tinha como ponto de partida uma constatação bastante simples: a única menção neotestamentária da festa das Tendas se encontra no quarto Evangelho (Jo 7,2). Além disso, João faz sete vezes alusão à "festa", enfatizando ainda sua iminência, o meio e último dia dela – este ocupa por si só perto de três capítulos. Finalmente, a seção da festa termina numa pergunta corriqueira de certos *Ioudaioi* (Jo 10,21). É evidente que João dá à festa das Tendas um tratamento especial.

Se compararmos o que o quarto Evangelho diz da festa das Tendas com o que nos chegou ao conhecimento pela Mixná, causam-nos admiração as diferenças. João não se interessa por todos os detalhes do ritual, pois não se refere nem a cabanas – que deram nome à festa – nem a ramos;[1] ele apenas considera alguns raros elementos, subordinando-os a seu projeto cristológico. As alusões aos ritos da festa concernem ao rito da libação (cf. Jo 7,37-38) e à iluminação noturna do recinto do Templo (cf. Jo 8,12; 9,5). Vários textos bíblicos, tirados dos escritos proféticos ou dos Salmos, balizaram a estrada que leva a João: os mais belos tesouros dessa tradição são Isaías, com seus textos fundamentais sobre a água e a luz, e o último capítulo de Zacarias, que menciona três vezes a festa das Tendas e lhe dá um caráter universal. Entre as referências joaninas à festa, deve-se dar particular atenção à menção excepcional de Siloé (Jo 9,7.11), amiúde negligenciada pelos exegetas. A explicação etimológica que João atribui a esse nome (Jo 9,7) nos convidou a investigar a história da "fonte": a Bíblia judaica, a arqueologia e as tradições judaicas, cristãs e muçulmanas nos permitiram reconstituir a *saga de Siloé*, saga cuja narrativa da cura do cego de nascença aparece como ponto alto, com a lenda de Isaías contada nas *Vitae Prophetarum*.

---

[1] Os ramos são mencionados no episódio da entrada em Jerusalém (Jo 12,1-16). Mas, no estado atual do Evangelho, ele não pertence à seção da festa das Tendas.

Ao longo da leitura dessas páginas de João, deparamo-nos com o grupo problemático dos *Ioudaioi*. Embora a tensão entre eles e Jesus não tenha cessado de aumentar, tendo eles muitas vezes representado um papel antagonista, João se absteve de proferir uma condenação definitiva deles: afirmar o contrário seria acusá-lo de um crime do qual ele nem fazia ideia. Em seu Evangelho, o termo *Ioudaioi* é polissêmico; contudo, ao ser utilizado de modo polêmico, designa os líderes religiosos: os sumos sacerdotes e notáveis do tempo de Jesus, e sobretudo os chefes fariseus do Judaísmo posterior a 70, que provocaram a exclusão progressiva dos cristãos de origem judaica da sinagoga. Ora, mesmo entre eles, João mostra vários que, de um modo ou de outro, aderiram a Jesus. Assim, Nicodemos e José de Arimateia não hesitarão em renunciar à Páscoa judaica para sepultar seu novo Mestre, com todas as honras dignas de um rei (Jo 19,39-40). É a alguns desses *Ioudaioi* que João dá a honra de concluir a seção da festa, sugerindo que Jesus poderia perfeitamente ser o Servo de Deus (Jo 10,21); o contraste com o primeiro versículo da seção, que indicava a intenção homicida de alguns membros do mesmo grupo, é evidente. João escreve primeiramente para estimular os membros de sua comunidade, que haviam sido excluídos da sinagoga, como o cego curado (Jo 9,34-35); mas não se pode negar que ele também pensa em outros *Ioudaioi* ainda indecisos (Jo 8,30-31; 12,42).

Ao evocar o contexto histórico no qual a comunidade joanina começou a se desenvolver, a seção da festa das Tendas oferece, sobretudo, um importante resumo de cristologia joanina. A escolha do contexto litúrgico foi feita de modo acurado: inspirando-se em elementos do ritual e do simbolismo da festa, João desenvolveu sua cristologia do envio, combinando-a com a cristologia do Filho do Homem e com a questão messiânica. É nessas páginas que essa cristologia atinge picos de esplendor: testemunhando o chamado solene de Jesus no último dia da festa (Jo 7,37), sua autodesignação como "a Luz do mundo" (Jo 8,12), os inúmeros *ego eimi* dos capítulos 8 e 10, sem esquecer o tema do Pastor que dá a vida por suas ovelhas.

Ainda que os capítulos 7–10 não tenham sido escritos ininterruptamente, como sugerem certos detalhes menores – incoerências, repetições, parelhas –, pareceu possível tratar esse conjunto de sequências como uma unidade literária. A leitura contínua dessas páginas é não somente indispensável, mas também profícua. Nelas, o evangelista faz frutificar seu talento como narrador e orador, lançando mão de inúmeros recursos argumentativos, como a ironia e o mal-entendido. Outra particularidade apareceu nessa

Conclusão

181

seção: Jesus se encontra no coração de um debate referente a sua identidade, origem e direito de pronunciar-se e agir do modo como efetivamente faz. Por vezes, sobretudo no capítulo 8, ele é alvo da hostilidade de seus opositores, e a polêmica chega ao paroxismo; contudo, essa forma de controvérsia direta é apenas um elemento de uma polifonia mais rica. O debate a respeito de Jesus continua mesmo quando ele sai de cena. Nesse caso, são as pessoas que falam dele, a favor ou contra: os peregrinos que vieram para a festa, as autoridades religiosas, os habitantes de Jerusalém, os guardas judeus; por vezes, uma personagem isolada, como Nicodemos, ou o cego curado. Ao passo que Jesus se pronuncia em alta voz, literalmente "gritando" o que tem a dizer a seu respeito, as outras personagens permanecem bem mais discretas: "Faziam-se muitos comentários a seu respeito na multidão".[2] As pessoas da multidão não ousam se expressar em alta voz "por medo dos *Ioudaioi*" (Jo 7,13). A cidade em festa é atravessada por uma onda de "murmúrios", agitada por diversas interpretações da pessoa e da ação de Jesus. De um modo talvez forçado, com objetivo apologético e cristológico, João conseguiu nos retratar uma cidade efervescida, animada pela questão messiânica que o "caso Jesus" levantou. Sua seção da festa das Tendas é marcada por essa comoção geral num grau jamais atingido por nenhum outro Evangelho.

O episódio do cego de nascença constitui outra exceção no Evangelho: Jesus em nenhum outro trecho dos Evangelhos se ausentará de cena por tanto tempo. Do versículo 8 ao versículo 24, personagens inominadas entram em cena; rodeado por seus vizinhos e pais, o cego de nascença é a personagem-chave, mas os fariseus-*Ioudaioi* do capítulo 8 continuam a gozar de lugar de destaque. Tocamos aqui um aspecto maior do Evangelho, onde a história dos cristãos joaninos se cruza com a de Jesus, de tal modo a sucedê-la. O que está em jogo então é ousar confessar seu messiado (Jo 9,22), e o cego curado se comprometerá nessa tarefa sem hesitar, a ponto de seus opositores o verem como "discípulo desse homem" (Jo 9,28). A ausência física de Jesus legitima inclusive que ele lance mão, enquanto excepcionalidade, da fórmula *ego eimi* (Jo 9,9). Ao utilizar as palavras de Jesus, o cego curado testemunha sua fé naquele que o Pai enviou, e se mostra resolvido a segui-lo até as últimas consequências, custe o que custar.

A seção da festa é pontuada por determinados termos ou expressões. O número 7, e em menor medida seu contrário, o número 6, parece ser uti-

---

[2] Uma tradução literal da citação usada por Devillers seria: "Cochichava-se muito sobre ele nas multidões". (N.T.)

lizado pelo evangelista em chave simbólica. Identificamos, sobretudo, dois "setenários", que dizem respeito à questão da origem (com o advérbio *pothen*) e da identidade de Jesus (com o título *christos*). Esses dois termos aparecem em outras passagens do Evangelho, mas uma comparação dos usos na seção revela, em ambos os casos, uma interessante progressão, sublinhando o caráter específico da menção intermediária (n. 4). Parece-me difícil atribuir isso ao acaso. Outros termos, ou expressões, aparecem seis vezes no Evangelho ou na seção. A concomitância entre as séries de *sete* termos e as de *seis* também seria fruto do acaso? Não se poderia ver aí muito mais uma intenção deliberada? Assim, João não esconde que os adversários de Jesus querem prendê-lo e, não obstante, insiste sobre o fato de que ninguém pode *pôr a mão* sobre ele. Ora, de acordo com a cristologia joanina, Jesus dá a vida por si mesmo, livremente (Jo 6,51; 10,17-18); o desejo de seus adversários será, portanto, saciado, mas não como imaginavam.

Essa "escritura simbólica" é, em minha opinião, um procedimento consciente, posto por João a serviço de sua cristologia. A seção da festa das Tendas lhe permite aprofundar esse movimento paradoxal da morte para a vida. É por isso que convém manter juntos os dois usos da expressão "ter poder" relativos a Jesus, situados nos dois extremos da seção; eles mostram que Jesus é um homem de carne e osso impedido de circular livremente na Judeia (Jo 7,1), mas também o Filho-Pastor enviado pelo Pai para dar a vida por suas ovelhas, com a capacidade exclusiva de poder retomá-la (Jo 10,18). Nessa seção, vários elementos anunciam a Paixão e, contudo, a potência de vida do Ressuscitado já está em operação, particularmente no episódio do cego de nascença. A seção pode ser lida como um programa cristológico, uma trajetória simbólica em que se expressa a vocação específica de Jesus, enviado pelo Pai. No coração desse conjunto, a narrativa maior do cego de nascença estimula os fiéis joaninos na fidelidade a Jesus, mostrando-lhes que a vida que lhes foi dada continua a animá-los, apesar das perseguições e discriminação.

A liturgia cristã não tem celebração equivalente à festa das Tendas, o que poderia nos causar surpresa. A seção que João dedicou a ela me parece apontar uma resposta a esse enigma. João trata a festa das Tendas com muito cuidado, mas a põe a serviço de sua cristologia do envio, cuja ideia fundamental é a de que o Pai enviou Jesus. Em nossa apresentação do mistério de Cristo, deveríamos reconsiderar essa dimensão profética, na medida em que é fundamental. É pelo fato de Jesus ter sido reconhecido como profeta enviado por Deus que puderam atribuir-lhe as outras expressões cristológicas conhecidas do Evan-

Conclusão

183

gelho: o novo Moisés, o Messias filho de Davi, o Filho do Homem, o Servo do Senhor. A cristologia joanina do envio tem a particularidade de não concentrar tudo na pessoa do Enviado, mas de nos direcionar para o autor desse envio, pois "o enviado não é maior que quem o enviou" (Jo 13,16). De fato, João jamais chama Jesus de o Enviado, a menos que, evidentemente, leiamos o termo "Siloé" (Jo 9,7) como elemento que aponta para uma realidade maior. O Jesus joanino, por sua vez, se refere sempre àquele que o enviou; ele veio para revelar o Pai (cf. Jo 1,18), realizar suas obras (Jo 9,4) e se manifestar como o caminho que conduz a ele (Jo 14,6). Na raiz da cristologia joanina, encontra-se a teologia do envio, profundamente teocêntrica.

Finalmente, a coletânea de lendas *Vitae Prophetarum* nos ajudou a compreender o lugar concedido a Siloé na liturgia da festa das Tendas. Ficamos sabendo que o "envio" milagroso da água de Siloé se devia aos méritos e à santidade do profeta Isaías. Pedindo ao cego para se lavar em Siloé, no contexto de uma festa que comporta um rito para extrair água da piscina, Jesus aponta para a importância dessa "fonte" nas tradições litúrgica e popular. Entretanto, ao dar o significado dessa palavra, tendo consultado a *Vida de Isaías*, João apresenta Jesus como o verdadeiro Siloé, enviado pelo Pai. Ao longo dos séculos, a "fonte" maravilhosa de Siloé foi objeto de uma *saga*, enraizada no universo do Judaísmo antigo. Com seu relato cristológico, João dedicou a ela um texto da maior grandeza. Ele fez de Jesus o Profeta de Siloé, como sugere a seguinte epigrama cristã:

> O nome da fonte é "Enviado":
> mas consegues captar quem é enviado por quem,
> de modo que vejas perfeitamente?[3]

---

[3] Tradução pessoal. Texto grego e tradução inglesa extraída de: W. R. Paton (org.), "Christian Epigrams", em *The Greek Anthology*, vol. I, livro I (Loeb Classical Library), Cambridge (Mass.) – London, Harvard University Press – W. Heinemann Ltd., 1939, p. 34, n. 74.

Impresso na gráfica da
Pia Sociedade Filhas de São Paulo
Via Raposo Tavares, km 19,145
05577-300 - São Paulo, SP - Brasil - 2017